精彩中国　喜传天下

谨以此书献给新中国成立六十周年

甲子记忆

新中国60年

广东中烟工业有限责任公司
南方报业传媒集团　编

南方日报出版社
NANFANG DAILY PRESS
中国·广州

图书在版编目（CIP）数据

甲子记忆 ：新中国60年 / 南方报业传媒集团，广东中烟工业有限责任公司编.
--广州：南方日报出版社，2010.4
ISBN 978-7-80652-939-3

Ⅰ. 甲… Ⅱ.①南…②广… Ⅲ.中国－现代史－史料－1949～2009 Ⅳ.K270.6

中国版本图书馆CIP数据核字（2009）第185042号

甲子记忆——新中国60年
南方报业传媒集团　广东中烟工业有限责任公司　编

出版发行：南方日报出版社
地　　址：广州市广州大道中289号
电　　话：（020）87373998-8502
经　　销：全国新华书店
印　　刷：广州市岭美彩印有限公司印刷
开　　本：787mm×1092mm　1/16
印　　张：22.75
字　　数：280千字
版　　次：2010年4月第1版
印　　次：2010年4月第1次印刷
定　　价：68.00元

投稿热线：（020）87373998-8503　读者热线：（020）87373998-8502
网址：http://www.nanfangdaily.com.cn/press　http://www.southcn.com/ebook
发现印装质量问题，影响阅读，请与承印厂联系调换。

编委会名单

前言

2009年，伟大的新中国成立60周年。

60年前，伟人一声“中国人民从此站起来了”，拉开了中国告别旧时代、建设新生活的历史大幕。一位诗人激动地写下4600行的抒情长诗：“时间开始了！”

60年来，中国共产党领导中国人民在崛起之路上下求索，一幕幕充满激情与希望的历史大剧，在苍黄大地上演。又一位伟人以“猫论”等通俗而精辟的睿见，释放了中国巨大的创造能量，中国特色的社会主义道路越走越宽广。

60年，历史在一个甲子轮回中站到了新的起点。“在硬币上实现调头”的“中国航母”已经发展成为世界瞩目的新兴经济体。在金融海啸的冲刷下，“中国模式”四个大字愈发闪亮，和平崛起的中国赢得了世界的尊重。

这是一段难忘的甲子记忆，是苦难中国否极泰来的记忆，是中华民族波澜壮阔的复兴史诗，将永远珍藏中华儿女心中。

在举世惊叹的甲子记忆里，广东成为撬动强国富民伟业的一个重要支点。作为原中共华南局、现广东省委的机关报，《南方日报》是唯一一份全程记录广东60年历史的报纸，是一部完整的“广东日记”，在她身上，历史的余温犹在，那发黄的报纸，一字字读来，可以找见历史车轮前进的轨迹和密码……

在新中国成立60周年之际，南方日报联合广东中烟工业有限责任公司，推出了40期“甲子记忆——精彩中国　喜传天下”系列报道，努力从宏大叙事背后的温润记忆中，从对“中国标本”的回访解析中，努力描画一页页“南方记录”，触摸南方热土，与共和国母体的血脉共振。

“甲子记忆——精彩中国　喜传天下”系列报道推出之后，引起了强烈的社会反响与读者的广泛关注。为了铭刻这60圈不平凡的历史年轮，为了串起这一粒粒散落的珍珠，我们将这些难忘的记忆结集出版，精心编辑为《甲子记忆——新中国60年》一书。该书分为“家国变迁写辉煌”、“元勋后人说元勋”、“传奇人物谱风流”、“高端外眼话崛起”、“群星璀璨耀神州”五大篇章，希望用图文并茂的形式再现那一段段令人难忘的经典故事。

今天，我们珍藏起这一份难忘的甲子记忆。

明天，让我们携手共同创造另一个甲子的辉煌！

目录

1949 1959 1969 1979 1989 1999 2009
精彩中国 喜传天下

第壹篇

家国变迁写辉煌

1949　1959　1969　1979　1989　1999　2009

人民大会堂：共和国的政治地标

7月中旬的天安门，酷热难当，60岁的武汉游客陈老师汗流浃背，但还是兴奋地等待着旅游线路的下一站：人民大会堂。他教了一辈子语文，小学三年级语文课本里那篇《参观人民大会堂》，几乎能够一字不漏背下来。多年在书本上的神游，终于等到亲临现场的一刻。

A06
人民大会堂，共和国的政治地标
周总理吟王勃名句定风格

这座占地15公顷的庞然大物，从1959年作为国庆10周年献礼工程诞生的那一天起，就成了这个新兴的共和国政权的政治地标。

据考证，她的最初名字是“万人礼堂”。1959年9月9日凌晨两点，建设大会堂的提议者毛泽东到现场视察。他在“大会堂”前加上“人民”二字，定名为“人民大会堂”。

从“人民当家作主”的制度设计，到“人民大会堂”的建筑命名，“人民”二字，蕴涵了共和国缔造者对人民的一份敬畏，一种承诺。在这里，中国版图上34个省、自治区、直辖市和特别行政区，都有以自己名字命名、体现地方特色的厅室，包括了“台湾厅”、“香港厅”、“澳门厅”，寓

1982年，中英就香港问题进行谈判，邓小平向英国首相撒切尔夫人强硬表达了中国立场。谈话结束后，撒切尔夫人在人民大会堂的台阶上不小心摔了一跤，一下成为各方解读的丰富素材。

意中华民族大家庭大团结。

在几十年的政治生态中，人民大会堂里风云迭起。50年来，这座建筑里留下一个个生动印记——

1997年、1999年，香港、澳门先后重回祖国怀抱，人民大会堂把原来一层的西会议室改建为香港厅，在三层建了澳门厅。两个中西合璧“新成员”的到来，消除了大会堂内“中国版图”不完整的遗憾。

2005年，胡锦涛与连战在人民大会堂福建厅握手。跨越一甲子，跨越一湾浅浅的海峡，国共两党一笑泯恩仇。两岸交往大幕徐徐开启。

2008年，北京奥运会开幕，胡锦涛与来自全世界的客人分享奥运的快乐、北京的荣光。

…………

每年初春，全国“两会”在这里举行。会场外，代表、委员们走台阶，

2005年4月29日，人民大会堂福建厅，中共中央总书记胡锦涛与中国国民党主席连战首次握手。

轰动程度可媲美奥斯卡明星走红地毯，成为几千名中外记者采访的必争之地。会场内，历任共和国总理的真情告白，无论是振聋发聩如“不管前面是地雷阵还是万丈深渊，我将一往无前，义无反顾，鞠躬尽瘁，死而后已”，还是深情款款如“台湾是祖国的宝岛，走不动就是爬，我也愿意去”，都让世界为之动容。

不过，在建成后的前二十年里，人民大会堂却与这个国家一样，几乎是封闭的。“文革”期间，民众参观彻底中断，大会堂周围布满岗哨。

1979年1月，万名民众走进大会堂举行春节大联欢。时任全国人大常委会副委员长的邓颖超说：“大会堂这个禁区已经被打破了，它重新回到了人民的怀抱。”同年7月15日，人民大会堂正式向社会开放。封闭、神秘的政治禁苑大门洞开，任何一位游客，如果想进入人民大会堂内部参观，代价不过是3毛钱。

如今的管理者们，推出了更人性化的服务，如果想体验一番人民大会堂的伙食，甚至可以在宴会厅点上一份快餐。

今年，是新中国建国60周年。这个国家最富政治象征意味的建筑，也将迎来建成50周年、开放30周年的纪念。在这里，你可以读到一部浓缩的共和国历史。

解密

周总理吟王勃名句定风格

1958年3月，毛主席明确提出了要在北京建“万人大会堂”的设想。中央北戴河会议决定为庆贺共和国10周年盛典，要在北京建设包括“万人大会堂”在内的十大建筑。这正是人民大会堂的前身。

1958年10月动工，1959年9月建成，用时仅10个多月，人民大会堂成为中国建筑史上的一大创举。

30余顶级建筑师齐聚京城

为了完成这一重要政治和历史任务，北京市政府以中国建筑学会的名义向全国建筑界发出邀请。3天之内，17个省市的30多位顶级建筑师奔赴首都北京。梁思成、杨廷宝、张开济、吴良镛等中国建筑界的精英，组成“梦之队”。

从1958年9月15日到30日，设计师们总共完成了七套广场布局方案，其中不乏拆去正阳门城楼和箭楼等大胆创新之作。北京规划局将七套方案总结成“四建筑方案”，但是被北京市委否决，另外决定采取西边万人大会堂，东边合二为一的历史革命博物馆的安排。这个安排非常巧妙地呈现出“左祖右社”的中国传统结构。

设计师们又开始了新一轮的“头脑风暴”，让天马行空的创意和中央的具体要求结合起来。在外观方面，有人提议采用中国传统琉璃瓦顶，有人倾向采用攒尖顶“大帽子”式，甚至还有人把大会堂设计成了完全透明的一个“玻璃盒子”。当时各级领导人更加偏向于庄严明朗的风格，以体现时代的胸怀。

在内部结构上，经历了足足七轮的评比论证，相关结构功能不断添加，从一开始的万人大礼堂，到第二轮加入的大宴会厅，再到第三轮加入的全国人大常委会办公楼，硬要在一片7万平方米的建筑内造出个“万花筒”。建筑师们都说，大会堂的设计是“螺蛳壳里做道场”，“戴着镣铐跳舞”。这般苛刻的要求，确实难住了众多的建筑设计师，迟迟找不到一个各方满意、中央同意的方案。

周恩来总理为此做出指示：进一步解放思想，除老专家之外，发动青年同志参加国庆各大项目的设计。北京市委第二书记刘仁亲赴清华大学，动员建筑系的青年教师参加方案设计工作。前几轮中作为“审核机关”的北京市规划管理局，也加入了大会堂的设计队伍。“梦之队”再次扩编，吸收了更多的新鲜血液。到10月初，先后完成8稿，提出平面方案84份，立面方案189份。

10月14日午夜，周总理审查北京市委推荐的最后三套大会堂设计方案，最后选定了北京市规划管理局的方案。数小时之后，规划管理局又做了一次调整，将“凸”字形变为了“出”字形。11月初和12月，人民大会堂的基本设计图通过了中央书记处和中央政治局的审查，正式确定。至此，人民大会堂进入了施工和具体结构设计的阶段。

1972年2月21日，尼克松访华，中美关系的大门打开了。周恩来在人民大会堂举办国宴招待尼克松一行。

人均空间突破声学处理极限

大会堂气势恢弘固然体现了时代意气风发的特征，但是又要体现平易近人的风格和主人翁的感觉。建筑史上没有给予答案，一时难倒了众位专家。

梁思成的弟子、时年47岁的张镈担任了人民大会堂总设计师。1958年12月初，张镈又一次向周恩来总理汇报请示。

沉思过后，周恩来忽然开口，轻轻吟诵了两句唐朝诗人王勃的诗文——“落霞与孤鹜齐飞，秋水共长天一色。”他解释道：“人站在地上，并不觉得天有多高，站在海边，也不觉得海有多远。‘落霞孤鹜’这一句，应该对我们有所启发。为什么不从水天一色的意境出发，去做抽象处理呢？”

说到兴起，周恩来一边打着手势，一边拿过纸笔描画起来：“大礼堂四边没有平直的硬线，有点类似自然环境的无边无沿。顶棚可以做成大穹窿形，象征天体空间。顶棚和墙身的交界做成大圆角形，把天顶与四壁连成一体。没有边、没有沿、没有角，就能得到上下浑然一体的效果，冲淡生硬和压抑感。”

大会堂设计中的最大难题，竟在唐诗中找到了答案，并且借助了日理万机的建筑门外汉——周恩来总理的妙思。

在“水天一色”的基本精神指导下，张镈设计了中央的葵花式顶灯和三圈水波形的暗灯槽，与周围装贴的淡青色塑料板相呼应，灯亮之时红星闪耀、波光盈盈。建筑师们还在整个穹顶上开了近500个灯孔，人坐在观众席内，抬头就可见

毛泽东倡议建造人民大会堂，并多次在此会见外宾。

“繁星点点”，仿佛置身于浩瀚夜空，丝毫不会感觉压抑、沉重。

同时，穹顶上布满了几百万个小小的吸声孔，有了它们，大礼堂的屋顶整个儿变成了一块巨大的吸音板，主席台上发出的多余音波完全被吸走，不但没有回声还能留点“混响”，让坐在每个角落的人都能清晰准确地听到发言人的声音——大空间带来的问题，又被大空间自身解决掉了。中科院的马大猷教授评价说，大会堂人均空间9立方米突破声学处理极限——人均6立方米，仍然能听得清，创造了一个世界奇迹。

1959年9月24日，人民大会堂正式竣工并交付使用，工程建设历时十个半月。在此期间，全国人民给予了巨大支援，先后有18个省、市、自治区选派了7000多名优秀工人和技术人员赴京直接参加了工地建设，有23个省、市、自治区的500多家工厂克服各种困难，如期完成了订货，为大会堂赶制出了5000多项建设配件和设备。

1959年9月9日凌晨，毛主席就在万里、齐燕铭等人的陪同下来到工地，详细视察了大会堂的内部结构。毛主席感慨地说：“这些同志不为名，不为利，这样努力工作，应该给他们立个纪念碑。不过，人数太多喽，碑上也写不下那么多人的名字呀。我们应该提倡这种不为名、不为利的共产主义精神。”万里请主席命名。毛主席说：“我看，就叫人民大会堂吧。”

对话

港澳厅设计突破“解放风”

王炜钰　清华大学建筑系教授、人民大会堂港澳厅设计者之一

回忆起设计人民大会堂香港厅、澳门厅的情景，王炜钰教授仍难掩激动。她是著名建筑师林徽因的表妹。这位比林徽因小20岁的室内设计师，在表姐与表姐夫梁思成的影响下走上了建筑之路。

记者：您当年参与这样一座划时代的建筑设计，曾遇到过什么困难？

王炜钰：最大困难还是整体风格的确认。要根据港澳的特色来进行高标准的设计，设计要表现出祖国给予游子归来的亲切感和温馨感。非常有意思的是，港澳两厅的设计思路探讨走了相反的路径。

在设计之初，澳门厅采用了当地的西方样式。但一期工程过后，部分澳门代表提出，澳门同胞也是中国人，也喜欢中式的风格。于是，我们再次赴澳门考察，参观了卢九花园等景点，决定二期工程采用纯中式的风格，做了中国南方的亭台楼阁装饰。

澳门厅设计的成功，使得香港厅的设计一度也遵循中式为主的风格。但香港代表则表示，中式设计在香港一般用于餐饮服务业，比较正式庄严的地点以西式风格为主，比如香港总督府。他们希望以香港总督府的风格和质量标准来设计香港厅。讨论8个月后，香港厅的设计确定以西式建筑为主。

记者：您觉得设计中最大的亮点是什么？

王炜钰：亮点是风格上的突破。港澳厅设计以前，人民大会堂的风格是解放式的，即民族形式加上社会主义内容。而港澳厅依据它们各自的特色突破了传统风格。两个大厅引领了这个潮流的开端。

延伸

"岭南画派"辉映大会堂

在人民大会堂内，挂有不少"岭南画派"画家作品，如关山月、黎雄才、刘斯奋、许钦松等名家墨宝。最著名的当数关山月与傅抱石合画的《江

2002年11月8日，中国共产党第十六次全国代表大会在人民大会堂隆重开幕。江泽民同志在报告中全面阐述"三个代表"重要思想。

山如此多娇》。

这幅巨作悬挂于人民大会堂北大厅，宽9米，高6.5米。每当人们伫足画前，凝神仰望，都会被浮现于眼前那波澜起伏、令人心驰神往的红日、雪山、长城和云的海洋所吸引和陶醉。

1959年，人民大会堂即将建成使用，厅堂需用大量富有时代感的中国画来装点布局。经过陈毅、郭沫若和吴晗酝酿，最后确定由广州的关山月和南京的傅抱石共同完成这幅“画眼”之作。傅抱石擅长画瀑布、流水，画面中的这些部分由他包办；而关老早年曾多次赴西北写生，对大西北的地势、风物十分熟谙，就由他主笔皑皑雪山和蜿蜒长城等景物。一位是金陵壮气，一位是岭南新风，经过120多个日日夜夜的合作，终于完成中国近现代美术史上的传世佳作。毛泽东亲笔为这幅作品题写了“江山如此多娇”。

人民大会堂里，来自广东的宝贝可不少。比如，代表中国陶瓷顶尖制作工艺水平的人民大会堂专用瓷“胜利杯”，就是在“中国瓷都”潮州研制成功的。“胜利杯”润如玉、薄如纸、声如磬，具有极高的艺术价值和收藏价值。

（胡剑龙　陈枫）

罗布泊：记录中国崛起的不屈与执着

罗布泊，一个意味着“多水汇聚之地”的名字，一个现实中飞鸟难渡的死亡绝地。生存与梦想，死亡与绝望，共同演绎在这块古老而神秘的土地上。

罗布泊：记录中国崛起的不屈与执着

“两弹元勋”最高奖金仅20元

纵观共和国的崛起史，罗布泊承载了太多难以忘怀的记忆。原子弹、氢弹的相继爆炸，一批批元勋、先烈的勇于牺牲，罗布泊这个美丽的名字如同一方相册记录着共和国强大的轨迹，它在历史中干涸，却又在历史中繁衍着生生不息的中华精神。面对困阻的不屈，不怕牺牲的执着，这是绝望的罗布泊留给我们的宝贵财富。

梦想始于罗布泊。1964年10月16日下午3时，随着一声震天巨响，一朵巨大的蘑菇云升腾在罗布泊的天空中——中国第一颗原子弹爆炸成功。

原子弹的“靶场”，原子弹的试验基地，在寸草不生的戈壁荒野，这可能是唯一的现代“痕迹”。正是这点痕迹宣告了中国成为第五个有核国家，宣告了中国不再是任人欺凌的弱小民族。

为了这点痕迹，一穷二白的中国付出了太多。

“脱裤子当了，也要搞导弹、原子弹。”

“头顶烈日，明月作营帐，饥餐砂砾饭，笑谈渴饮枯水浆。”

曾经的豪言壮语见证了“两弹一星”梦想背后的艰辛。

还记得，当时设备资金跟不上，中国的铀提取甚至采用“土法制铀”，紧急时队员自愿裸露接触，为了那么几克、十几克的核材料献出了自己的生命。

也还记得，“两弹”元勋邓稼先在一次核爆试验失败后，勇于担起总指挥的职责，单身进入基地抱起未爆炸的核弹。

这一切都是为了祖国的强盛。正如邓小平后来所评价的那样：“如果60年代以来中国没有原子弹、氢弹，没有发射人造卫星，中国就不能叫有重要影响的大国，就没有现在这样的国际地位。”

“两弹一星”代表着一个激情燃烧的时代，从这个时代中升腾而出的不屈和执着一直在激励着共和国的成长。而后，我们有了洲际导弹，有了核潜艇；而后，我们实现了载人航天，实现了嫦娥奔月，实现了从“两弹一星”到“进军太空”的跨越。

今天，我们将载人航天精神看作“两弹一星”精神在新时期的发扬光大，它生动地体现了以爱国主义为核心的民族精神和以改革创新为核心的时代精神。中华民族的不屈与执着是一脉相承的。

为了上天的梦想，中国的长征系列运载火箭一次又一次划破苍穹，一代又一代的科研工作者为之付出了青春、家庭乃至生命。当载人航天成功后，我们看到“两弹一星”元勋们的悲喜交加、泪流满面。

为了上天的梦想，杨利伟等航天员的魔鬼训练常常要以五年、十年来计。在离心机中，每个航天员都无数次去经历高重力加速度下的面部变形、泪水横飞。他们中有的上天了，成了英雄；但更多人默默无闻，低头鏖战。

“两弹一星”传承下来的是“热爱祖国、无私奉献，自力更生、艰苦奋斗，大力协同、勇于攀登”，载人航天集中体现的是“特别能吃苦、特别能战斗、特别能攻关、特别能奉献”。

从一穷二白到国力昌盛，从绝地走来向太空奔去。在新中国成立60周年之际，在美国人登上月球40周年之际，我们再次聚焦罗布泊。还是这个美丽的名字，还是这块荒芜的土地。在不屈与执着的精神鼓舞下，我们在绝地中看到了中国的崛起，看到了共和国国防科技的日益强大、综合国力的极大提升。

这是一股将中国人拧成一股绳的精神实质，传承，发扬，生生不息。

解密

“两弹元勋”最高奖金仅20元

1964年的一声巨响炸开了束缚共和国强盛的藩篱，原本以神秘与荒芜著称的罗布泊由此成为共和国历史上“两弹一星”的起源地。

很多人将那场核爆称作罗布泊的闪光，固然是因为原子弹爆炸时强烈的光辐射，但更多的却是执着于共和国强盛的闪光。强盛从此而始，我们有了“两弹一星”，我们实现了载人航天，我们还在向往着月亮，向往着遥远的太空。

“那么好吧，搞一点原子弹、氢弹”

对于原子弹，毛泽东在接受美国记者安娜·路易斯·斯特朗采访时曾经有一句经典的评价：“原子弹是美国反动派用来吓人的一只纸老虎，看样子可怕，实际上并不可怕。”

战略上藐视，但战术上足够重视。1956年，毛泽东在最高国务会议上说：“我们还要有原子弹。在今天的世界上，我们要不受人欺负，就不能没有这个东西。”1958年，毛泽东正式表态：“那么好吧，搞一点原子弹、氢弹，我看有十年工夫完全可能。”

正是在那时起的随后几年中，共和国与核研究有关的科学家、专家开始汇聚罗布泊，10万大军开始汇聚罗布泊，所有与核制造有关的工厂将目光对准了罗布泊。一座高达百米的铁塔在罗布泊逐渐被竖立起来，代表着中国国防力量的“罗布泊的闪光”就在这座铁塔上爆发。

这一瞬间闪光的背后是数不清的艰辛与复杂。探矿，挖矿，加工，提取……先从南方的矿山开始，再把经过粗加工、细加工、精加工的半成品送到北方的工厂，北方的工厂加工后又送到西部多家工厂提取。可以说，核心材料铀235的提取辗转了大半个中国，任何一道工序都不能少，任何一道工序都有着严格的技术标准。1964年初，当时的核工业部部长刘杰在一次会上说："报告大家一个好消息，核材料铀235已经研制出来了。"时任国务院国防工办常务副主任的赵尔陆上将说："好！那好！我们已经有了粮食，有了粮食，我们就可以做饭了。"

罗布泊的"蚊子水"喝起来松乎

罗布泊试验基地的建造以及后来的运转都是在一穷二白的艰难国情下实现的。从建设基地的工程兵到进行核心研究的科技人员，奋战在罗布泊的每个人都经历过忍饥挨饿、身体浮肿的艰苦阶段。

有的科研人员在食堂没有吃饱，就冲点酱油汤和黄糖水、含颗蜜枣顶一顶。很多人开玩笑地说，喝一杯酱油汤或糖水，可以坚持工作一个小时以上；吃一颗蜜枣，可以坚持工作一个半小时以上。在当时的罗布泊，部队驻扎地周边可以吃的如沙枣树籽、骆驼草等植物，几乎都被拿来充饥了。

陈士渠将军后来曾回忆说，那时候很多人都在喝"蚊子水"。因为没有水源，战士们收藏了部分雨雪水，时间长了水里积了很多蚊子。杯里有厚厚的一层蚊子，有的已经煮熟沉到水底不好捞出来。而且蚊子太多，如果把蚊子都捞出来，水也就所剩无几了。不能看，端起来就喝，喝起来松乎乎的，别有滋味。

1985年，杨振宁看望身患癌症的邓稼先时，问起国家为"两弹"研发的有功人员颁发奖金的事情。邓稼先说："奖金20元，原子弹10元，氢弹10元。"原来，由于国家经济困难，发给整个"两弹"科研队伍的奖金总数仅1万元钱，受奖机构自身又拿出一部分钱，按照10元、5元、3元的级别分下去。邓稼先当时拿到了最高的奖励级别，但每一个"弹"只有10元钱。

"神七"航天员住与世隔绝"红房子"

改革开放以后，随着经济的高速发展，中国的科研和训练环境好了很多，尤其是神舟系列的航天员们，更是受到了"无微不至"的关照，知情者将这种关照称作"魔鬼训练"。

以神舟七号的航天员为例，他们被隔绝在中国北京航天城的航天员中心里，住在神秘的“红房子”中。之所以叫“红房子”，一是因为房子确实是红色的，二是因为红色意味着中国航天业发展的核心力量源自这里。住在这里的“神七”航天员不准在外就餐、不准私自外出、不准抽烟喝酒、不准暴露自己的身份……

中国航天员训练有8大类58个专业，这被航天员们称为“登天的58个阶梯”。在具体的训练器械中，最恐怖的还是离心机，“神七”航天员所使用的载人离心机号称亚洲规模最大，椭圆形的封闭吊舱被连接在长达8米的旋转臂上。真正转起来时，航天员在里边被甩得“脸部变形、泪水横飞”是非常正常的。据了解，这台机器可以模拟出载人航天器上升和返回时的持续超重状态。

为了适应长时间的太空失重状态，“神七”航天员还要接受头低位卧床训练，时间长达五天五夜，也就是俗称的“倒着睡”。在这种状态下，航天员要正常吃饭、饮水、清洁个人卫生，还要进行摄像等操作训练，“头部肿胀”带来的负面影响是必须克服的。

对话

钱学森长子钱永刚：神舟航天员看望钱老成惯例

记者：您的父亲曾经说过，中国航天事业发展可以更快一点，请问这是出于什么考虑？

钱永刚：父亲那个年代，国家经济实力没上来，经常是要干事、干成事，但没钱。老一辈航天人深感发展航天事业的艰难和国家经济实力的重要。

例如，1970年，中国成功发射了第一颗人造卫星“东方红一号”。生产任务书要求卫星在太空可靠运行1万小时。而要在太空运行1万小时，就要先在地面上运行1万小时。但当时中国的航天经费，仅仅能够维持卫星在地面运行200小时，没钱啊。

在这种没有进行足够实验的情况下，谁都不敢签字让卫星出厂。当工作人员找到父亲时，父亲说："材料放我这里，我看两天。"几天后，父亲在材料上签了"我认为此卫星可以出厂"之类的话。也就是说，如果失败了，钱学森来负责。

到了今天，这种情况是不会出现了。有经济实力为后盾，综合国力提高了，这是新一代航天人之幸，也是航天事业发展可以更快一点的原因。

记者：听说每一次航天员成功完成任务后都要去见钱老，是真的吗？

钱永刚：父亲虽然在家，但对中国航天事业非常关注。"神五"、"神六"发射后，国家曾经组织杨利伟、聂海胜、费俊龙上门看望钱老，而这似乎已经成为一种传统和惯例。"神七"发射成功后，有关方面一直都希望让经历过太空漫步的航天员去看望钱老，但考虑到钱老的身体和"神七"航天员返回后的各种安排，始终没有找到合适的机会。但这个计划没有取消。

对话

航天史专家刘登锐：航天器选择"飞船"没走弯路

记者：中国载人航天发展较晚，在已经有了借鉴的情况下，我们的航天器为什么没有选择美国的航天飞机？

刘登锐：俄罗斯采用的是飞船技术，美国是航天飞机。就中国当时的情况来看，航天飞机固然有优势，但劣势也很明显，投入大、危险性高、相关技术基础缺乏，所以研制航天飞机并非中国的最佳选择。

实践证明，我们研制飞船没有走弯路，恰恰是航天飞机走了弯路。根据美国方面披露的消息，2010年，美国现有航天飞机将全部退役，航天飞机将逐渐告别世界载人航天的舞台。

延伸

广东飞行员运送第一颗原子弹

在广州空军某干休所，住着一位叫李贤凤的退休飞行员，他来自广东南雄老革命根据地。这位看似普通的老人在45年前曾率领机组完成了原子弹爆炸前后的一系列飞行任务。至今，他的身上仍然留有轻微辐射的痕迹。

当时，接受了绝密任务的李贤凤担任一架伊尔-14型飞机的机长，负责装运原子弹及配套器材和运送蘑菇云中取回的样品，后来他还成为执行任务临时飞行大队的大队长、党支部书记。

原子弹临爆前，由李贤凤的机组负责将分解的原子弹，运送到前沿基地进行组装。这个任务是绝密的，不能告诉任何人。在飞行过程中，飞机利用地形地物，采取隐蔽低空飞行，通信联络上也要保持无线电静默。如此这般，飞机连续飞行多次把原子弹顺利运到目的地。原子弹运抵后，该机场没有任何不正常反应，保密效果很好。

原子弹爆炸后，又是李贤凤率领送样品的机组飞往北京。沿途战胜恶劣天气，经多次加油、吃饭后，经过8小时零8分的长途飞行，于深夜2时16分终于将样品安全送到北京。中央有关领导和专家等，在南苑机场迎接样品到达。

（徐林）

大寨：中国农村发展『活化石』

让我们把历史的镜头回放至1964年。

在这一年的2月10日，《人民日报》发表《大寨之路》的报道，同时发表《用革命精神建设山区的好榜样》的社论，大寨模式随着报道飞越千山万水响遍神州大地。

从此，全国农村掀起了农业学大寨运动。一直到1980年底，中国再也没有哪个地方的农民，能够像大寨社员那样长期处于聚光灯之下。中国在历史上第一次动员了几亿农民共同投入农田水利基本建设。

那是一个自力更生、艰苦创业被“置顶”的年代。就在《人民日报》发表《大寨之路》的5天前，中共中央刚刚发出《关于传达石油工业部关于大庆石油会战情况的报告的通知》，全国工业交通战线掀起了学习大庆经验的运动。在此前的一年，东北松嫩平原传出振奋人心的消息，我国自主勘探开发的特大油田——大庆油田累计生产原油1000多万吨，一举甩掉了贫油国的帽子。

农业学大寨，工业学大庆，是特定时代的产物，无可避免地带有时代局限性。然而，当大寨人民的日常劳作在镁光灯的闪烁之中变成一种炫目的舞台演出，从农业到教育，再从卫生到司法、财贸等行业部门都开始学大寨，“普及大寨县”成为响亮的口号时，质疑也开始在20世纪70年代末升起。1980年11月，中共中央转发中共山西省委《关于农业学大寨运动中经验教训的检查报告》，农业学大寨运动从此中止。

改革开放的春风吹遍神州，当大寨这个曾经的中国政治明星村一夜之间沉寂下来的时候，天津大邱庄、江苏华西村、河北获鹿高迁村等昔日的学大寨典型却在市场经济的大潮中给大寨提供了新的学习榜样。

1992年，邓小平视察南方，中国改革开放迎来又一个春天。大寨终于确定走社会主义市场经济的道路，并形成了煤炭、建材、针织、制衣、酿造、贸易、生态农业、旅游等8

个支柱产业，使大寨人经历了从种田农民转化为工人、技术员、管理员的过程，大寨企业经历了村办小作坊到规模化、专业化、品牌化发展的转变。目前仅有不到10%的人在从事农业。如今的大寨，公共服务完善，社会治安良好，村民福利令左邻右舍艳羡，数度被评为“中国名村”。

从毛泽东时代的“人民公社”，到改革开放前期的“联产承包”，再到今天的“新农村建设”，大寨身上保存了中国乡村世界清晰而典型的发展图谱。

六十年一甲子。满载了光荣和梦想、经历转型痛楚之后，走向再次创业和建设新农村的大寨人，为中国乡村命运的转变作出了最生动的注解，也浓缩了共和国发展史上的密码。也许，正如西方学者在评价费孝通的传世名著《江村经济》时所说，这“让我们注意的并不是一个小小的微不足道的部落，而是世界上一个最伟大的国家”。

解密

“样板村”的艰难转型

大寨，一个坐落于太行山腹地的小山村，一个曾经走上“神坛”又被“请下”的样板，一个在改革开放中获得新生的村庄，在一次漂亮的大转身后，走上了共同富裕的康庄大道……

平均每平方公里国土上有一人曾参观大寨

“工业学大庆，农业学大寨，全国学人民解放军，加强政治思想工作。”1966年8月12日，经毛泽东同意，党的八届十一中全会在公报中第一次向全国发出“农业学大寨”的号召。从此之后的十多年里，大寨，这个历史上名不见经传的小村庄成为全国农村学习的典型。

据官方公布的数据，在那个政治挂帅的年代，先后约有960万人到此参观学习——平均每平方公里国土一人。

1958年中苏关系破裂。自此，中国面临美苏两个超级大国长达十余年的共同孤立。几乎与此同时，影响全国的“三年自然灾害”发生。

“自力更生”成为中国20世纪60年代的强音，一个“样板村”应运而生。

1963年8月，一场特大暴雨让大寨跃入了中共中央领导人的视野。这场百年不遇的大雨连续下了七天七夜，大寨合作化以来十多年整修的土地被冲垮了，70%的社员房屋被冲塌了，庄稼都倒伏浸泡在水中。面对这场毁灭性的洪灾，大寨的相当一部分干部、社员情绪低落，压力很大，有的认为十年八年难以恢复，有的主张多向国家要点援助。但大寨党支部却响亮地提出了“三不要三不少”的口号，即不要国家救济粮、不要救济款、不要救济物资和社员口粮不少、劳动日分配不少、卖给国家的粮食不少。

在这场艰苦卓绝的抗灾斗争中，大寨坚持“先治坡后治窝”的原则，采用分工负责、分线作战的办法，苦干、实干、硬干、巧干了两个多月，把冲毁的庄稼又扶起来，冲塌的房屋也被修缮一新。秋天，大寨的粮食平均亩产达到745斤，总产42万斤，向国家交售粮食24万斤，除留足种子、饲料外，社员人均口粮400斤，实现了“三不要三不少”的誓言。更为重要的是，在这场斗争中，大寨人还总结出了自力更生的十大好处，成为了大寨人的宝贵精神财富。

这一年11月，山西省委发出通知，号召全省人民学习大寨藐视困难、敢于革命的英雄气概。次年1月，陈永贵到北京向国务院领导汇报了大寨人自力更生战胜灾害的情况后，引起了中央的高度重视，并特地组织报告会，引起了强烈反响。

铁姑娘复出　大寨由“空壳”涅槃

1992年，中国改革开放的又一个春天降临。在这一年，大寨人感到“必须走出去”看看了。

在此之前，1991年底，曾经名震全国的“铁姑娘”、刚过完45岁生日的郭凤莲，在村民的一致呼声中复出。而在大寨被请下神坛的1980年，作为村支书的郭凤莲被调离大寨。

1992年2月，两辆满载140名大寨村民的大巴车从大寨出发，直奔娘子关外的华北平原，开始了大寨人的“洗脑”征程。

同年3月，时任国务院副总理的田纪云视察山西旱情，走进大寨，为大寨指出了“农林牧副渔全面发展的大农业”发展道路；两个月后，时任国务院副总理的朱镕基也来到了大寨，他告诫说，“不要看花了眼……要从当时当地的具体条件出发，实事求是”，“旅游业搞好了，比办几个工厂都赚钱”。

此时，中国改革开放的大门已开启10年有余。

此前，几乎在整个20世纪六七十年代，大寨几乎都高居于“神坛”之上。“农业学大寨运动”将大寨越捧越高，成为完美无缺的典型。有人甚至极端地将大寨变成了“百宝箱”，提出行行业业都要学大寨，大寨要为行行业业提供经验。

但从1979年开始，“肯定凤阳（小岗村）、否定昔阳（大寨）”的势头一浪接一浪。当年，来大寨参观的国内宾客仅4205人，不及1978年的3%。

1981年，大包干浪潮席卷全国，大寨村起初不愿分田到户，折中后改为分田到组，但第二年又重新由大队统一分配。如此反复引发了混乱，当年粮食总产量下降近20%。

随后，县委工作组进驻了大寨，1983年终于实行了承包责任制，党支部书记在完成分田到户后主动辞职，当年全村粮食产量由65万斤上升到100万斤。

但在整个80年代，大寨几乎无人问津。由于缺乏规划，大寨的个体民营经济各自为政，规模小，没特色，抗风险能力差。90年代初，大寨个体经济出现“破产潮”。除了吃资源的煤矿，其余产业一片萧条。

1991年重返大寨的郭凤莲发现，大寨已成“空壳”，每年全靠煤矿的一点上交款勉强过日子。

一年后的考察让郭凤莲们惊叹不已。在这一年，他们参观了年产值已经上亿的河北获鹿高迁村。这个曾经的学大寨典范，已是洋楼和现代化厂房遍地，而在诞生了另一个学大寨典型——华西村的江苏省江阴市，已根本看不出人家哪里是城市，哪里是农村。

这场震撼人心的参观，彻底让大寨人看清了自己“井底蛙”的落伍状态。“大寨怎么办”的讨论会在大寨村几乎一天一场。

最后，大寨新的党支部终于确定了“发展商品经济、非农兴村”的思路。1992年，大寨经济开发总公司成立，郭凤莲出任总经理。

从此，大寨走上了市场经济的快车道。以“大寨”命名的产品不断涌现，包括酒、醋、面粉、杂粮、核桃露等，很多产品都是联合经营，大寨“品牌投资”。全村总产值由此实现三级跳，由1992年的327万元到1997年的4796万元直至2002年达到1个亿。再到2008年，经济总收入达到3个亿，人均纯收入1万元，上缴税收1300多万元。

2008年9月，第八届全国“村长论坛”召开，大寨在该年度中国名村影响力口碑指数评比中荣膺第一、综合指数排名第二、魅力指数排名第三、绿色指数排名第五。

郭凤莲和大寨再次站在聚光灯下。

“铁姑娘”队代表的大寨精神，贯穿了大寨村数十年的发展历程。

对话

名声响亮是一把双刃剑

孙丽萍　山西省社会科学院副院长，大寨研究专家，主编有《大寨口述史》。

记者：“工业学大庆”，“农业学大寨”，是响彻整整一个时代的口号。今天，我们如何看待这些生产建设运动？

孙丽萍：作为一场组织发动了几亿农民参与并且对中国农村建设产生了深远影响的群众性运动，“农业学大寨”是当时农业战线建设发展的需要。由于当时中国绝大多数人口集中在农村，因此其影响的人群远远超过“工业学大庆”运动。

其产生和发展有着特定的背景环境，有着历史的必然，也有着时代的局限。那时，如果不是大寨成为中国农村的典型，也会有其他的典型出现。当然，这一运动走了极端，破坏了生态。但是，难道不正是农业学大寨运动中的大办农田水利建设，为改革开放之后中国农业生产力的集中释放奠定了基础吗？凡事总是要一分为二地看待。

记者：1992年，邓小平视察南方。中国的改革开放迎来了又一个春天。这一年，郭凤莲决定带领大寨人走市场经济道路。大寨转型的有利与不利因素有哪些？

孙丽萍：大寨是一个非常特殊的村庄。大寨村民中有几位曾经是中央、省、市、县各级各类组织的代表和拥有各类头衔的知名人物，大寨党支部书记陈永贵曾担任国务院副总理五年多。全国各地的人，包括周恩来、邓小平、李先念等党和国家高级领导人，一些外国首脑人物和杨振宁、李政道、韩丁等世界一流的科学家都曾经到大寨视察或指导。

同时，很多大寨人也不时随团出国考察。大寨人，尤其是大寨的领导人，其视野是开阔的，甚至是国际化的。我们认为，这是大寨转型的有利知识条件。一把手的作用总是很重要的。

此外，大寨转型的时候获得了来自江苏、上海等地的经济支持。从这个角度来说，大寨的“名声”是他们转型的“正资产”。

就不利因素来说，主要是当时很多人在思想上还转不过弯来。毕竟是一个全国典型，众所关注，一下子变得悄然无声，这让大寨人的失落感很强，一度很消极。当时很多大寨人走出门都不敢说是大寨人，怕被人投以异样的目光，被认为是左倾代表。从这个角度来说，“名声”又是他们的“负资产”。

记者：大寨是干出来的，不是吹出来的。在物质上已经较丰裕的今天，我们应该如何继续保持自力更生、艰苦奋斗的精神？在当今时代，自力更生、艰苦奋斗应该有什么样的新内涵？

孙丽萍：自力更生、艰苦奋斗仍然具有强大的时代意义。以大寨为例，它一共有10多家企业，但是除了大寨核桃露以外，其他企业的技术、管理现代化的程度都不高。没有自力更生、艰苦奋斗的意识，如何在激烈的市场竞争中取胜？而我们的国家，从“神七”飞天到大飞机项目上马，最近几年也越来越强调自主创新。“中国制造”正在向“中国智造”转型，不也正说明“自力更生、艰苦奋斗”的大寨精神没有过时吗？

延伸

“学大寨”典型如今多为富裕村

“农业学大寨”这一口号提出后，全国掀起了一股“学大寨”的高潮，各地不断涌现出一批批学习大寨的先进典型。这些昔日的先进典型，后来摒弃“学大寨”中不合理的东西，回归常识，实事求是，终于在改革开放中抓住了机遇，经济上有了质的飞跃。它们完成了从传统农业到现代工商业的完美转变。

江苏省的华西村，曾经是我国学习大寨的先进典型。当时“北有大寨，南有华西”的口号流传甚广。改革开放后，华西村顺应时代潮流，走的是坚持以公有制为主体，共同富裕的道路。通过发展村办企业，华西发生了翻天覆地的变化，拥有资产21个亿，有“天下第一村”的美称。

而在改革开放的先行地，广东省昔日的学习大寨先进典型也走上了改革和共同富裕的道路。如惠州市惠城区沥林镇黄村，已经成为当地的“首富村”。30多年前，黄村成为原惠阳县“农业学大寨”的先进典型，九省农业学大寨现场会曾在这里召开。30多年后，黄村已经走上了发展商品经济的道路。早在20世纪70年代，黄村就通过招商引资，在村里开办了纺织厂。纺织厂的开办引起了村民们的兴趣，此后黄村利用邻近香港的优势，引进外资，开办了更多的企业。同时，黄村还鼓励村民创业，通过创业来带动就业和致富。通过招商引资，大办工业，2007年黄村村民小组集体收入96万元，农民人均纯收入达6000元。

（周志坤　张丽　满达）

兰考：见证一个县委书记的公仆精神

A08
兰考：见证一个县委书记的公仆精神
禄跳起舞来也风度翩翩
支持焦裕禄外孙参加选秀
焦裕禄之子"进京卖大蒜"
穆青笔下"十个共产党员"

如今人们谈论兰考，已难以记起这里是西汉宰相陈平和南朝才子江淹的故乡。这个黄河边上的城市，尽管有着悠久的历史，但它名扬全国却是始于1966年。

1965年冬，一位名叫穆青的新华社记者和他的同事来到了兰考。翌年春天，一篇题为《县委书记的好榜样——焦裕禄》的长篇人物通讯发表于《人民日报》，同时见报的还有一篇著名社论——《向毛泽东同志的好学生焦裕禄学习》。第二天，中央人民广播电台播出这篇通讯，当时的著名播音员齐越数次泣不成声。

一个人擦亮一座城。作为新中国60年来"最著名的县委书记"，焦裕禄的传奇之处在于，他在兰考只有一年零四个月就病逝在工作岗位上，却把"县委书记"还原为"人民公仆"，将公仆本色诠释得淋漓尽致。在穆青的名篇中，这样的证据比比皆是——

兰考车站上，北风怒号，大雪纷飞。许多逃荒的灾民扶老携幼拥挤在候车室里。焦裕禄指着他们，沉重地说："他们绝大多数人，都是我们的阶级兄弟。是灾荒逼迫他们背井离乡的，不能责怪他们，我们有责任。党把这个县36万群众交给我们，我们不能领导他们战胜灾荒，应该感到羞耻和痛心……"所有的县委委员都沉默着低下了头。

1964年春天，焦裕禄的肝病越来越重了。他越来越多地用左手按着时时作痛的肝部，或者用一根硬东西顶在右边的椅靠上。日子久了，他办公坐的藤椅上，右边被顶出了一个大窟窿。县委的同志们劝他疗养，他笑着说："病是个欺软怕硬的东西，你压住他，他就不欺侮你了。"……

作为那个火热年代的"典型人物"，"焦裕禄"被赋予了太多的符号意义："活学活用毛泽东思想的典范"，"心里装着全体人民，唯独没有他自己"的公仆精神，"敢教日月换新天"的奋斗精神，"革命者要在困难面前逞英雄"的大无畏精神……当然，还有中国人千百年来的“清官情结”。

随着时代的开放与时间的流逝，那个年代强加于“典型人物”身上的“神话”被渐渐冲刷掉，而还原为更真实的人性。比如，穆青文章中那个著名的细节——“他死后，人们在他病床的枕下发现两本书：一本是《毛泽东选集》，一本是《论共产党员的修养》”，被焦裕禄的亲友证明“没有这样的事”。

被还原了的人性更加朴素感人，中国人对焦裕禄的感情依旧浓郁。据统计，45年来，前来祭扫焦裕禄烈士墓、参观焦裕禄事迹展的各地群众高达1800万人次。

是什么令焦裕禄这面旗帜在历史上空飘扬了半个世纪？时代不同，“好官”的标准也不同，新中国诞生后，干部任用更重视“红”，批判“白专路线”。十一届三中全会后，四化建设百废待兴，一大批“经济能人”得到选拔重用。如今，“科学发展观”成为选人用人的重要标准。尽管干部评价标准多次更替，但每当政府清明吏治的时候，焦裕禄和兰考都会被再度提起。无论是“心里装着全体人民，唯独没有他自己”的公仆精神，还是“立党为公、执政为民”的时代强音，焦裕禄释放出的精神实质历久弥新。

多年以后，长篇通讯作者之一、新华社记者陈健想要写一篇“从人道主义角度看焦裕禄”的文章。她说：“新华社把他定格在‘活学活用毛泽东思想的典范’里，焦聚不准。他到兰考是救群众于水火，解干部于倒悬，他是典型的人道主义者，要是从这个角度诠释焦裕禄更会具有久远的历史价值。直到现在，我每每翻阅这篇通讯时，依然是止不住热泪，因为它实质上写的是人性、是人道主义精神。这也是这篇通讯的真正魅力所在。”

解密

焦裕禄跳起舞来也风度翩翩

当历史渐渐远去的时候，历史人物的轮廓不一定变得模糊，有时反而会愈发清晰明朗。时过境迁，不断充实的史料还原出一个有血有肉、生动活泼的焦裕禄。

昔日风沙盐碱地，如今优质稻谷田。

穆青顶住压力，通篇未提阶级斗争

没有穆青的那篇名文，就没有焦裕禄的身后衰荣与争议。《县委书记的好榜样——焦裕禄》是怎样出炉的？

1965年，时任新华社副社长的穆青去西安时路过郑州，新华社河南分社记者周原向他汇报工作时说，在河南东部灾区，干部群众抗灾自救的事情很多，也很感人。穆青以前辈的口吻交代周原，要到灾区去和人民同呼吸共命运。他要求周原在10天内找到一个好的采访对象。

周原于是在河南各地寻找满足这种宣传需求的理想人物。在当时的重灾区兰考，兰考县委新闻秘书刘俊生向他介绍了刚刚病逝的县委书记焦裕禄的事迹，县委副书记张钦礼也给他讲了18个小时的焦裕禄，“周原记了一天一夜，也哭了一天一夜。”回到郑州时，他发现焦裕禄的事迹在半年前已被《河南日报》报道过。他把穆青和另一位同事冯健带到兰考。

焦裕禄的事迹，把穆青感动得哭了。“记者们哭得中午饭都吃不进去，下午继续听的时候，伤心得连钢笔也捏不住了，第二天上午接着谈，记者们哭得受不了，被迫休会。”穆青让周原立刻把这篇报道写出来。后来，穆青将1.2万字初稿带回北京亲自修改，然后将报道由周原带到兰考核实。

讨论稿子时，他们碰到的第一个问题是：写不写灾荒？焦裕禄上任的时候，正是兰考灾难最严重的时候，县里的4个火车站，天天挤满了外出逃荒要饭的灾民，这都是事实！穆青思忖良久，决定：“写！”

第二个棘手问题：写不写阶级斗争？这又是一个犯忌的

问题。毛主席提出“阶级斗争必须年年讲，月月讲，天天讲”，“要以阶级斗争为纲”。在这种形势下，如果不写阶级斗争，风险很大。但是穆青想，兰考当时面临的主要矛盾是饿死人还是靠双手改造环境，确实没有搞阶级斗争。没有的东西怎能乱写？穆青终于作出决定：“兰考没有阶级斗争，我们不写！”

关于大通讯最后的发表，《穆青传》里这样记叙：“稿子最后决定要发的时候，由于当时的政治气候，是否能如实地反映兰考的灾荒，实事求是地对待所谓阶级斗争等敏感问题，新华社社长、人民日报总编辑吴冷西感觉难以定夺。于是他带着穆青找到当时主持中央书记处工作的彭真同志，陈述了他们的观点。彭真当场拍板：发！”

焦裕禄比李雪健演的那个好看多了

在很多人的印象中，焦裕禄是一个只会忘我工作、只知道拼命硬干的铁人。然而，在焦裕禄女儿焦守云的记忆里，焦裕禄生动活泼、多才多艺，“也是热爱生活的人”。

焦裕禄会唱歌，演过歌剧，二胡也拉得好，生活很有情趣。南下途中党组织分配焦裕禄搞宣传，他既当演员又当演奏员。在武松打虎的山东阳谷，部队演出歌剧《血泪仇》，他把主角王东才演得声情并茂，方圆十几里观看的老百姓哭声一片。后来尉氏土改时，焦裕禄的住室里经常传出优美的二胡声。焦裕禄的妻子徐俊雅就是循着《二泉映月》和《苏武牧羊》的胡琴声接近了焦裕禄，了解了焦裕禄。结婚以后，焦裕禄还教她识乐谱，弹中山琴。

“爸爸篮球也打得很好，打中锋。他非常热爱生活，而且他的文章也写得好，据县委的通讯员讲，他经常给大家指导文章写作。”焦守云回忆，“我妈妈说，用‘全面发展’、‘多才多艺’来衡量，我们几个孩子没有一个能比得上爸爸。”

在大连起重机厂实习期间，焦裕禄工作之余还曾陪着苏联专家下过舞池。苏联专家无论如何也没有想到这个曾被讥为“牵牛尾巴的也想搞工业”的“土老帽儿”，跳起舞来却风度翩翩，引来苏联人一连串的叫好声。

年轻人对焦裕禄的认识更多来自李雪健演的电影《焦裕禄》。电影中，焦裕禄胡子拉碴，衣服又脏又破。徐俊雅看过后直言：“他人可潇洒了，比李雪健演的那个好看多了。”事实上，焦裕禄身高176厘米，气宇轩昂，电视连续剧《焦裕禄》的编剧何香久评价说，焦裕禄“在当时绝对是一个大帅哥”。

关于电影里焦裕禄那些“土得掉渣”的经典镜头，焦守云说：“我妈妈看了以后，说：‘我怎么会把你爸爸打扮成那个样子呀！衣服又脏又破。他常常去省里开会，有时也去北京开会，穿得干干净净也是尊重别人。’这个意见转达给剧组，就又给李雪健做了一套呢子衣服。原来在电影里那件破衣服真像个叫花子，影片太多地表现了我爸爸艰苦奋斗的一面。大概焦裕禄纪念馆里的衣服就是那样子，可那衣服放了那么多年，光褪色也变了样子了。”

对话

焦裕禄养子、焦裕禄纪念馆副馆长张继焦：

支持焦裕禄外孙参加选秀

47岁的张继焦，是焦裕禄救活的孩子。他当时才1岁多，因为病重，家人准备放弃。焦裕禄到葡萄架村调查研究时发现了这个孩子，让人送到县医院治疗。焦裕禄死后，他就改名为张继焦，一直照顾焦裕禄的老伴徐俊雅，被认为养子。近年来，张继焦到焦裕禄纪念馆任副馆长，为公众讲解焦裕禄事迹。

记者：最近，焦裕禄的外孙余音参加“红歌（革命歌曲）会”选秀引起争议，对此你有何看法？

张继焦：这件事我此前听说过，这是好事情。老一辈无产阶级革命家为共和国做出了巨大贡献，后辈不能忘记他们，应该歌颂他们。工作上，焦裕禄体现了老一辈无产阶级革命家崇高的革命品质；生活上，焦裕禄是个能歌善舞、很有情趣的人。余音参加“红歌会”选秀，捍卫了焦裕禄精神，也继承了他的特质。

记者：现在来焦裕禄纪念园参观的游客有多少？

张继焦：最近几年，每年来焦园参观的人越来越多，尤其逢一些重大活动时，参观人数会“井喷”。今年从3月至今，焦园共接待了8000个单位，近40万游客，河北、山东、湖北、山西这些周边省份的游客分外多。国家文物局近日公布首批国家二、三级博物馆，焦裕禄纪念馆榜上有名，荣膺国家三级博物馆纪念馆。

记者：兰考人对焦裕禄的评价还和当年一样吗？

张继焦：河南对焦裕禄的纪念活动，每五年一小庆，每十年一大庆。

这些年来，兰考人民生活水平有了很大提高，人均年收入已经达到3000元。兰考人民利用焦裕禄留下的泡桐资源搞起了民族乐器，占据全国三成市场，年产值2亿元，有些还出口到国外，创造了大量外汇。人们忘不了焦裕禄作出的贡献，每次开展纪念活动时，兰考老百姓都会自发前来参加。他们对焦裕禄的感情依然很深。

延伸

焦裕禄之子“进京卖大蒜”

前几年，“焦裕禄之子进京卖蒜”的新闻引起关注。说的就是焦裕禄的第五个孩子焦跃进，现任河南省开封市委常委、统战部长。

2000年11月，时任河南杞县县长的焦跃进，带着县里的土特产参加全国优质农产品展销会，跑到北京王府井百货柜台前亲自推销大蒜、香菇等产品。“当年我父亲当县委书记，要解决的是兰考人的温饱问题；今天我当县长，任务是让县里的百姓致富。”记者见到焦跃进时，无论如何也难以将他与电影中焦裕禄的那个为挣5毛钱而去煤厂拉煤的儿子联系在一起，善谈的焦跃进一副现代县长、企业家形象，自称是杞县大蒜的“总销售员”。

有评论称，从焦裕禄治沙到焦跃进卖蒜，父子两代的足迹叠印出几十年来中国农村发展的剪影。中国农业需要市场意识，中国农业也需要焦裕禄精神。

清明节前夕，郑州小学生祭奠焦裕禄。

延伸

穆青笔下“十个共产党员”

作为我国当代著名的新闻记者，穆青一生采写了多个典型人物，成就了不少新闻佳作。1996年建党75周年之际，他把写过的十个共产党员的报道结集出版，书名非常朴素，就是《十个共产党员》。

穆青为读者刻画的这十位中华民族脊梁是抗日英雄梁雷、劳动英雄赵占魁、人民公仆焦裕禄、大庆“铁人”王进喜、农民科学家吴吉昌、林业劳模潘从正、公社书记孙钊、“红旗渠排险英雄”任羊成、“改革致富老支书”阎建章、“太行愚公”郑永和。

其中，《县委书记的好榜样——焦裕禄》、《铁人王进喜》以及反映吴吉昌事迹的《为了周总理的嘱托》这3篇作品，堪称穆青的代表作，曾入选中小学教材。

（雷辉　陈枫　胡佳艳）

『个体户』在改革春风中勃兴

“个体户”，一个几乎与改革开放同时出现的词汇。

这个词，标志着中国人从“割资本主义尾巴”的话语方式中走出，开始迈向市场经济所赋予的对自身命运的自主。

作为广州乃至中国第一代个体户代表人物的容志仁、高德良，回忆当年，心头涌动的依然是一个时代释放出的创富激情。

“街边仔”一天挣到县长一月工资

1979年3月，十一届三中全会后，在阳江下乡的容志仁的户口回到广州。由于找不到工作，容志仁陷入了深深的沮丧之中。这时，他从报纸上看到党和政府提倡发展个体经济，允许个人从事个体劳动。

“个体户被叫做‘街边仔’，大家都怕做个体户，怕被人看不起，我之所以没有顾忌，是为了生存。”容志仁说。当时仅在广州，返城的知识青年就有好几十万，就业成为问题。

在邻居的帮助下，容志仁以100元钱起家、在广州的司马坊街口摆了名为“容光”的小食摊。

“早餐店起家时只有100元钱，买不起大锅，街道文化站说，我们有个大锅借给你用啊，煮粥的第一口大铝锅就是这么借来的。”容志仁回忆说，靠早餐卖粉和粥，他的小店很快有了起色。

成功转机，来自一个二年级小女生买早餐时说的话：“叔叔，我只有一毛钱，一碟粉我吃不下，能不能粉和粥各要一半啊？”只花一毛钱，又有肠粉又有粥，他觉得这想法不错，便卖起了全城最便宜的“学生餐”。正是靠着“一毛钱学生餐”，薄利多销，容志仁成了“万元户”。

“我和老婆数啊数啊，当时钞票最大面额只有10元一张，数了那么多张，好高兴啊！”他谈起刚刚拥有1万元时的情景，“我们一天的收入是县长一个月的收入。我调查过，县长的月工资是105元，很多个体户一天都挣100元了。”

他成了风云人物，披上“改革明星”的光环。这个原来身无分文的“街边仔”，作为中国第一代个体户的代表被邓小平、胡耀邦先后接见，也是广州个体劳动者协会首任会长。

积累了一定资金后，容志仁转投时装业。1988年3月，“凯莎琳”高档时装店在热闹的教育路开张。这里有西湖路夜市，又靠近北京路，一开张生意就很红火。时装从港澳进货，零售、批发各占一半。当时内地商人到深圳、珠海都要边防证，他们只能到广州进货。

正当事业如日中天的时候，容志仁却突然在国内销声匿迹，带上10万美元去了美国塞班岛，开了一家名为“高雅酒家”的餐厅，专营粤菜。两年后容志仁卖掉酒家，小赚一笔，去了南非，开始涉足贸易。

1994年，容志仁回到祖国，这次他选择策划文化活动。谈到现在所从事的文化事业，容志仁戏称自己为“玩家”。“我并不是很会做生意，我只是在做自己喜爱的事情。”

回到1979年，很难想象时势如何把一个偏爱丹青、喜唱粤曲、会玩两手魔术的文艺青年推到第一代个体户的聚光灯下。“个体户容志仁”更多的只活在人们的记忆里，至今容志仁仍认为那段辉煌乃生存所迫、时势所造。“我做了自己不是十分愿意做的事，并突然出了名，我认为是种偶然，是历史的巧合。但是这段经历增加了我生命的精彩。”

任仲夷催生了“私营经济”

广东改革开放先行一步，与领导干部敢于突破思想束缚密不可分。郑炎潮，国内首倡“私营经济”概念的广东学者，就曾得到过任仲夷的支持。

1980年任仲夷出任广东省委第一书记时，广东的个体户已相当多，雇工上百人的都有。但政策规定，个体经营雇工不能超过7个，否则就是资本主义经济，是剥削。那雇工超过7个的个体户怎么办？应该叫什么？任仲夷要求广东社科界着手研究。

华师的研究生郑炎潮听说此事后，就尝试着把自己的论文《社会主义初级阶段的私营经济》寄给任仲夷。没想到，几天后任仲夷真的提出要见他。

那天，他被领进了一间宽大且简朴的办公室，一位满头白发满脸皱褶的老者微笑着迎了出来，用力地握住了他的手。这位像父亲一样慈善的老人告诉他，自己46年前上大学时，专业也是经济学，在战争间隙还写过一本书叫《政治经济学》……他们的话题就这样徐徐展开了。

任仲夷对郑炎潮说，现在对于个体经济，只能扶持不能压制，但要扶持，首先就要正名。马克思关于个体经济有一个“8人规定”，但是到底超过雇工8人的个体经济应该叫什么？我们也没有想好，刚好看到你的论文，这在理论上是一个重大突破和创新，为我们的决策提供了依据，我支持你！我们还要围绕你的这些观点，制定一个政策，给它取一个正式的名字，就叫做“私营经济”怎么样？让它发展，让它壮大。

A26

1980年，中央宣布鼓励和扶持个体经济发展，并呼吁尊重一切守法的个体劳动者

“个体户”在改革春风中勃兴

西湖路上人潮汹涌

我与小平同上《时代》周刊

郑炎潮回忆说，“任书记鼓励我继续研究，他说，在中国搞学问不容易，有风险”。作为一名普通的学生，能够得到省委书记的接见，在当时是一条爆炸性新闻。

郑炎潮认为，广东改革开放的推动者，大致有三个群体：一是以任仲夷、习仲勋、袁庚为代表的政治家，他们有思想，敢创新，负责任；二是以卓炯为代表的一批理论工作者，他们大胆探索多种经济成分，探索对外开放理论，不断提供新理论为改革开放先行做决策参考；三是企业家，个体企业家、私营企业家和外资企业家。三大群体联手推动广东改革开放，广东才有今天。

观察

“私营”地标

西湖路上人潮汹涌

高第街、西湖路、观绿路……伴随着个体户们的发家致富，广州这些路段上的集贸市场也风生水起，闻名全国，成为个体户们发家致富的“天堂”。

1980年10月，高第街作为广州第一个工业品市场正式开设，并成为了全国第一条经营服装的个体户集贸市场，主要经营布匹、服装、鞋帽、百货等。1983年至1992年是高第街的鼎盛时期，其灵活的经营方式及新潮的服装款式吸引了全国各地的旅客和商贩，甚至还有远自亚非拉的客人，被称为“小南方大厦”。当时流行一句话：“没到过高第街等于没到过广州”。

与高第街同样出名的是“南国明珠”西湖路灯光夜市。它始建于1984年5月，是全国最早开办的夜市。夜市吸引了当时夜生活并不丰富的市民，又因其经营模式灵活多样、信息灵通、交通方便，招徕了全国各地的厂商。在相当长的一段时间里，西湖路灯光夜市发挥毗邻港澳的优势，一度引领国内时装潮流，甚至被誉为中国时装的“橱窗”，直到2001年才“功成身退”。

口述历史

我与小平同上《时代》周刊

讲述者：高德良，中国改革开放后的第一代个体户。1949年6月出生于香港，1951年随父母回到广州。当过6年知青、6年工人，1980年4月辞职，创办周生记太爷鸡店。广州市政协第八、九、十届委员。

作为广州的第一代个体户，1984年我的“周生记太爷鸡”卖得非常红火。位于广州文明路39号的总店门口，每天顾客都排着长龙。

第二年，美国《时代》周刊登出了我的照片，评价我是“中国改革的典型人物”。美国记者之所以采访了我，是因为我在当时成了非公经济在中国发展的一个风向标。

我是1980年4月从锅炉厂辞职，开办周生记太爷鸡店的。有赖于祖上传下的一个县太爷家传的“皮脆肉滑，骨都有味”的美食秘方，店铺一开张，生意就好得不得了。于是，我雇了6个帮工。马克思在《资本论》中说，雇工7人以上起才算资本家，我还不算。虽然如此，社会上已经有人在议论，说我在搞剥削了。再者，当时对个体户的税收特别重，谁要真正照章纳税就不可能赚到钱。

于是，我决定给中央写信，梳理了8条意见，大胆提出，要有法律去保障个体劳动者的人身安全和财产所有。后来，我听说国务院领导还专门在我的信上作了批示，要求有关部门予以研究解决。

1985年，我以个体劳动者的身份加入了中国共产党。这在当时引起了轰动。

眨眼间，改革开放走过30个年头。太爷鸡开了三家分店，合起来保持着一两百万元的年利润。我每年会拿出十分之一的利润，用来从事公益事业，回报社会。

延伸

粤私营经济30年回顾

孕育、复出（改革开放初期）

这一阶段主要成分是个体工商户，创业者主要是农民和城市待业者。1978年年底，中共十一届三中全会将党的工作重心转到以经济建设为中心上来。1980年8月，中共中央宣布：“鼓励和扶持个体经济适当发展，一切守法的个体劳动者应当受到社会的尊重。”

全省个体工商户由1979年底的1.56万户发展到1982年底的25.16万户。容志仁是全国第一位成名的个体户。这一时期的个体经济具有强烈的试验色彩，扮演“边际的、填补空白的角色”。

巩固、积累（1983年至20世纪90年代初）

这一阶段私营经济主要成分是乡镇企业和私营企业。1984年中共十二届三中全会通过的《中共中央关于经济体制改革的决定》、1987年党的十三大报告和宪法修正案，为我国私营企业发展提供了较好的政策空间。

广东对个体私营经济实施分类指导，引导其向生产型、外向型发展，在沿海地区推广发展“三来一补”企业的经验，在山区推广利用山区资源，发展农副产品加工业的经验。1989年至1991年广东省注册登记的私营企业分别达到16226户、21736户和25763户。

崛起、飞速发展（1992年至1997年）

1992年邓小平的南方谈话，吹响了第二次思想解放的号角，1997年党的

1979年3月，容志仁领取了个体经营执照，开设了“容光饮食店”经营“学生餐”，成为改革开放后第一代个体户。

十五大报告将个体、私营经济从社会主义经济的“补充”地位提升到“重要组成部分”。

1992年至1997年，广东省私营企业发展进一步加快，户数由1992年的3.28万户增长到1997年的12.03万户，年平均增长接近25%，居全国之首。

调整（1998年至2001年）

1998年通过的宪法修正案，个体私营等非公有制经济被认同为社会主义市场经济基本经济制度的重要组成部分，通过法律程序写入了国家根本大法。

1999年广东省委、省政府颁布了《关于大力发展个体私营经济的决定》，省人大也通过了《广东省个体工商户和私营企业权益保护条例》，制度环境继续得到改善，但是由于亚洲金融危机的影响，广东省私营企业户数增速由1998年的17.5%滑落为1999年的14.0%，进入短暂的调整阶段。

上规模、上水平（2001年至今）

2005年2月出台的《国务院关于鼓励支持和引导个体私营等非公有制经济发展的若干意见》，是新中国成立以来首部以促进非公有制经济发展为主题的中央政府文件。此后，广东省民营经济发展掀起新高潮。

（陈枫）

翩翩『白天鹅』敢为天下先

白天鹅宾馆是内地第一家中外合作的五星级酒店，它的出现是广东改革开放先行一步的创举。在30年的运营之中，白天鹅始终以一种敢为天下先的改革精神，造就了中国酒店业，甚至是中国经济发展史上的众多第一。

霍英东先生在生前曾动情地说，“搞好白天鹅不是经济问题，是政治问题”，是为推动我国改革开放。

解密

白天鹅的法国面包 邓小平打包到上海

为开放后的投资带了好头

1978年，中国发展的拐点。这一年的12月18日，党的十一届三中全会在北京召开，在这一届会议上，中共中央第一次提出了改革开放，准许吸收外国资金、先进技术和管理经验用于经济建设。当时国务院主管侨务工作的廖承志召集了香港工商业领袖参加这一历史盛会，霍英东就在被邀请之列。为期四天的会议结束后，霍英东等人被留了下来。原来国家旅游部门有个在当时看来十分“雄心勃勃”的计划：准备在北京、上海、广州、南京四地兴建八大中外合资酒店，作为中国打破封闭走向世界的起点。

广东具有毗邻港澳的地缘优势，国家决定将这里作为改革开放吸引外资的桥头堡，首先发展当时稀缺的酒店业。对于一向心系内地的港商巨头霍英东，廖承志等领导还有更多的期待。改革开放首先要引进外资，当时很多外商还有疑虑，在观望，他们希望霍英东做个榜样。早在几个月前，当时的国家旅游局局长卢绪章就在广州约见了霍英东，提出合作建设一家大型现代化酒店的构想。作为中国对外经济的窗口，每年的广交会，广州都会迎来大量的国外客商，当时“招待所式”的服务远远不能满足需求，大型现代化酒店的建设迫在眉睫。

霍英东也看好内地经济腾飞的前景，于是一拍即合。霍决定“试水”广州，建设五星级宾馆，成为首个响应改革开放的香港企业家。当时国内并没有中外合作建酒店的先例，也没有任何经验可以借鉴，就连项目报告起草了，都会遇到找不到部门审批的问题，最后还是叶剑英元帅发了话，“（还是）广东省你们自己担起来吧”，这才确定下来。尽管如此，在那个计划经济的年头里，白天鹅宾馆项目还是以不可思议的速度进行着：1979年1月，双方达成初步协议；4月，获国务院正式批准；7月破土动工。

困难才刚刚开始。当时国内物资短缺是第一大难题，建设一个五星级宾馆所需要的装饰材料和用品近10万种，大部分都要靠进口，而且需要经过繁杂而漫长的审批过程；合作双方观念和制度不同，难免会有摩擦和碰撞，设计人员封闭太久，对新事物缺乏认识，工程队伍吃惯“大锅饭”，施工期间问题不断，甚至军事部门出于当时的防空意识，要求在楼顶建设高射炮台。霍英东始终坚持“中国人自行设计、自行建设、自行管理”，一步步摸索前

1984年2月，邓小平同志在广州白天鹅宾馆签名留念。

A06

翩翩“白天鹅”
敢为天下先

白天鹅的法国面包 邓小平打包到上海

白天鹅为改革开放打开了一扇窗

八大中外合资酒店至今仍是城市地标

行，设计师不会，可以出去考察学习，工程人员扯皮，引进承包机制，高射炮也在叶帅的干预下，最终被拆除。

宾馆立起来，管理是大事。霍英东曾写信给当时的广东省省长刘田夫：“愿为白天鹅的经营管理尽力，不但要与国家共同对宾馆的盈亏负责，而且在董事会中，要对宾馆在引进先进经营管理经验、提高服务质量等方面，积极发挥自己的影响和作用。”1982年10月，《合作经营白天鹅宾馆协议书》最终签订，双方协议以中外合作经营的模式，为期15年（之后又延长5年），约满后所有资产移交国家。

1982年10月16日，白天鹅宾馆试开业，边施工边营业，创国内首例。翌年2月6日，白天鹅宾馆正式开业。之后，李嘉诚、郑裕彤、李兆基等七家香港财团投资建设的广州中国大酒店于1984年开业，利铭泽、李兆基等投资建设的广州花园酒店于1985年开业，杨元龙也在北京投资建设了香山酒店。在改革开放后华侨和外资投资国内方面，白天鹅“飞”在了前面，带了个好头。

试行市场经济理念，冲击整个服务业

1983年2月7日，白天鹅宾馆开业的第二天，对市民全面开放，成千上万的广州市民涌入宾馆，差点把大门都挤倒了。宾馆的工作人员后来回忆起，开幕的头一两天，人多到挤得鞋都掉了，每天都能捡一箩筐鞋，宾馆餐厅刚开门灯还来不及亮，所有的椅子都坐满了人，公共洗手间的厕纸，一天就能消耗400卷。

在此之前，对于普通人来说，去宾馆探访是一件相当麻烦的事情，需要单位开具证明，带齐证件到宾馆，还要排队登记，没有一两个小时搞不定。霍英东要求白天鹅宾馆建成后“四门大开”，曾经遭到酒店上下的一致反对。当时员工们阶级斗争的弦绷得很紧，认为“四门大开”后，阶级敌人容易破坏，担心客人安全和设备被损坏。霍英东坚持，“什么坏了买什么，不用你们花钱”，应该让老百姓进来看看，什么是改革开放。

在此后的日子里，作为改革开放中所产生的新鲜事物的窗口，白天鹅几乎不设防，给公众们带来的不仅是看新鲜劲，更重要的是在无意中影响了人们的思想观念。白天鹅宾馆的迎送小姐身着旗袍，被认为是封资修回潮，有人写信要求缝上开衩；首家与日本合作经营的日本餐厅，服务员身着和服，有老同志曾经痛哭卖国；还有人说，什么是资本主义复辟，你们到白天鹅看看，这就是资本主义复辟……服务员该不该穿尼龙丝袜，能不能化妆，要不要收小费，白天鹅在当时引起众多讨论。

尤其值得一提的是，白天鹅率先进行的物价改革对整个服务业造成巨大的冲击。当时，广州云吞面的市面价钱是5毛钱，在白天鹅标价4元，外面卖四毛八分的啤酒，白天鹅卖两元多，价钱相差好几倍。这一现象让坊间口诛笔伐，但也让人们意识到，商品经济就是要赚钱，要良性循环，才有利于社会繁荣，放开物价是市场开放的明显信号。不仅如此，在那个争议“姓社姓资”的年头里，白天鹅宾馆率先尝试打破“大锅饭”、灵活工资机制等，以改革的姿态，走在了时代的前列。

白天鹅宾馆的发展引起了广泛关注，1984年到1986年间，邓小平就三次参观白天鹅。最后走时还曾说，想不到白天鹅能做出法国面包，跟他在法国留学时吃的味道和质量都是一样的。邓小平还要求帮他打包面包带去上海。之后霍英东曾说，邓小平把面包带去上海，不只是吃这么简单，而是要让大家看看改革开放给我们带来了什么。

凭着先行一步的优势和先进的管理机制，白天鹅宾馆在此后的十多年一直是中国酒店业的标兵，并创下中国酒店业的多项纪录，成为广州的城市名片。当时有“不到白天鹅，没来过广州”之说，几乎每个到过广州的人都曾经在“故乡水”前留过影，来自全国各地的宾馆酒店要求参观学习的团队络绎不绝，公关部的员工们上班八小时都接待不完，国内外政要和贵宾抵达广州，大多数都下榻于此，26年里，成功接待了300多位国内外政要，在国内外赢得了良好的口碑和信誉。

2003年2月6日，白天鹅宾馆与霍英东第二期合约期满，资产收归广东省政府所有。收归国有的白天鹅宾馆在经历所有权、管理权的变革后，凭着稳定的管理队伍、经营机制以及品牌形象，依然保持着良好的经营业绩，并在竞争日趋激烈的广州酒店业中保持前茅。2008年8月7日，广东白天鹅酒店集团有限公司正式挂牌成立，白天鹅由此开始从单一的酒店经营向集团规模化经营的成功跨越，企业专业化、产业化、国际化的步子走得更快更稳。

观察

白天鹅为改革开放打开了一扇窗

曾经，几乎每个到过广州的人，都会在白天鹅宾馆的“故乡水”前驻足。“不到白天鹅，没来过广州。”白天鹅宾馆是广州的城市名片，是改革开放的成功典型，它汇聚了一个时代的目光，也见证了一个时代的变革。

从筹划之初，白天鹅宾馆就肩负了不一般的历史使命。

1978年末，历经长期封闭、动荡，中国开始改革开放，准许吸收外国资金、先进技术和管理经验用于经济建设。在历史进入全新拐点的阶段，需要一个开路先锋，率先冲破僵化的计划经济思维，实践改革开放。

目光首先聚焦到了世界最先了解中国的旅游业上。国家旅游部门计划在北京、上海、广州、南京四地兴建八大中外合资酒店，作为中国打破封闭走向世界的“窗口”。但一个现实是，彼时，大多数国人还在为温饱奔波，没钱没闲，对“旅游”根本没有多少概念。

历史将白天鹅宾馆推向了台前，它的成功实践，为中国的改革开放打开了一扇窗。

通过这扇窗，中国看到了世界。封闭多时的中国人通过白天鹅宾馆认识了更多的新鲜事物，看到了改革开放后的成果。对于中国的酒店业来说，白天鹅宾馆更是一座里程碑，中国的酒店业由此开始走向现代化，开拓了未来长期的发展方向。

通过这扇窗，世界看到了中国。白天鹅宾馆创造出来的“看得见、摸得着”的改革开放成果，增强了世界对于中国改革开放的认识与信心，看到投资中国的希望。在霍英东第一个“吃螃蟹”之后，大批的外资相继进入中国的酒店业，进入其他更多的领域，参与到改革开放进程之中，促进“三资”企业的发展。

通过这扇窗，中国看到了自己。作为首家中外合作的五星级酒店，白天鹅宾馆在营业第一年便开始盈利，所带来的市场机制颠覆了传统思维。市场经济的思维和体制与当时计划经济的大环境碰撞出全新的火花，物价改革挑战计划经济下价格束缚，率先尝试打破“大锅饭”、灵活工资机制、取消福利分房，白天鹅是时代变革的功臣，也为经济发展提供了不可多得的样板。

回望30年，中国经历着历史上最快的发展和最大的跨越，改革开放创造出让世界铭记的“中国奇迹”。在这个奇迹的长河中，白天鹅宾馆虽然不可避免地成为沧海一粟，但它会始终闪亮，因为它早已不是普通意义上的一家酒店，正如霍英东曾经评价的，它“是邓小平改革开放路线的见证”，浓缩了改革开放成就的一段传奇。

延伸

八大中外合资酒店至今仍是城市地标

改革开放之初，中国发展旅游业，敞开怀抱迎接世界宾客的同时，也遭遇着涉外酒店不足的尴尬。这一局面很快得到改变。

继白天鹅宾馆之后，广州的中国大酒店、花园酒店，上海的华亭宾馆、虹桥宾馆，北京的香山饭店、长城饭店，以及南京的金陵饭店等都陆续建成，展现着中国打破封闭向世界开放的面貌。

这些合资酒店在外形上无不采用现代主义的高层建筑形式，运用了众多当时的先进技术和理念，成为建筑的典范和城市的地标。尤其是同一年建成的白天鹅宾馆和香山饭店，是对我国建筑界有重要意义的里程碑式建筑，一种是西化的高层建筑，一种是带有中国符号的民族化建筑设计，有着“南有白天鹅，北有香山饭店”的美誉。此外，这些酒店在内部都有特别的中国传统主题的布置，反映出我国在改革开放中兼容并蓄的态度，赢得前来投资的外商和华侨的好评。

八大中外合资酒店或借鉴国外先进经验自主经营，或由外国酒店管理公司直接经营，展示了中国开放的形象，树立了良好的信誉和品牌形象，尤其为吸引外资作出了贡献。长久以来，八大中外合资酒店都是所在城市接待政要贵宾的首选，见证了城市和国家的众多历史时刻。它们为促进酒店、旅游等服务行业的发展起到了很好的示范、带动效应，至今仍是所在城市的重要地标。

对话

“游泳中学游泳”创造酒店管理奇迹

彭树挺，白天鹅酒店集团副总经理、白天鹅宾馆常务副总经理。自1981年调入白天鹅宾馆工作起，亲历其建设与发展的近30年历史。

记者：白天鹅的兴建、顺利开业以及后来取得的成果，对于中国的酒店业发展有何意义？

彭树挺：霍英东先生在广州兴建白天鹅绝不是为了赚钱，而是为了推动我国改革开放，他经常对我们说：“搞好白天鹅不是经济问题，是政治问题。”他老人家率先把白天鹅推向市场，要求宾馆“四门大开”，“先有人气，后有财气”，白天鹅创造了开业第一年就盈利的神话，拉开了酒店业对国内普通老百姓开放的大幕。也是自白天鹅起，国内的酒店业才开始与国际接轨。

霍先生认为，中国人既能自行设计，建造豪华酒店，也一定能自行经营管理酒店。尽管最初组建的白天鹅管理团队3000多名员工，没有一个人干过酒店管理，但在霍先生的精心安排下，送我们出国参观考察，学习先进的经营管理理念，在“游泳中学游泳”，还是创造了酒店管理的奇迹，开业第三年，就被“世界一流酒店组织”吸收为中国第一家成员单位。

白天鹅坚持每年派出管理人员到国外最好的酒店管理学院学习、考察，借鉴国外的先进经验，并结合我国国情，总结出一套适合中国国情的酒店管理模式。当时国内酒店业能够接触的国外资料相当少，白天鹅就成为学习的范本，白天鹅的服务行为规范成为后来国内酒店业的标准，一本《白天鹅宾馆管理实务》更是被奉为酒店业的教科书。

记者： 除了时代赋予的优势之外，白天鹅宾馆成功的秘诀是什么？

彭树挺： 白天鹅一路走来，坚持的就是改革创新的精神。创建之初，白天鹅曾经遇到体制僵化、物资缺乏等众多困难。我们都是通过在工作中创新与变通来解决的。

比如当年国内没有独立包装的牙签，只得顶着高额关税和运费从国外进口，因为大家都没有见过，不少来进餐的国内客人和职工都要多拿几根回家向别人炫耀，结果两周就消耗了三个月的存量，为解决这个问题，宾馆就进口了一部牙签机自办白天鹅牙签厂，自给自足的同时还能供应全国其他酒店，不但实现了良好的收益，还使全国的其他酒店用上了独立包装的卫生牙签。

再比如，由于粮食须凭粮票配给，酒店为客人提供的米、面大多只能通过进口解决，但地道的广州美食沙河粉等就没法通过进口解决，后来我们想出变通的办法，用员工在食堂买饭菜的粮票去买沙河粉，把酒店进口的米面送去员工食堂，才得以解决问题。就是这样的创新精神，让白天鹅宾馆创造了中国酒店业发展史上的18个“第一”，可以说，每一次创新都是一次新的突破。

记者： 如今众多国际性的酒店管理品牌进入广州，白天鹅如何应对新的形势，获得更好发展？

彭树挺： 白天鹅始终保持开放和学习的心态，欢迎国际品牌的进入，希望它们能够把更新的经营理念、国际品牌的至高品位带进来，有竞争才有进步！这对整个广州酒店业的发展肯定是件好事情。同时，我们也清楚地看到自身的问题，虽然我们有一支素质很高的管理团队，在软件方面优势尚存，但宾馆毕竟历经26年，硬件设施存在着老化的问题，迫切需要与时俱进，进行升级改造。

宾馆现正运用国际性的视野和眼光，对酒店进行大规模升级改造方案设计，并配合沙面岛的整体规划，力争经过两到三年的努力，打造一个全新的白天鹅，使这个岭南人文历史的地标性建筑焕发青春。此外，2008年8月份，白天鹅酒店集团有限公司正式挂牌成立，这是白天鹅实现国际化，从单一的酒店经营向集团规模化经营的跨越。白天鹅将用新思维、新路径、新举措来谋划未来之策，推动新一轮发展。

（钱玮珏）

深圳国贸大厦：『深圳速度』从这里诞生

一座建筑见证了一个城市的发展与繁荣，一个城市浓缩了一个国家改革开放的奇迹。深圳国贸大厦便是如此，她的诞生，创下了中国的数个第一：我国最早实行招标的建筑工程，在国内率先大面积运用滑模施工，以及抒写“改革开放神话”——“三天一层楼”的“深圳速度”……

意大利学者克罗齐说：一切历史都是当代史。从新中国60年的岁月中，抽离出深圳国贸大厦这一“标本”，我们可再次回味“深圳速度”的历史意义。速度意味着效率，效率背后则是创新。用创新赢得尊严，也正是深处金融危机中的广东乃至中国当下最需要的。

A08

深圳国贸大厦：

“深圳速度”从这里诞生

解密

少赚几百万 创了“深圳速度”

在彩色照片还很稀少的年代里，上世纪80年代，一张四顶“红帽子”的照片反复出现在各种报章上。照片中的四个人，在那时被称作“缔造深圳速度的四顶红帽子”：工地负责人王毓刚，工地党支部书记厉复兴，技术负责人俞飞熊，滑模小组组长罗君东。在国贸大厦的建设热潮中，这四个年轻人被推到了历史的前台。

不惜一切代价　承建方“拿下”国贸

深圳国贸大厦高160米，53层，由中南建筑设计院设计、中建三局建造。它在建设过程中创下了3天一层楼的“深圳速度”，但承建方为此却付出因放弃另一大项目而少赚几百万港币的代价。

1983年，中建三局一公司刚接下金城大厦工程，该项目由6栋32层的大楼组成，港商给出的条件非常优厚。而几乎就在同一时刻，深圳市政府宣布投建一座50层的大楼——深圳国际贸易中心大厦。时任中建三局局长的张恩沛特地从武汉来到深圳参加投标，但深圳市政府要求：参加国贸大厦招标，就必须放弃金城大厦工程。

“国贸”只是一个有可能辉煌的希望，而“金城”却是唾手可得的经济利益，张恩沛反反复复拿不定主意，而投标的日期已经临近了。经过反复考虑，中建三局决定：国贸大厦是深圳特区的标志性建筑，是足以载入史册的工程，要不惜一切“拿下”它！

1984年4月30日，国贸大厦比计划提前一个月封顶。从那时起，“深圳速度”就在全国传开了。四顶“红帽子”之一的王毓刚说，中建三局建国贸大厦赚了1000多万元，但如果接金城大厦项目可多赚几百万港币。

贷款购买设备　受到经济审查

中建三局是以“滑模施工”中标，但实际试验数次失败却差点压垮了他们。滑模工艺是指先用钢结构搭建模板，再往里浇灌水泥，等到水泥大体凝固，再往上提升模板。这种盖楼的方式虽然快，但是如此大面积的滑模施工国内尚无先例。

3次试验，3次失败！四顶“红帽子”连同1000多位工人被狠狠打击了一把。为了顺利实施关键的滑模施工技术，张恩沛在四顶“红帽子”面前做出了承诺——你们要什么设备，我给你们提供什么！

等真正拿到设备清单一算账，张恩沛一筹莫展了：折合外汇一算，最起码没有80万元是不行的。80万元呐！怎么解决？按照国家当时的规定，购买价值在5万元人民币以上的设备，就必须向国家建设部递交书面报告，报告的审批少则几个月，多则一年。谁都猜得到，最终的结果很可能是未被批准。国贸大厦的工期一天天临近，再不开工，大厦将无法按期交付使用。

张恩沛干脆来了个“只斩不奏”，未经请示上级，张恩沛以个人名义做担保，用外汇券从香港采购了2个爬塔、3台混凝土输送泵和1台混凝土搅拌站。当晚11时，新设备刚到，他们就连夜进行滑模试验。“豁出去了，反正我不为自己，你法办我，我也心安理得。我觉得我没有做错什么，过去当兵，我牺牲都不怕，现在搞这个为了国家，我怕什么？”张恩沛并没有为当时的做法而后悔。

就因为在国贸施工期间的这个举措，张恩沛在1989年受到了有关部门的经济审查。审查的结果只有八个字：“功大于过，下不为例”。

过了这一关，国贸大厦工程建设就“雨过天晴”了，越干越顺，速度越来越快。第5至10楼，7天一层；第11至20楼，5天一层；第21至30楼，4天一层；到了30楼以上，进度达到了3天一层，其中最快是两天半一层！

观察

速度成就改革先锋的高度

在深圳这片不长庄稼只“长”高楼大厦的土地上，耸立着一座享有殊荣的建筑——深圳国贸大厦。

如今，深圳国贸大厦在鳞次栉比的楼群里已显得有些陈旧，但二十多年前，它却是“深圳速度”的代名词。这座建成于1984年、高160米的中国建筑史上第一栋超高层建筑，是我国最早实行招标的建筑工程；她创造了“三天一层楼”的“深圳速度”，是深圳人用“敢闯、敢干、敢为天下先”的精神谱写的“改革开放的神话”。

“速度”之于深圳，从来都是一个极具诱惑的词语。“时间就是金钱，效率就是生命”，当时的深圳，大街小巷都张扬着这个振聋发聩的口号，每一个来到这里的人都试图把自己变成一个高速运转的永动机。

那时国贸工地上共有60多对双职工，其中就有工程局副局长李传芳和在一公司技术科当主任的丈夫俞飞熊。这些天天见面的“牛郎织女”，像单身职工一样，分住在大工棚集体宿舍里。而“深圳速度”就是这批最早来深圳

1992年1月，邓小平同志在深圳国贸大厦听取深圳市委负责同志汇报，并发表了深深影响改革开放进程的“南方谈话”。

的建设者用辛勤的劳动创造出来的。

在中国女排拿了世界冠军后，国贸大厦工地上还挂出了一个大标语——“发扬中国女排的拼搏精神，优质高速完成国贸工程施工”。

改革创新也是提高效率的法宝。国贸大厦承建方——中建三局，彻底打破了大锅饭制度，实行计件工资。那时候流行一句话：奖金不封顶，大楼快封顶；奖金一封顶，大楼封不了顶。工人们的积极性被调动起来，最高拿到的工资是600多块。

深圳经济特区建立之初，基本的生活条件远不及现在。在国贸大厦建设工地，有记者采访工人，问他们这么辛苦最希望得到什么，工人们说，只希望能够在落成的国贸大厦前合个影。

那时候，国贸以三天一层楼的速度往上长。中央电视台《新闻联播》平均每周都会播发一条关于深圳的新闻报道。画面中最常出现的就是这座正在一天天长高的中国第一高楼。1984年春天，在国贸“爬升”到一半的时候，第一次视察南方的邓小平站在旁边的国商大厦楼顶，亲眼观看了国贸工地。

1984年五一劳动节前一天，国贸大厦主楼封顶，比预计的工期整整提前了一个月！

1992年春天，88岁的邓小平登上国贸大厦顶楼的旋转餐厅。在这里，他指出：1984年我来过广东，当时经济特区才刚起步。八年过去了，深圳和其他一些地方发展得这么快，我没有想到。改革开放胆子要大一些，看准了的，就大胆尝试，大胆地闯！这段话，后来被人们称为小平同志“南方谈话”；国贸大厦也成为“深圳速度”的代名词。

1992年小平视察南方离开深圳的时候，说的最后一句话是——“你们要搞快一点！”

深圳人没有辜负总设计师的嘱托。不久，这一片热土上掀起了第二次快速建设的高潮。四年后，地王大厦以“两天半建设一层”的速度成就了亚洲第一高楼。

15年过去了，又是翻天巨变。当年小平同志登临的深圳最高楼国贸大厦已淹没在鳞次栉比的楼群中，一栋栋更高的楼宇从旁边超越，直指云霄……而这座城市的年轻人，盼望着继续刷新高度。

讲述

“参加特区建设是一生最大荣耀”

李传芳，女，1983年任中国建筑第三工程局副局长兼任深圳国贸大厦工程现场总指挥。1984年6月任深圳市副市长，现已退休。

工地上夫妻成“牛郎织女”

1981年，梁湘、周鼎等同志来深圳接过吴南生等同志的班后，最早酝酿立项的就是国贸大厦。当时深圳的大型办公楼，在建的只有一座20层的国际商业大厦，初定建38层，后来讨论议定了53层，比改革开放后中国的最高建筑——南京金陵饭店高一层。53层放在现在当然不算什么，但当时属于中国内地之最。

深圳市政府规定，国贸大厦要通过招标来确定承建单位。共有7家省级以上建筑企业获准参与投标，最后由武汉的中建三局（中国建筑第三工程局）中标，当时我是副局长。三局在武汉和荆州地区挑选了1000多名精兵强将，意气风发地开赴深圳，充实到三局一公司。

工地上实行严格的军事化管理，工人们是夫妻也得分开住集体宿舍。我受三局委托任现场总指挥，我爱人俞飞熊是总工程师兼滑模施工副指挥，也都不住在一起。工棚是用油毛毡和竹竿、竹席、竹叶搭起来的，闷热又潮湿。但工人们一点也不觉得苦，他们认为能参加特区建设是一生中最大的荣耀。深圳高温酷热，又经常下雨。工地上实行12个小时轮班倒，人停机不停。工人们士气旺盛，不讲条件，拼命苦干，每天在烈日蒸烤下作业，大汗淋漓，衣服湿了又干，干了又湿。很多女钢筋工也像男工们一样，很粗的螺纹钢扛起来就走。

攻关4个月拿下“滑模”

国贸大厦能够高标准如期建成，关键是成功运用了滑模工艺。用今天话说，是拿下了建筑行业的“高科技”。传统施工用的是翻模工艺，是在大楼的外部密密麻麻搭建一圈脚手架，一直搭到最顶层，然后一层层地制模板、轧钢筋、浇水泥；搞好一层，把模板拆下，重新翻制，再轧钢筋、浇水泥……一个1530平方米的层面，工期最少得15天；50层主楼，封顶要750天。

滑模的优点在于，不需要搭建脚手架，用模板做成板墙，然后将混凝土从墙心中间灌入，模板“滑”升，混凝土墙就立在那儿了。整个一个平台，可以一边轧钢筋，一边浇铸混凝土，一边外筒内筒及宽梁同时滑升，几道工序衔接紧凑，同时进行，因此效率成倍提高。但滑模工艺的难度太高，建筑行业并未广泛使用。中建三局要在深圳吃这“第一只螃蟹”，无疑要冒巨大的风险。

当时局长张恩沛说：“我们别无选择。只有通过滑模工艺才能创造效益，提升我们在建筑市场中的竞争实力和形象。”当时各种各样的风凉话都有，也有人好心地说，没有金刚钻，不揽瓷器活；按老办法搞吧，虽然慢，但保险。但压力再大，我们硬着头皮顶着。从1983年6月到10月，我们整整攻了4个月的关。

1984年9月3日，国贸大厦主体工程顺利完成。封顶仪式上，工人们买了一挂总长160米的鞭炮，从楼顶直挂下来，用钢丝绳拉着，足足燃放了20多分钟。

“三天一层楼”只是当时深圳数千个建设工地大干快上、热火朝天地创造各式各样奇迹的一个代表。当它作为“深圳速度”的象征时，人们强调的是它的速度。我认为，“三天一层楼”也可以说是“深圳效益”的象征。由国贸大厦联想到整个深圳特区的建设，也是一个速度与效益同步发展的历史。

延伸

中国人的“高楼情结”

一位从事多年社会学研究的专家可谓一语中的：“中国人有一种很深厚的高楼情结。”

1985年，160米高的深圳国贸大厦以“三天一层楼”的深圳速度开大陆超高层建筑先河；1990年，北京京广中心突破200米；1996年，深圳地王大厦以“九天四层楼”的新深圳速度将楼高拔高到384米；随后上海金茂大厦以420米的高度排名世界第三。

如今，有统计显示：在世界排名前十的摩天大楼中，中国（包括香港、台湾）就占了4个。

尽管世界各国纷纷对外声称要建“世界第一高楼”，但“第一高楼”仍只是相对高度。无论城市的“海拔”如何走高，深圳国贸大厦永远是国人心中一座不朽的里程碑。

（洪奕宜）

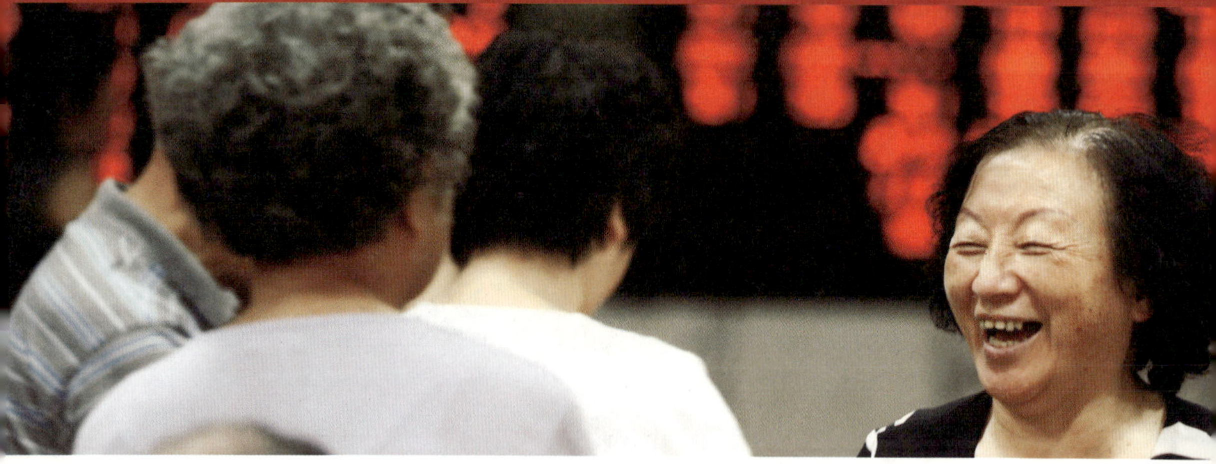

上海证交所：见证资本市场传奇

观察

股市改变普罗大众生活

A08
上海证交所：见证资本市场传奇
股市改变普罗大众生活
邓公数次"定调" 推动上交所建立
股市是市场经济建设最大亮点之一

19年前，当上海证券交易所开市的锣声敲响的时候，谁也想不到，19年后的今天，A股的总市值已经超越日本，成为全球第二大资本市场。19年前，绝大部分人都不知道股票是何物，而如今，中国股市开户数已经达到了1.3亿户。从满头银发的老人到在校的大中学生，从沿海发达省市到内陆落后地区，从高官巨贾到乡野村夫，都能满嘴迸出"降息"、"存款准备金率"、"价值投资"、"市盈率"、"大宗商品价格"、"资产注入"等资本市场专有名词。股市的起起落落，成了金融知识普及的最好课堂，并越来越深地影响和改变着普罗大众的生活。

中国股市的发展，伴随着风雨，夹杂着争议。早期的股市，由于监管不到位，内幕交易和大股东肆意掏空上市公司的行为司空见惯，使得有人质疑"中国股市就是一个大赌场"（知名经济学家吴敬琏2001年语）；国有股与流通股的同股不同权，也让普通股民在国有股面前弱势尽显。2005年启动的股权分置改革，真正开始将中国股市拉向了市场的轨道，尽管大小非问题尚未得到彻底解决，但中国股市在股改的推动下，启动了一轮大牛市：沪指从900多点飙升到2007年10月的6124点。A股的疯狂，也先后造就了中国石油这个全球最高市值的上市公司和工商银行这家全球最高市值银行的传奇。

全民的疯狂带来的是惨痛的代价：大盘从2007年10月份开始，从6100点上方飞流直下，一直跌到2008年11月的1664

点，大多数股民被高度套牢。“宝马进去，奥拓出来；足球进去，乒乓球出来；姚明进去，潘长江出来”成为股民境遇的生动写照，更有股民哀叹：“问君能有几多愁？恰似48元买入中石油！”全民炒股以来经历的大熊市，使得股民由狂热转入麻木，以致“死了也不卖”成为最流行的歌曲之一。

在政府4万亿巨额经济刺激计划和天量信贷规模的推动下，在中国经济率先复苏的预期下，中国股市从2008年11月以来不断反弹，到7月底，上证综指2009年以来已经上涨75%，是全球主要经济体中表现最好的股市。更值得关注的是，A股此时的市值已经超过3.2万亿美元（22万亿人民币左右），取代日本跃居全球第二。其中，在上交所上市的公司总市值就高达17.4万亿元。尤为难得的是，在经历了上轮的大熊市之后，股民的投资心态也逐渐成熟，市场监管进一步规范，这为中国股市下一步的健康发展奠定了基础。

上交所从成立到不断发展壮大的过程，是新中国资本市场从无到有，从幼苗长成参天大树的亲历者，也是中国经济崛起的见证人。如今，上交所正向全球敞开怀抱，希望吸引众多的海外优秀企业到中国上市，让中国投资者有机会通过股市，分享全球优秀企业的成长财富。在中国股市市值超日本后，素有“新兴市场教父”之称的基金经理人墨比尔斯（Mark Mobius）指出，随着国有企业发行新股，以及中国14亿人民投入股市，中国股市可望在3年后超越美国，成为全球市值排名第一的股市。这也给上交所描绘出了一个美好未来。而上海“双中心”战略的确立，更是为上交所的下一步发展，提供了更为广阔的舞台。

上海要成为国际金融中心，上交所对全球开放是必然的。上交所总经理张育军指出：“我国资本市场的快速发展，使得上交所面临推动国际化进程比较有利的契机。从当今全球几大主要金融中心的形成和发展历史来看，证券交易所在推动金融中心的建设过程中起核心和关键作用。”

邓公数次“定调”　推动上交所建立

1990年12月19日上午，黄浦江畔历史最悠久的浦江饭店再次受到世人瞩目，在时任上海市委书记兼市长朱镕基、香港贸发局主席邓莲如、国家体改委副主任刘鸿儒等人见证下，新中国第一家证券交易所——上海证券交易所鸣锣开业。敲响上交所开业锣声的，就是首任上交所总经理尉文渊。尉文渊不仅敲响了开市锣，更敲响了中国资本市场波澜壮阔发展历史的开篇。

由于证券市场在当时普遍被视为资本主义的产物，因此，改革初期中国会不会允许成立证券市场就是一个十分敏感的话题。在此时刻，邓小平等党和国家领导人的高瞻远瞩，为证券市场的诞生创造了条件。

上交所开业当日只有30种证券

1986年11月14日，邓小平会见以纽约证券交易所董事长约翰·范尔霖为团长的美国纽约证券交易所代表团，将改革开放后国内第一只股票——一张上海飞乐音响股份有限公司的股票回赠给客人，表明国家领导人对股票这个新生事物的认可。

1990年1月，为了进一步推动改革开放，邓小平在上海过春节期间提出：“请上海的同志思考一下，能采取什么大的动作，在国际上树立我们更加改革开放的旗帜。”邓公此番讲话，催生了上交所的成立。

经过近一年的筹备，1990年12月19日，上交所正式成立。朱镕基在上海证券交易所开业仪式上的讲话，谈到上海证券交易所成立的重大意义时，首先就表明：“它标志着我国将坚定不移地继续奉行改革开放的政策。”

根据事后回忆，一年以后，朱镕基对筹建上海证券交易所三人领导小组成员李祥瑞和龚浩成说，在筹建上海证交所之前，他就向邓小平汇报过，邓小平当时说：“好哇，你们试嘛。”上交所开业当日，只有30种证券上市，

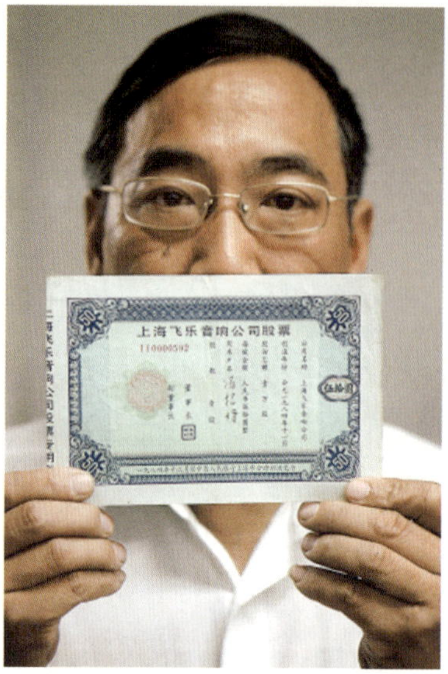

被称为“中国第一股”的上海飞乐音响股票，通过多年的送配，一股变成了3183股，市值由50元变成最高时的10.76万元，回报率高达2152倍！

其中国债5种、企业债券8种、金融债券9种、股票8种（也就是著名的“老八股”）。首个交易日收市时成交49笔，金额为588万元。

相比而言，引领改革开放潮流的深圳市，在推动证券交易所建立方面，甚至比上海还先行一步。早在1989年11月15日，深圳市政府下达了《关于同意成立深圳证券交易所的批示》。1990年12月1日，深交所试营业。不过，由于没有拿到批文，工作人员将交易所的牌子用一块红布蒙着，直到第二年7月3日才举行正式开业典礼。

一封信差点“扼杀”股市

上交所、深交所作为新生事物，差点就被一封人民来信“扼杀”在摇篮当中。1990年秋，一封发自深圳、没有署名的群众来信，由中央有关领导批转，悄悄在高层传阅。信中认为，股票市场是资本主义的东西，关得越早越好，早关早主动。还认为现在深圳是资本主义泛滥，党政干部通通烂掉了，再发展下去要造成严重的社会问题，不知道要有多少人跳楼了。这封信让时任深圳市委书记李灏、市长郑良玉十分担心，害怕股票市场改革夭折，在国内外产生不利于改革开放的巨大影响。后来，还是在江泽民的支持下，试点工作才得以继续。

尽管上交所、深交所已经先后创立，但对于中国要不要证券市场，实际上仍然有很大争论。很多老的经济学家和金融学家都认为证券市场是和资本主义联系在一起的，社会主义中国不应该存在证券市场。这种争议一度使国内股市发展陷入迷惘之中。关键时刻，1992年，邓小平在南方谈话中，对于股票发表了一段影响深远的讲话："证券、股市，这些东西究竟好不好，有没有危险，是不是资本主义独有的东西，社会主义能不能用？允许看，但要坚决地试。看对了，搞一两年对了，放开；错了，纠正，关了就是了……总之，社会主义要赢得与资本主义相比较的优势，就必须大胆吸收和借鉴人类社会创造的一切文明成果。"

正是这段讲话，为中国发展证券市场指明了方向，极大地鼓舞了信心，推动中国股市大踏步地发展。

对话

中国政法大学资本中心主任刘纪鹏：股市是市场经济建设最大亮点之一

中国资本市场用19年的时间，走过了发达国家几十年甚至上百年时间才走过的路。尽管中国资本市场仍然存在这样那样的问题，但是，不论是从纵向（与过去相比）还是横向（与海外相比）来看，中国资本市场所取得的成就有目共睹。中国资本市场的建立和快速发展，对中国经济发展发挥了什么样的作用？对民众财富观的改变产生了哪些影响？中国资本市场下一步的发展方向在哪里？带着这些问题，记者采访了著名经济学家，被媒体称为"企业股改第一人"的中国政法大学资本中心主任刘纪鹏。

股市推动了市场机制的真正形成

记者：在您看来，股市的成立对中国经济发展和对外开放产生了什么样的影响？

刘纪鹏：资本市场的出现使中国进入了真正意义上的市场经济体制，是微观经济主体形成的标志。股市的出现，推动了所有权与经营决策权的分离，保证了资本的流动性。真正使得资本市场是由投资人进行资源配置，而不是由国家、由央行决定资金的流向。股市的建立和逐步完善，对市场机制的真正形成起到了无法替代的重要作用。可以说，股市是中国市场经济建设的最大亮点之一。

记者：怎样看待股市发展中出现的一系列曲折？如何评价2005年以来的股改？

刘纪鹏：在股市的发展过程中，确实出现过“银广厦事件”、“基金黑幕”，也经历过漫长的熊市，甚至引发过“股市是个大赌场”的争论。但是，任何市场的形成都不可能是一帆风顺的，这要求我们要正确地认识股市，对待股市。要尊重股市的自身规律，不要人为打压股市的发展。我并不认同“股市是赌场”的观点，这种观点不利于中国资本市场的发展，也不利于中国经济的发展。我们首先要坚定不移地发展现代资本市场，在此基础上，要不断规范、完善资本市场。

从大方向上看，2005年启动的股权分置改革是一次伟大的战役。我国的股改，主要经历了两个阶段。第一阶段照搬照抄西方，经历了一段错误，使中国股市进入了5年的低迷。第二个阶段，就是2005年的股改。这次股改，充分考虑到了我国的基本国情和资本市场的现状，并借鉴了成熟市场的经验。事实证明，这次股改尽管在方法本身方面存在着一定的失误，但整体来看是积极成功的。

股市改变了社会财富观

记者：现在开户的股民达到1.3亿户，一户股民背后往往站着一个家庭，这么多人炒股，您怎么看？

刘纪鹏：这么多人炒股，是市场发展的自发产物，不是什么洪水猛兽，并不可怕。需要加强的是引导股民进行价值投资，并通过规范和完善资本市场，切实保护投资者特别是中小投资者的合法利益。我认为理想的股市是所有人通过聪明的投资都能赚钱。

记者：您认为股市对群众的财富观念产生了怎样的影响？

刘纪鹏：人们应当顺应现代资本市场的潮流，要学会理财，通过资本市场分享经济发展的成果。在改革开放之前，人们认为只有劳动才能致富。改革开放以来，特别是资本市场的建立和快速发展，使得人们越来越认识到，原来通过资本也能致富。劳动者是光荣的，股民也是光荣的。

股市对外开放迫在眉睫

记者：近一两年来，很多知名外企纷纷表示希望到A股上市，政府主管部门也对此持欢迎态度，但不少人担心外企到中国股市圈钱，对此您怎么看？

刘纪鹏：我认为股市的对外开放是势在必行，迫在眉睫。中国资本市场的发展，同样需要引进国外一流的企业，像美国的谷歌、沃尔玛，让它们把中国作为第二上市地。这样做，既能让中国股民通过投资这些公司的股票，分享他们的经营成果，也能通过引进这些优秀的公司，推动中国资本市场的完善和上市公司治理水平的提高，符合中国的长远利益。此外，通过引进外国优秀企业到中国融资再到国外投资，有利于化解中国两万亿美元的外汇储备问题。

从角色定位上看，迎接对外开放的使命主要应该交给上交所完成，而深交所主要要围绕建立多层次的资本市场体系，如中小板、创业板、与港交所联动等方面做文章。

延伸

深交所：
进一步推动多层次资本市场体系建设

正如刘纪鹏教授所言，在推动中国资本市场进一步发展的过程中，上交所和深交所“两兄弟”要各有侧重。具体来说，就是上交所主要肩负对外开放的功能，吸引全球优秀企业到中国上市，而深交所则要肩负建立多层次资本市场体系的重任，完善我国资本市场的结构，更好地服务经济建设、企业发展和人们的理财需求。

其实，深交所从上世纪90年代末开始，就酝酿成立创业板，希望建立多层次资本市场，完善建立中小企业金融支持体系。然而，2000年互联网泡沫破灭，以纳斯达克为代表的创业板市场哀鸿遍野，中国创业板厄运当头，为此难产。

这一等，就是十年。在等创业板的时候，深圳交易所停止了IPO。丧失了融资功能的深交所逐步式微。为了应对这一困局，2004年5月17日，深交所推出了权宜之策——中小企业板。中小板的推出，为创业板的设立奠定了基础，是单一层次资本市场向多层次资本市场体系迈出的重要一步。

去年11月以来，A股市场在全球范围内率先反弹。而中国经济也在4万亿经济刺激政策的推动下，于第二季度出现复苏迹象。经济大环境和资本市场小环境，都为创业板的成立创造了良好的氛围。2009年3月31日凌晨，证监会正式发布《首次公开发行股票并在创业板上市管理暂行办法》，并于2009年5月1日实施。酝酿十年之久的创业板终于进入具体实施阶段，首批创业板股票有望在2009年第四季度正式上市交易。

在推出创业板的同时，深圳交易所还积极与香港交易所“密谋”。日前，深圳金融办正式制订了关于深港资本市场突破性合作的一揽子计划，包括深交所与港交所实行连线交易、深交所B股和港交所H股相互挂牌交易，以及深交所成为红筹公司发行A股试点等，并写入《深圳市金融配套改革综合试验区方案》，将上报深圳市委乃至中央审批。由于人民币资本项目尚未开放，加上两地会计制度和监管制度的不同，要实现深交所和港交所连线交易等目的，仍有漫漫长路等在前方。

香港金管局总裁任志刚指出，香港和内地股市最终会实现互动，因此同一家公司发行的同一种金融工具，可能会以同一价格在两地市场上进行交易。

随着创业板的开启，以及深交所与港交所合作的逐步深入，加上上海交易所正式对外开放，一个结构合理、布局完善、功能齐备的多层次资本市场体系雏形终将在国内出现，中国资本市场将实现一次飞跃。

（田志明　姚瑶）

三峡：撑起中国人的缚龙梦

土办法+洋机器=世界奇迹

削平18座山头　屡创世界之最

三峡永久船闸建筑在花岗岩山体之间，是三峡水利枢纽三大主体工程之一，也是当今世界水头最高、规模最大、技术最复杂的通航建筑物，其规模之大、难度之高均远远超过已建好的世界最大的美国邦纳维尔斯船闸。

中国科学院、中国工程院院士潘家铮说：“永久船闸的技术问题解决了，三峡的技术问题就解决了一半。”

一期工程中，武警水电三峡指挥部全体官兵奋战2000多个日夜，削平18座山头，形成凹状航道雏形。二期工程，水电战士们需要完成4面最高达68.5米深的直立墙，以便形成左右五级闸室，使船队以“上下楼梯”的形式通过大坝。

A06

三峡，撑起中国人的缚龙梦

土办法+洋机器=世界奇迹

工程指挥部副指挥长王青屏、总工程师周光奉带领攻关小组进行了多次试验。瑞典生产的阿特拉斯钻机、美国生产的英格索兰钻机和日本生产的西河钻机中，误差最小的钻机也有70厘米。工程技术人员只好逐步尝试了，又先后进行小药卷爆破、钢筋机械联结技术运用等无数次试验，终于摸索出了手风钻和快速架子钻相结合的“土办法”，一举钻孔成功。

三峡工程凝聚了无数人的智慧，图为施工人员庆祝发电机组投产。

为确保直立墙唇整洁和岩体稳固，双线五级船闸两厢布置了100多万根高强度锚杆、4000多根锚索。一根60多米长的对穿锚索，需要80多名战士从5里外的车间扛到工地，再抬上50米高的作业平台，在12平方米的地块上用手一寸一寸推进钻孔中。五度寒暑，2000多个日夜，锚索和锚杆钻孔的总长度，相当于穿透整个地球！

经过一年零八个月的英勇奋战，1995年12月23日，提前8天完成了永久船闸一期工程任务，工程合格率达100%。而二期工程亦在1999年国庆前夕全部完工。

艰难探索　智擒水龙

大江截流最大的技术难题是截流堤头坍塌。这会严重危及施工机械及人员的安全，是合龙的“拦路虎”。坍塌的原因有多方面，也没有特别成熟的理论和实践经验，完全依靠工程师和建设者们的艰难摸索。

长江水利委员会总工程师郑守仁领衔担纲这一技术难题的攻克任务。他从水动力学、土力学、散体结构力学的理论出发，提出影响三峡工程大江截流堤头稳定的主要因素是土力学指标。

经过反复思虑和试验，郑守仁和科研设计人员提出了预平抛垫底的截流方案，这也是中国水利工程史上首次采用平抛垫底施工技术。

于是，在一群年轻力壮的施工技术人员里，加入了一位年近花甲的老人——郑守仁。他们一起登上抛投试验的作业船，在长江起伏的波涛里颠簸，一干就是24小时。随着波浪的翻滚，郑守仁掌握了第一手资料，分析水浪的成型以及漂移特性。

在这个方案的指导下，12个工作面，成百上千辆载重汽车、推土机以及重型抓斗和其他机械井然有序作业，在硕大的棋盘之上步步为营，合力擒龙。施工作业的安排精确到了以秒计算，不断有最新抛投工程量数字发出，近1000万方的戗堤进占和围堰回填方量及近2000米的戗堤和堰体长度均能在全过程中的若干预定时刻准确到位。

1997年11月8日3时30分，大江截流的最后阶段顺利完成！仅最后阶段，上下游围堰4个堤头同时抛投21万立方米土石料，而整个截流堤头安然无恙。

右岸大坝连头发丝大小的缝都没有

三峡大坝的建设者中还活跃着这样一群人，他们有着最专业的目光，严密检查着三峡的每一个角落，与每一个细节、疏漏较真。他们就是三峡工程的质量检查人员。近千人的监理队伍长期留驻三峡，随时监管。最顶尖的老专家队伍一年两次全面检查三峡。还有永久伴随三峡的“监测者们”——大坝内部的检测仪表，可时刻观察大坝的运行情况。

三峡大坝是一座高181米，体积达1980万立方米的混凝土重力坝，分左岸和右岸两边分别施工的。国务院质量检查组在检查中发现左岸修建的坝体有极少数表面裂缝，立刻与建设单位一起研究解决对策。一般讲，混凝土的坝体要做到表面完全不开裂，是非常困难的，主要是要防止产生结构性的裂缝，表面裂缝不会造成损失。

技术人员和建设工人们总共使用了七道措施对表面裂缝进行加固和保护。对于已经处理过的裂缝，专家监察组持续检测，发现这些已经修补的裂缝确实是稳定的，也没有任何水渗进去，对大坝的安全而言是绝对没有问题的。

一位台湾专家听到“大坝裂缝”的传言，亲自来大坝查看，当看到精心修筑的坝体后，感叹传言不实，这哪里是“豆腐渣”工程啊，简直就是铜墙铁壁！

吃一堑，长一智。右岸400余万立方米的混凝土大坝上连头发丝那样的缝都没有！这是世界工程史上的奇迹，任何外国人都没有做到。国外的工程师有一句话，说无坝不裂，意为只要是混凝土坝，不可能不裂。但是三峡右岸的大坝就能做到！

潘家铮院士就建议同事写一篇文章，题目就叫“一座没有裂缝的混凝土大坝”，在国际刊物上发表，一定可以震惊全球。

观察

长江安澜期盼得以实现

从孙中山的设想，到毛泽东“更立西江石壁，截断巫山云雨，高峡出平湖”的浪漫诗句，到一次次的论证和争辩，三峡工程从提出到勘探论证直至今日完全建成投产，其中所走过的曲折道路前后跨度近90年，为新中国和世界水利史上所罕见。时间跨度之大、争论之激烈反映了三峡工程决策过程中对各种不同意见的尊重和重视，正因民主精神的充分发挥，三峡工程方案在论证中日臻完善，一边改造自然，一边顺应自然，成为践行科学发展观的一座历史丰碑。

如今，三峡工程业已发挥防洪、发电、航运三大效益，2009年可如期实现初始设计目标。这是人民奉献给祖国60华诞的一份厚礼！

万里长江奔腾不息，三峡大坝巍然屹立。一泻千里、浩浩荡荡的长江如一条巨龙，三峡工程，这一中华民族的百年缚龙梦，承载了几代中国人对长江安澜、百姓无忧的期盼。

作为解除长江中下游洪水威胁、保护长江流域生态的一项不可替代的关键性措施，三峡水库目前防洪库容已达146亿立方米，并开始发挥拦洪调峰作用。中游荆江河段防洪标准从十年一遇提高到了近百年一遇，长江中下游的防洪体系初步形成。三峡工程建成后，可形成221亿立方米的防洪库容，使江汉平原和洞庭湖区2300多万亩农田、1500多万群众得到进一步保护。

三峡工程的清洁电能也开始造福四方。至2008年底，三峡电站26台机组已全部安装完毕，并顺利投入运行。截至目前，已累计发电2880多亿千瓦时，运行安全稳定。至此，三峡电站总装机容量已达2250万千瓦，每年可提供1000亿千瓦时清洁电能，每天发电量约为全国的1/30。

三峡工程所带来的航运便利对中部崛起发挥了重要的作用。水库水位的提升，有效改善了湖北宜昌至重庆段660公里的水运航道，以及长江中下游枯水季节的航运条件。2007年经过三峡大坝的货运量已达6057万吨（其中船闸通过4686万吨），远超蓄水前最高年货运量1800万吨的水平。长江成为名副其实的“黄金水道”，促进了长江流域经济社会的发展。

在三峡工程的建设过程中，中国人民依靠自己的力量写就了惊世篇章，将人类水电建设推向一个新的高度。三峡工程规模宏大、技术复杂，100余项世界之最、700余项专利技术昭示着自身的巨大魅力；仅用几年的时间，推动大型水电机组国产化，实现了几十年的跨越。

延伸

一些在粤三峡移民已会说“白话”

1992年以来，广东积极支援三峡工程库区移民和建设工作，17年来，广东省采取全社会参与、全方位支援的方法，以资金、物资、技术、管理、培训人才、安排就业、举办展览会、招商引资等多种形式，扎扎实实地开展对口支援工作。到2008年底，广东省对口支援三峡库区和安置三峡库区农村外迁移民实际到位资金累计49.82亿元。

在经济建设合作方面，广州三雄极光照明、深圳华侨城、康佳、东阳光、珠海格力空调等一批全国著名工业生产企业都进入库区，直接扩大了三峡库区移民就业，加快了库区产业结构的优化与升级。

目前，广东省各级财政已投入资金2.97亿元，接收安置三峡库区农村外迁移民2503户9007人到广东安家落户。如今在肇庆高要的三峡移民村，许多年轻的三峡移民都会说“白话”，尤其那些未满16岁的孩子，不少能够讲一口流利的粤语，外人很难相信他们是当年的三峡移民，“迁得入，稳得住，逐步能致富”正成为现实。

对话

中国水力发电工程学会副秘书长张博庭：

社会上对三峡工程“妖魔化”很深

从上个世纪初提出设想到新中国成立后多次实地勘探、专家论证，再到完全投产，三峡工程一直争议不断。为此，记者采访了国内知名能源问题专家、中国水力发电工程学会副秘书长张博庭，解密专家视野中三峡工程的前世今生。

当年主要争议不在技术，而在投资分配

记者：三峡工程当年的争议是什么？是怎样决定上马？是否具有足够的技术论证？

张博庭：从论证时间的长度，可以看出当年争论之激烈。主要争议不在于技术，而在于投资分配。大型水利工程的技术已经较为成熟，并且世界上有不少成功的先例。但是计划经济下的资金分配却导致了主要矛盾。很多专家就提出，与其加大投资于三峡，不如多投资些中小项目，可能会受益更广。而我当年也是三峡工程的反对者。政府最后决定，还是要集中力量做好这件有大福利的工程。

记者：您今天怎么评价当年的三峡工程决策？

张博庭：我已经改变了反对的态度，是三峡的支持者。从建设角度来看，很多当时担忧的问题都没有出现，非常顺利地完成了建设进程。从决策角度看，当年的最后决定是明智的、果断的。今天政府搁置水电的审批往往是因为社会舆论压力太大，无法下定决心。

三峡工程对库区灾害有削弱作用

记者：三峡会不会溃坝？安全性如何？

张博庭：三峡是安全的，不会溃坝。出现溃坝的坝体主要是土坝，但三峡是混凝土重力坝，每个坝块独立依靠自身重力来抵抗水力的冲击，不存在溃坝可能。在汶川大地震中，没有一座水电站的主要建筑物在地震中被震毁，充分证明水电工程技术是过硬的，大坝也是安全的。

记者：三峡对周边环境究竟有什么影响？三峡工程中采取哪些措施保护生态和环境？

张博庭：总体上好处大于坏处，并且三峡工程已经有相当完善的措施来避免这些小的负面影响。我们应该注意到，很多人异议的三峡库区灾害实际上是这个地区长期存在的，不是三峡工程带来的。反过来，三峡工程对这些灾害有削弱的作用。

很多人担心三峡引起地质灾害。水库确实有可能触发库区微小的地震，

但地震能量不是来自水库蓄水而是天然地震能量。水库只是把这些能量释放，其后会降低大地震发生的可能性。即使在短期，诱发的地震都在3级以下，不可能引发汶川地震那样规模的大地震。

再比如滑坡。建设过程中和投产初期确实有滑坡出现，也造成了部分损失。但是水库的蓄水并不能制造出滑坡，而是让原有不稳定的地质滑坡体有集中释放的机会。在三峡的建设过程中，已经采用多种方法处理滑坡地段，即便处理不了的也进行监测，其危险性已经较建成之前大大降低了。

还有水污染的问题。三峡建设期间陆地建设确实会产生污水和垃圾，但都已经得到处理。流速平缓的水库会沉淀净化水中悬浮颗粒，加上三峡配备的污水处理设备，已经大大减轻了长江的污染速度。

要用专业的眼光看待三峡工程

记者：目前在专家中，三峡是否还有争议？

张博庭：有，但争议主要是不同行业的专家之间产生的。水电和地质方面已经有很高认同度。比如当年坚决反对的李锐也非常赞扬三峡。但是比如渔业等专家有不同的意见。对于渔业，最大的威胁不是三峡，是过度捕捞和污染。

记者：您如何看待舆论对三峡工程的质疑？

张博庭：现在社会上对包括三峡在内的水电工程有“妖魔化”的倾向。极端环保主义者做了大量工作，引述了很多完全不具备实践可能的标准，污蔑水电工程。还有部分民众因为缺乏相关专业信息而被误导。

这些情况，也有政府和水电工程单位主体错置的原因。政府不断为三峡澄清情况，但是说法比较笼统不够专业，反而显得不正常。三峡自身的宣传不到位，技术人员不愿意做这样的非技术工作，总是习惯把反击“妖魔化”水电的责任完全推给政府，实际上“解铃还须系铃人”。

我认为，要用专业的眼光看待三峡工程。要运用科学知识和大量的事实，揭露和批驳各种妖魔化水电的谣言宣传，为政府支持水电发展的决策创造有利的舆论环境。

（胡剑龙　陈清浩　褚颖春）

香港回归后『马照跑，舞照跳』

地处闹市的跑马地，是港人的圣地。每到赛马日，港人万人空巷。跑马和跳舞、炒股一起，成为外界对香港市民生活的直观印象。马能不能照跑，牵动着无数港人的心，中央政府在回归前提出“马照跑，舞照跳，股照炒”，给港人吃了一颗定心丸。

回归后，香港的跑马业因各种因素盛衰起伏不定。2008年中国成功举办奥运会，香港作为奥运马术的分赛场，不仅实现了“马照跑”，·还跑出了灿烂未来。虽历经风雨，香港却背靠内地尤其是广东，同舟共济，不断开创新局面，“总算是欢笑多于唏嘘”，“用艰辛努力，写下那不朽香江名句”。

香港回归后“马照跑，舞照跳”

小平铁面“辟谣” 平息驻军争议

粤港澳大珠三角倡呼之欲出

“一国两制”：跨时代的伟大构思

马照跑：香港的变与不变

观察

马照跑：香港的变与不变

香港的跑马业经营了150多年。位于闹市中的跑马地（英文名为Happy Valley），总有形形色色的人进出。每年9月到次年6月的赛季，一到每周两个赛马日，场内外平均有超过百万人参与，跟过节一样。全球五大洲超过10亿人口，通过20多家电视台的转播，也在同一时间将目光集中到香港。

马能不能照跑，折射出回归后香港的变与不变。

1996年7月1日，香港赛马会将沿用多年的“英皇御准香港赛马会”，改名为“香港赛马会”，去除了名称上的殖民色彩。一年后，香港的赛马场响起了《义勇军进行曲》。

由于地下赌博的兴盛，回归后的香港跑马业陷入低谷，港府采取果断措施，推出合法足球博彩服务，改革了博彩税制，才止住了颓势。

事实上，从2004年9月2日，香港奥委会主席霍震霆赴京陈情，为香港争取奥运马术比赛协办权的那一刻开始，港人对跑马的兴趣又重新被燃起。特别是，2005年7月8日，国际马联决定将北京奥运会和残奥会马术比赛移师香港消息传出，港人的注意力和自豪感已经完全被“赛马”点燃。

的确，回归以来，“马照跑”成了香港生活方式维持不变的最佳写照。香港赛马会一年给特区政府上缴的税款达到120亿港元左右，约占总税收的10%。

从事金融行业的陈氏兄弟、把自己的马命名为“红旗”，他笑着说，回归前大家都很紧张，不知道会怎么样，回归后，很多人都放心了，现在“转入直道”了，大家又开始拼命搏杀，要向共同繁荣的目标进取。那些动人心魄的数字背后，跳动闪烁的不仅是香港的跑马，更是“一国两制”创举的智慧。

香港地，有多大？香港人，有多快活？一年比一年热闹的跑马就是答案。

对话

“一国两制”：跨时代的伟大构思

梁爱诗　1997年7月1日，出任香港特别行政区首任律政司司长，任职8年。见证“一国两制”在港实践的伟大成功

记者：当时有香港人并不理解“一国两制”，总认为好像不大可能实施，还会觉得《基本法》是对香港法治的干预。

梁爱诗：1982年，邓小平先生首次提出“一国两制”的方针，通过“一个国家”实现主权的回归，而“两种制度”则容许香港原有的各种制度和生活不变。

但“一国两制”如何解决历史遗留下来的问题？如何有助于维持香港繁荣与稳定？西方社会、本港市民都禁不住往这些方面疑惑。所以在过渡时期，为了让市民明白什么是“一国两制”，我们一直强调：除国防和外交是中央管以外，其余一切由香港自己管，“马照跑，舞照跳”。但这是过于简化了整个制度。事实上，香港回归最大的改变是主权的移交。《基本法》制定的目的，就是在国家对香港恢复行使主权时，它的基本政策方针得以阐明。“主权”二字，除了在序言外，没有在《基本法》的条文中出现，因此常常被遗忘，但是，《基本法》的不少条文便是主权的体现。

由此可见，“一国两制”是跨越时代的伟大构思，不但维持了原有制度和生活方式不变，照顾历史遗留下来的体制差异外，还容许香港在新宪制下继续发展，特区既与国家一体，亦有它独自的角色。WTO“一国四会籍”令香港得以从更紧密经贸关系的安排（CEPA）中受惠，就是很好的例子。

记者：香港回归后曾先后3次进行释法，有人认为多次释法事件已对香港的法治造成冲击。

梁爱诗：我不认同这样的说法。全国人大常委会对基本法的解释权力，

香港璀璨夜景吸引了无数内地游客，图为汶川地震残疾女孩杨柳游港。

分别在中国宪法，以及《基本法》第158条已载列。社会起初对全国人大常委会拥有的权力有些误解，认为只可由法院提出要求作出解释，但其实如果人大按照《基本法》及其程序作出法律解释，法院不能对此作出质疑，亦不存在“不合宪、不合法、不应行使权力”的批评。

回归之前，许多人预言香港人将会在共产党统治下失去言论、新闻、学术、信仰、游行示威、集会结社、旅行、职业、生育等自由。回归以后，这些悲观的预测都一项接一项地落空。香港居民能够享有这些权利，绝非偶然，《基本法》第三章（第24至42条）清晰地列出这些权利，居民所享有的自由和权利，比回归以前还多。国际社群都承认：香港是亚洲最自由的城市之一，而我们的人权状况，比有些高举人权旗帜的国家还要好。

解密

小平铁面“辟谣” 平息驻军争议

1997年6月30日，雨一直下。

仿佛是为了给这个历史重大节点留下深刻一笔，彼时，全世界注目中的港岛包裹在电闪雷鸣中。各种心绪也在倾盆大雨中交织，其中有浓郁离愁，有不再迷茫的欢欣，有重新回家的雀跃，也有对未来的未知与忐忑。

但不管怎样，150多年的殖民历史是要结束了，香港回家的步子，越来越近，越来越急，不能再多等一秒钟了。

中方坚持在香港驻军

历时两年、进行了22轮的中英谈判在1983年7月正式开始。英方采取“拖字诀”，在前四轮谈判中，坚持1997年后英国继续管治香港的立场，大造“以主权换治权”舆论，使会谈陷入疆局。

睿智的邓小平再次出面。

他会见了来访的英国前首相希思，指明英国想用主权换取治权是行不通的。中国要的是完整的主权，治权是主权的具体体现。“没有治权，算什么主权？治权可以交给港人，但不是英国人，不然就不是‘一国两制’，而变成‘两国两制’了。”邓小平请希思劝告英方改变态度，“以免出现到1984年9月中国不得不单方面公布解决香港问题方针政策的局面。”

1983年10月，撒切尔夫人迅即回信，提出双方可在中国建议的基础上谈判。于是第五、六轮会谈中，英方不再坚持英国管治，也不谋求任何形式的共管。

想不到，谈判的最大障碍消除了，驻军问题又起争议。

1984年4月，时为英国外交大臣的杰弗里·豪访问中国，邓小平说得斩钉截铁：“中国有权在香港驻军，中国一定要在香港驻军。”但香港某媒体在5月的一篇报道中却说，中国将不在香港驻军。

中英谈判中方代表团团长、原新华社香港分社社长周南后来回忆，5月25日，邓小平会见了港澳地区的全国人大代表和全国政协委员，他特意把香港记者都留了下来，发表了一篇言辞激烈的“辟谣”讲话。他说：“为什么英国在香港实行殖民统治的时期可以驻军，回归后成为中国自己的领土了，中国反而没有权驻军，天下有这样的道理吗？”

小平一发火，英国人才不敢再提了。

小平妙解“50年不变”

“一国两制”、“港人治港”、“高度自治”、“马照跑、舞照跳”等现在耳熟能详的词，在回归的过程中却是“极为新鲜”，这些词都经过了大量的调查研究，都是有出处的。

尤其是一些具体到对香港局势能否稳定得下来的字眼，邓小平更是事无巨细，反复推敲。

“举一个例子，我们说1997年以后我们要以法律来保护外资在香港的利益，他看了这一条，说这个不够，为了使英国人放心，你们首先要突出英国。所以我们后来是这么写的，就是我们要以法律保护大不列颠王国和其他外国资本在香港的利益，特别强调了英国。”原国务院港澳办主任鲁平后来谈到，这个例子就很具体，而且的确很起作用，因为毕竟英国人大量利益在香港，只要把英国商人这些公司稳定下来，整个香港的形势就会稳定。

此外，在“十二条”以及《香港基本法》里都规定，1997年以后，香港的社会制度——资本主义制度保持50年不变，也是有段“故事”。鲁平回忆，原来的写法是这个资本主义制度在香港长期不变，后来小平同志说：“你光讲长期香港人还是不放心，什么叫长期，一年也是长期，两年也是长期，5年也是长期，20年也是长期，我们干脆定它半个世纪，50年吧，这样香港人就放心。”后来他又加了，就是到了50年，如果“一国两制”这个制度，通过实践证明了对香港是有利的，50年以后也可以不变的，保持香港的资本主义制度。

据称，1982年11月20日，原国务院港澳办主任、时任全国人大常委会副委员长廖承志在北京接见了香港厂商联合会参观访问团。他在阐明中国政府未来的香港政策时，提到回归后港人还可以“马照跑，舞照跳”。此事在港人中广为传扬，并加上“股照炒”一句，成为资本主义生活方式50年不变的生动写照。

交接仪式争夺“一秒钟”

1997年7月1日零时零分零秒，指挥棒准时起拍，《义勇军进行曲》响彻维多利亚港。

“听到国歌奏起的时候，我的心情是一种莫名的兴奋，是一种从没有过的感觉。”这是很多香港人当时的心情，有的人甚至禁不住眼泪纵流，但这“零时零秒”来之不易，却是鲜为人知。

为了确保“我们的国旗在7月1日的零时零分零秒，一秒都不差地准时升起”，中英交接仪式谈判大约进行了10次。一开始英方说，英中关于香港回归的协议上，只说1997年7月1日香港主权回归中国，并没有规定几分几秒的具体时间。而中方则据理力争，说7月1日就是从零时零分零秒开始的。最后英方只同意在30日23时59分59秒将英国国旗降下。但这样的话，给中方准备升旗的时间只有一秒钟！国旗升起同国歌奏响应同步，而我国军乐团指挥的指挥棒抬起就需要两秒。

中国人民解放军军乐团指挥于建芳回忆说："我们的态度很坚决，必须在1997年7月1日零时零分零秒准时奏响中国国歌。我们已经等了100多年了，一秒钟都不能再等了。"若英方故意拖延时间，也要准时奏响国歌，即便是两国国歌音乐重叠也在所不惜。

结果，6月30日正式交接时，英方非但没有拖延时间，反而加快了英国国歌的演奏速度，而使时间提早了。"那是令人窒息的10多秒的空白，全场一片肃穆。"于建芳说，但一切按原计划走，在23时59分58秒半的时候，他果断地举起指挥棒。国歌声中，五星红旗和香港特别行政区区旗冉冉升起。

延伸

粤港澳大珠三角圈呼之欲出

回归前，想在香港马场找出一位内地客是很困难的事；如今，平均来港的10位游客中就有8位来自内地。马场全部工作人员都接受过专门的普通话培训，游客还能听到全程的普通话比赛评述。在跑马的呐喊声中，"自由行"已经渗透进香港社会的每一个角落。

如今，每天有30多万人次来往于深港两地，熙熙攘攘中，跳动的是粤港高度活跃且日益紧密的全天候合作的强大脉搏。

粤港澳"1小时生活圈"不是梦

1997年8月6日，"'97广东高新技术项目洽谈会"在香港展览中心开幕。这是香港回归祖国后，内地省份在当地举办的首次招商活动。为期三天的洽谈会，签订合同总投资额42.66亿美元。

这只是一个开端。

无论对香港还是广东，同文同种、同声同气的关系，使香港回归后，粤港的联系从回归前的运送内地供港鲜活食品的“三趟列车”，一跃而成全天候式的紧密合作。其中的标志性事件，是1998年粤港合作联席会议制度的建立。

1997年，广东对香港的出口贸易额达291.85亿美元；今年1—5月，广东对香港出口392亿美元。工业合作在原来“前店后厂”模式的基础上，又拓展了利用香港的资金、技术、管理经验改造广东国有企业的合作新空间。

在基础设施方面，1979年广九线恢复通车时，每天只有一班车来往于穗港，且需要5个小时，如今大珠三角各地的距离，已被高速发展的交通设施拉近了。而随着港珠澳大桥、广深港高速铁路等重点项目动工在即，广东、香港、澳门的距离将被拉得更近，大珠三角地区实现“1小时生活圈”已经不再是梦想。

在今年8月举行的粤港合作联席会议第十二次会议上，粤港双方共同签署了8项合作协议。会上，曾荫权更是形象地把粤港合作比喻为“跳探戈”。他说：“对内、对外，粤港双方都是同一阵线、共同并进，双方都是很合拍的，就像跳探戈一样，双方前行或后退，都是互让互利。香港方面将会全力以赴，全力配合，实现双赢和共同发展。”

CEPA签署港人掀起普通话热

今年27岁的Elsa每周都要坐30多分钟的地铁“上堂”去学普通话，作为一名“莎莎”连锁店的导购小姐，她十分清楚每10个内地游客就有4个会到莎莎购物。只有学好普通话，甚至掌握外国牌子的普通话“翻译”才能卖出更多货。

普通话的民间培训旋风是从2003年开始刮起。那一年，香港失业率高企，GDP下降，加上SARS肆虐，不少人都失去了信心。带着国家的关怀，国务院总理温家宝来到香港，并见证了商务部代表中央政府和香港特别行政区政府签署“关于建立更紧密经贸关系的安排”的协议，也就是人们现在常挂嘴边的“CEPA”。

在这份“大礼”下，香港的专业服务机构，从设计中心、会计师事务所、便利店，到现在的港医门诊部、港资福利院……逐渐走进了珠三角，并辐射到内地的生活圈中；而内地所捎去的人流、物流，更是让曾经失去信心的香港人走出了阴霾，变得坚强和自信。

2008年年初，国务院公布《珠江三角洲地区改革发展规划纲要（2008—2020年）》，粤港合作被提升到国家战略的新层次。在全球经济前景不明朗、以外向型经济为主体的粤港澳三地遭遇空前挑战的严峻时刻，《规划纲要》不仅为粤港澳合作开创了新的机遇，还为粤港澳三地间的经济融合步伐画出了迄今为止最清晰的“路线图”。

随着CEPA及服务业开放在广东先行先试政策措施配套实施细则的制定和落实，把包括粤港澳在内的大珠三角圈打造成为有世界级竞争力经济区的目标指日可待。

（谢苗枫）

鸟巢：一座建筑点亮一个梦想

它已成为北京最热门景点之一

A09

它已成为北京最热门景点之一

鸟巢：一座建筑点亮一个梦想

鸟巢设计追求"平等的视野"

百年以后评价鸟巢更客观

2010 亚运向北京奥运看齐

鸟巢，对中国人而言，几乎就是北京奥运的代名词。本名为国家体育场的它，是2008年北京奥运的主会场。2008年8月8日，它是世界的中心，它实现了13亿炎黄子孙百年奥运之梦。当李宁高举火炬在空中环绕鸟巢一周并点燃圣火，鸟巢就注定成为了新中国历史上一个不可磨灭的地标。

鸟巢位于北京奥林匹克公园内，建筑面积25.8万平方米，占地20.4公顷，内有9.1万个标准座位（其中包括1.1万个临时坐席）。北京奥运会和残奥会的开闭幕式、田径比赛及足球比赛决赛都在这里上演。在这里，历史定格了中国大地上举办的第一届奥运会；在这里，相机铭记了博尔特百米冲刺的瞬间；在这里，时光记录了爱与激情。

鸟巢有一种特殊的魅力。这个长333米、宽298米的庞然大物由11万吨钢铸成，本该显得笨重而严肃。但透过奥林匹克公园的绿树青草，鸟巢有着优雅的姿态和灵动的风韵。奥运开幕的那个醉人的夜晚，在南端的水池倒影下，从内而外迸发出七彩焰火的鸟巢，宛如一个精巧的“宝盒”，打开了神秘的时空之门。

对记者而言，在奥运开幕一周年之际重返鸟巢，再一次走过一年前采访奥运期间所踏过的每一级台阶，又是一番新的体验。

一年前的此刻，鸟巢内外是一片有序的繁忙，开幕式的彩排在紧张地进行着。每个人都怀着无限的好奇打量着那些衣着“古怪”的表演者。鸟巢外的道路在开幕式前一天的深夜就开始封闭，于是北京市民们在深夜12时前特意开车前来，用相机拍下“开幕前的鸟巢”。

奥运期间，整个奥林匹克公园都被封闭起来，没有比赛门票或公园的参观票，便只能如很多热情而无奈的观众那样，隔着铁丝网张望，努力把相机的镜头塞入铁丝网的网眼，给鸟巢拍一张照片。记者一直记得一个从香港来的志愿者女孩拿到参观票时的幸福表情，因为她的家人特意从香港飞来，就为了等待一个“可能有票”的机会。

一年过去了，人们对于鸟巢的热情丝毫没有减退。据奥林匹克公共区的工作人员介绍，奥运会后，公共区的游客量平均每天约十几万，其中有3.5万至4万人来鸟巢参观，同时有2万至2.6万人到水立方参观。

“帮我拍跳起来的姿势吧！”“能把火炬拍全吗？”这样的对白，几乎每天都在鸟巢前上演。自从北京奥运和残奥会闭幕后，被大家亲切地称为“鸟巢”的国家体育场正式向民众开放。在这里，每一个人都用肢体语言和相机，记录着自己和奥林匹克的故事。鸟巢，已经成为北京最新最热门的旅游景点之一。每天上午9时，旅行团的大巴车就率先抵达，游客们都希望赶早在鸟巢前留个影，50元一张的门票，每个参观者都觉得很值，因为“能亲眼看看电视上伟大的建筑”。

目前，鸟巢开放的只是中间的体育场和一层看台，与奥运期间不同，中间的草坪铺上了绿色的地毯，400米的跑道被围栏围起了一半多。曾经“奋战”过的文字记者工作间已经变成了奥运特许商品专卖店，人声依旧鼎沸。

解密

鸟巢设计追求“平等的视野”

走入北京奥林匹克公园，通向鸟巢道路两旁的小灯都是小“鸟巢”造型。这是一个缓缓上坡的过程，稍微的心跳加速让观众有种朝圣的兴奋。这是每个进入鸟巢的人共同的感受。在被独特的设计外表所震撼之后，通过宏伟的大门，嘈杂和喧闹都消退了，展现在观众面前的，是一个碗形的看台，能让他们在任何角落，以最舒适的角度和方式去欣赏赛场。

鸟巢设计师的初衷，与宏伟无关。一切都以平等的视野及以人为本的环保舒适为前提。

［设计原则］首先考虑观众及运动员感受

鸟巢的总设计师之一，2001年普利茨克奖得主德梅隆是这样诠释他的设计理念的：这个体育场是为人民而设计的，它有着柔和的环境，表现了对运动员的尊重。这是一个很大的体育场，有着10万个坐席。虽然它大，我们却把它处理得有人的尺度。这不是一个纪念碑，它是为人而设计的。

在他看来，伟大的建筑应该首先以人为本，而不是出于任何“炫耀”的目的。在考虑设计一座奥运主场馆的时候，他首先考虑到观众和运动员的感受。

“它的一大特点，是从所有的方向都可以很便捷地进入。其次它是一个开放的建筑，所有朝向都是同等重要的，所有的方向都让人感到舒适。看台的设计使观众获得了很好的视角，运动员也拥有了很好的比赛场地。”

而一个成功的设计师，是会把光线、使用者等必然存在却又变动着的因素考虑在内，“当看台坐满观众的时候，人群就自然地成为了建筑的一部分。一个好的体育场是建立在观众能够与运动员保持良好互动关系的基础上的。”

［设计过程］外观最初像“马桶盖”

很多人都猜想过鸟巢的理念从何而来。但鸟巢的中方总设计师李兴钢却告诉大家，鸟巢的设计“是从内到外的一个设计过程”。

鸟巢是从一个体育场的核心部分——看台——开始设计的。李兴钢说：“人们建一个体育场是因为一些人在那儿进行竞技，而另外一些人在周围捧场，我们是基于这样的一个出发点来进行设计的，我们的设计就是一个从内到外的设计。这个‘内’就是看台以及赛场，所以我们设计的看台是碗形的看台。看台的设计是很古典的，它就像古罗马的竞技场一样，蕴涵了比赛和观赛这两种运动场最重要活动的完美的结合。在设计上，也是本着东西高、南北低的布局，为的是便于观赏比赛。”

在把看台和赛场确定下来后，才有了第二步，就是给看台加上外罩。最初设计师确定了一个比较简单、扁平的外罩，但在李兴钢看来，确实有点像中国人眼中的“马桶盖”。出于此顾虑，设计团队又把原来的方案推倒重来。“最后我们找到了这样一种编织式的结构，它有点像自行车辐条的编织情况，48根大梁沿着中间的开口相切，然后向后编织起来。这样鸟巢的设计基本就完成了，一步步按照它的功能逻辑、结构逻辑、美学逻辑，达到一个由内到外的设计结构。并不是开始先看到一个鸟巢，然后决定做一个鸟巢的。”

[实地体验] 舒适理念贯彻始终

设计者的初衷能否体现在“成品”鸟巢中，让我们来一一对照一下。

从奥林匹克公园进入鸟巢，观众会觉得噪声和喧闹都被“挡”在了门外。这是由于鸟巢内层PTFE膜、钢结构上的吸音材料，不仅能将9万多人同时观赛的现场嘈杂声很好地化解掉，也能让观众在进入鸟巢的瞬间远离喧闹，以愉悦的心情迎接比赛的开始。

进出鸟巢都很方便，当中除了电梯和普通的楼梯间，还有环绕在四周的12对非常醒目的钢结构大楼梯。根据计算机模拟结果，9.1万名观众全部疏散出去只需约8分钟。

鸟巢没有主次看台之分，因为整个碗状看台不仅没有一根立柱遮挡，而且不是连贯地一通到底，而是上、中、下共七层之间错落有致。这样的设计，让任何一个位置上的观众都不会被前排挡住视线，且能获得均衡的、距赛场中心约142米的视线距离。平等的视野，在鸟巢中得到充分体现。

尽管是个露天体育场，但在鸟巢的看台上并不会感觉闷热，设计师们利用流体力学设计，令鸟巢看台上任何一个地方，都能享受到同样的自然光和自然风。而由中国红向长城灰渐变的座椅色彩，也都经过充分的计算，在视觉上激发了观众们的观赛热情。考虑到观看比赛时间比较长，鸟巢里9万多张座位都按照人体工程学原理设计，线条比一般体育场的座椅要圆润，减少疲劳。

细节决定成败，鸟巢的伟大不仅在于其独特宏伟的外形，更重要的是在每一个细微的环节，都成功体现了设计者“人民的体育场”的设计理念。

对话

百年以后　评价鸟巢更客观

李兴钢　鸟巢中方总设计师，中国建筑设计研究院副总建筑师

记者：请评价一下鸟巢的建筑史地位。

李兴钢：这个倒不是我谦虚，我觉得我没有能力作这个评价。我觉得任何东西你要去评价它在历史上的位置，一定是要有一个历史的距离，你才能够作出一个合适的评价，当代的人评价当代的事情一定是会有局限的。所以可能50年甚至100年之后，再回过头来看鸟巢，我想那个时候对鸟巢会有一个相对客观的正确的评价。

记者：奥运开幕当晚您有什么感想？

李兴钢：奥运开幕的那天，我在鸟巢里，但不是观众，而是肩负工作，那段时间我们每天都要值班，关注设施保障。当时的心情非常欣慰，非常兴奋。因为我们用智慧和汗水打造出的国家体育场，以最美丽的姿态展现在全世界人民面前。能够亲眼看到圣火点燃主火炬塔啊，对我而言是人生很重要的一刻。

延伸

2010亚运向北京奥运看齐

北京和广州，是中国版图上遥相呼应的两座名城。因时代的机缘巧合，2008年北京奥运会和2010年广州亚运会相继举办，这让中国对体育盛会的认识有了质的飞跃。在北京奥运成功举办的例子中，广州人民找到了太多值得

学习的理念。而鸟巢，已经超越了一座单纯的伟大的建筑，其所涵盖的理念和人文内涵，是北京奥运会成功经验的集中体现。通过鸟巢这个成功样板，广州亚运正在寻找属于自己的道路。

[场馆建设]广州将现“有盖”鸟巢

伟大的建筑总是有类似之处。广州人民或许很快就不必特意上京去“朝拜”鸟巢了。在广州，占地25万平方米的国际体育演艺中心落户科学城，建成后将成为亚运场馆。从目前演艺中心主体建筑的效果图上看，其在外形上和“鸟巢”很相似，不过比“鸟巢”多了一个“盖子”，为全封闭式。场馆除了占地6.5万平方米、1.8万个坐席的球馆之外，还设有各类运动练习馆，附设停车库、入口广场和零售商店。这一项目在规模和外形上与奥运会场馆“鸟巢”神似。它建成后将成为广东最大的国际化综合性体育文化娱乐场馆。

[环保措施]沿用北京奥运科技手段

“鸟巢”所在的奥林匹克公园，由“鸟巢”、水立方、国家体育馆等赛场，新闻中心和运动员村组成，乃是北京奥运的核心。

而据广州亚组委副秘书长古石阳介绍，广州的“亚运城”概念和北京的奥林匹克公园相类似，“亚运城除了运动员村外，还包括媒体村、技术官员村和媒体中心等，有着北京奥林匹克公园的概念，而且亚运公园也在旁边，所以用‘村’的概念已经不能来描述它了，只有叫‘城’了”。

亚运城除了在形式上类似北京奥林匹克公园，“鸟巢”设计中渗透的环保理念和科技手段，都在这里一一得以印证。“鸟巢”顶部及周边铺设了雨洪利用系统，对雨水进行收集和处理，获取再生水，这些再生水被作为零层以下建筑的卫生间冲洗用水、停车场冲洗用水、室外道路和绿化浇灌用水等多种用途的水源。而在广州亚运城中也采用雨水综合利用系统，在屋顶收集雨水，为小区提供包括冲厕所等用途的杂用水。同样，在“鸟巢”中大受好评的太阳能收集系统，也在亚运城中得到重视，未来亚运城的热水供应将依靠太阳能，空调制冷部分使用河涌水。

[后续利用] 最大新建场馆将“变身”居民文体中心

“鸟巢”所代表的，不仅是伟大的建筑和先进的理念，更重要的是包括了办赛思路、人性化服务、赛后经营等“软件”。而后者，更是办好一届体育盛会的关键所在。

广州市亚组委常务副秘书长、广州市副市长许瑞生曾表示，广州亚组委将认真地学习北京奥运会的经验。在北京奥运筹备期间，已经有17名亚组委的工作人员参与奥组委工作，包括“鸟巢”的媒体经理等均会继续为广州亚运服务，把“鸟巢”先进的团队运作经验带入亚运。

历届体育盛会后，场馆的使用和经营都是一大难题。“鸟巢”在场馆经营中摸索出一条新的道路，也让广州亚组委在筹备和建设场馆过程中，更注重“后续”因素。

“鸟巢”经营管理方中信联合体公司常务副总经理杨蔚鹰表示，目前主要集中于承接体育比赛和商业演出。在奥运会后，“鸟巢”一度成为旅行热点，光是依靠接待游客，已经有大约2.1亿元的收入。但毕竟人们的兴趣会随着奥运热的降温而减退，因此“鸟巢”将定位为文化、体育、休闲、旅游的中心，并据此进行新的规划。

有了“鸟巢”“转型”的先例，广州亚运在场馆建筑设计阶段，就更注重强化场馆功能设置的多样性，并采用简易、可拆除间隔等方式，注重解决场馆空间结构的可拓展性问题。例如，广州亚运城综合体育馆将举办亚运会体操比赛，赛后通过简单改造即可满足篮球、排球、羽毛球等项目比赛需要，还能举办展览会、演唱会等多种活动。同时，工作组十分注重完善场馆周边配套设施，打造集体育竞赛、文化娱乐于一体，提供多功能服务的市民活动中心，把这个亚运会新建场馆中规模最宏大的一座建筑，改造成附近居民体育、生活和娱乐的中心。

（梁燕）

“鸟巢嘉年华”吸引了不少孩子。

奥运后，前往鸟巢的游客仍络绎不绝。

五千年古国『保育』多元文明

我国26项目入选世界『非遗』名单，居冠全球

“非物质文化遗产”，这对于很多读者而言，都是一个陌生甚至有点拗口的名词。但如果不是这个理念，或许我们耳熟能详的人文传统、戏剧手艺，都已经逐渐地淡出了我们的生活。甚至在不久的将来，你已经无法去向自己的儿孙解释什么是“粤剧”。

5000年古国“保育”多元文明

2009，中国“非遗年”

26项“非遗”是少不是多

2003年联合国教科文组织通过的《保护非物质文化遗产公约》，作为人类历史上非物质文化遗产保护事业的重要里程碑，重新唤醒了世人，在全球一体化的今天，我们正失去独特的民族文化传统。而中国，目前已经有26个项目入选“人类非物质文化遗产代表作名单”，位居世界第一。这组数据，既反映了中国作为多民族、历史悠长的文明古国，集中保留了人类多元化的非物质文化遗产，但同时也表明，在中国灿若银河的文化长流中，已经有不少的“星星”正逐渐黯淡。作为人口最多、文明悠长的古国，我们应该成为保护人类“非遗”的旗手。

观察

2009，中国“非遗年”

2009年6月，地震一周年过后的四川，正迎来一场欢乐与文化交流的盛会。第二届“非遗节”在成都街头拉开了序幕。开幕式上重头戏“天府大巡游”表演由来自世界各地的45支原生态表演队伍、近3000人的民间艺人和专业演员组成。

大巡游的队伍在成都街头载歌载舞，当中既有来自国外的英国苏格兰风笛、澳大利亚风情表演、哥伦比亚民间舞

蹈、马达加斯加土著舞蹈、以色列卡迈尔民间艺术等表演队伍，也有19支队伍来自中国各地。北京天桥中幡、安徽花鼓灯、陕西绥米唢呐、陕西绥德腰鼓，还有来自台湾的排湾族舞蹈，独具当地特色。这些表演团体以最直接简单的方式，向成都、向中国、向世界展示了各地的文化民俗，尽管语言文化背景不同，但音乐、舞蹈、色彩，都是人类的共同语言。他们的精彩表演，使观众感受到不同文化背后共有的美丽与骄傲。

但当来自汶川大地震灾区茂县的“瓦尔俄足”表演队伍出现、向世人展示地震灾区古老的羌族文化时，却又引发了人们的反思。这个世界上确实存在着多元化的文化风俗，但却因为关注的人越来越少，难觅传承者。如果一项民族的传统文化失去了传承人，那就只能永远地从历史上消失。这场巡游，不仅是一个欢乐的嘉年华，也以一种最简单直接的方式解释了深奥的“非遗”理念：文化是精彩灿烂的，却也是脆弱的。

2009年9月28日至10月2日，在阿布扎比举行的联合国教科文组织保护非物质文化遗产政府间委员会第四次会议，审议并批准了列入《人类非物质文化遗产代表作名录》的76个项目，其中包括中国申报端午节、书法等的22个项目；审议并批准了列入《急需保护的非物质文化遗产名录》的12个项目，包括中国的羌族新年3个项目。加上此前已入选的昆曲、古琴艺术等4项，中国已有26个项目列入世界“非遗”名录，另有3个项目列入世界“急需保护非遗”名录，名列世界之冠。

自2001年联合国教科文组织颁布世界上第一批19项世界“非遗”名单，中国的昆曲名列其中开始，中国就一直是世界“非遗”的积极拥护者，而在2009年中国的世界“非遗”项目实现井喷型爆发，除了是因为联合国教科文组织修改了申报的规则外，更重要的是体现了我国对保护“非遗”的积极态度和有效措施。文化部非物质文化遗产司司长马文辉对此表示：“这些项目的申报成功，体现了联合国教科文组织和国际社会对我国非物质文化遗产保护工作的高度认可，也是全体中国人的崇高荣誉。这不仅有利于进一步推动我国非物质文化遗产保护工作，弘扬和传承中华民族优秀传统文化，增强中华民族凝聚力和文化认同感，而且对于扩大中华文化在全世界的影响力，提高中华文化在国际上的地位有着重要作用。”

两种戏曲，两条“申遗”路

在中国26项世界“非遗”项目中，昆曲和粤剧是戏曲界的代表，而这两种地方戏剧在申遗过程中，又走出了截然不同的道路。在2001年5月18日，联合国教科文组织在巴黎宣布第一批“人类口头和非物质遗产代表作”名单，共有19个申报项目入选，其中包括中国的昆曲，昆曲成为了中国世界级“非遗”的第一张名片。而于2009年入选“非遗”的粤剧，则开创了由粤港澳三地联合申报的先例。

“牡丹模式”赋予昆曲新生命

昆曲被称为中国传统戏剧的“活化石”，虽然昆曲是在2001年才入选“非遗”，但在建国以来，昆曲工作者一直不遗余力地保护这一传统剧种，申遗成功后，又致力于自身的创新和改革，青春版《牡丹亭》开辟了“非遗”传承的新理念。

著名昆曲表演艺术家蔡正仁回忆起，早在1956年，昆曲与许多地方剧种一样，正处于风雨飘摇的尴尬阶段。正值中共中央酝酿“双百”方针时，浙江昆曲团排出了一个昆曲《十五贯》，一出《十五贯》先后在上海和北京上演，引发了两城的轰动。许多中央领导都看了戏，周恩来观看了演出后，到后台看望演职人员时说：“你们浙江做了一件好事，一出戏救活了一个剧种。”毛泽东也先后看了两遍，并给予高度评价，还说《十五贯》应该到处演。《人民日报》为此发表社论《从“一出戏救活一个剧种”谈起》，给古老的昆曲开启了生命的春天。昆曲的这一次崛起，其实就是目前许多“非遗”项目正在走的“由点及面”，以精彩的闪光点吸引社会关注，从而得到重视和保护的道路，也是昆曲工作者的一次顽强“自救”。

而在2001年列入“非遗”名单后，昆曲工作者也并没有陷入“一入世遗永无忧”的盲目乐观中。毕竟被列入“非遗”名单，仅仅只是提高了世界知名度，具体的保护和推广措施，还是得靠自我发展。白先勇就说过：“从2004年推出的青春版《牡丹亭》，最重要的目的就是希望昆曲能够走进校园。我一直认为，任何一种表演艺术如果没有年轻的观众，没有现在的年轻知识分子来关注，这种表演艺术它的生命力就不会持续。”青春版《牡丹亭》赋予了昆曲新的生命力，把昆曲的阳春白雪打造成符合现代审美眼光的精致华丽，婉转的唱腔、优美的台词、精致的苏绣、华丽的身段，组合在一起，告诉你——最美不过昆曲！青春版《牡丹亭》甚至还开创与之相关的产业，例如苏绣的手绢乃至全套的戏服，都被观众们作为看戏后的纪念品。

传统戏曲，与现代电影产业一样，只要有票房、有“粉丝”，就会催生衍生产品的开发与销售。而“非遗”保护最有效的手段，是将其导入产业化系统。600年昆曲，花开“牡丹”。“非遗”保护，昆曲的“牡丹模式”让人拍案叫绝。更重要的是，在国内“非遗”保护中有一个错误的理念“重申报而轻保护”。而昆曲的“一变再变”正切实地提醒了大家，与时俱进与创新，才是“非遗”保护的核心精神。

三地联手为粤剧“申遗”

相比起昆曲，粤剧的申遗之路曲折得多，由粤港澳三地联合申遗，其间却经历了六年的波折，最终才于今年被列入世界“非遗”名单。但在这个过程中，却以粤剧为媒，大大增加了三地文化交流，而且三地各有特色的粤剧表现和保护方式相互融合，走出了一条新的“非遗”保护道路来。

广州市文化局社会文化处负责人黄斌回忆起三地联合申遗的曲折过程。其实早在2003年，在2003年粤港澳三地联席召开的三地文化合作会议上，就达成三地合作申遗“粤剧”的共识，并签署了《粤港澳艺文合作协议》，将“联合弘扬粤剧艺术，并适时向联合国提出申遗”的条款写入协议。

之所以考虑到三地联合申报，除了三地在粤语粤剧文化上同根同源，也考虑到这是当时最“便捷”的方法。因为根据当时联合国教科文组织的规定，世界级的“非遗”每两年申报一次，每次每个国家申报项目有限，而我国国内的竞争尤其激烈。当时澳门还是联合国教科文组织“准会员”，享受直接递交申请的优惠，当时就考虑希望“粤剧”能搭上这一“直通车”。可大家都没有料到，后来澳门“准会员”资格因故被取消，粤剧的申遗工作只好重新参加申报了。

申报“非遗”的过程并非想象中简单，在2004年“粤剧申遗”第一次没有成功，但这并没有打击到三地粤剧工作者的热情，他们以更加详尽深入的准备，来冲击第二次申遗。而且在准备过程中，粤剧工作者们也更加深入了解粤剧的根源和影响力，增加了对自身工作的自豪感。经过一番新的调研后，2006年联合申遗再度启动。在新一轮申报的文件中得到大幅度的充实，单是有关粤剧内容及技术等部分的论述，就从2004年版的2000多字提高到1万字。扎实的准备工作以及三地文化的融会贯通，让粤剧于今年成功地列入了世界“非遗”名单。此次合作，给予了粤港澳三地文化工作者很大的启迪，目前三地正联合为“凉茶”申遗。

粤港澳三地联手，粤剧艺术得到大力弘扬。

对话

26项“非遗”是少不是多

虽然中国目前拥有26项世界“非遗”项目，位居全球各国之冠，但中国非物质文化遗产保护中心常务副主任张庆善表示，其实数目少得可怜。

记者：今年联合国教科文组织突然修改了规则，从以前两年一次，每个国家一次一项，今年仅中国就一次性通过了22项。这样的改革表明了什么态度？

张庆善：应该说是在意料之中的。如果两年一次、一次一国只能评选一项，恐怕许多濒危遗产等不到进入名录就已经无处可寻了。

记者：中国拥有26项“非遗”，是很多的吗？

张庆善：每个国家的情况不一样。一个只有几百万人口的小国与拥有几亿人口的大国，一个由单一民族组成的国家与由多个民族组成的大国，在非物质文化遗产的资源方面，一般不可能有可比性。作为文化资源丰富的古国来说，中国这次通过的项目多，也就不意外了。

我必须强调一点，虽然目前中国已经有26项列入世界“非遗”名录了，但并不是像一些人说的那样太多了。我认为依然少得可怜。日本有16项列入名录，这次也有13项入选。它们一个市或县的某个节日的某种舞蹈，都因为得到很好的保护而被列入世界“非遗”名录。而我们的春节、中秋节这样大的节日都还没有进行申报。

记者：很多人都注意到了端午节的入选，但中华民族最大的节日春节却还没有申报。

张庆善：春节的覆盖面和深度很大，短期内还不担心会消失，而且韩国已经申报了江陵端午祭，因此我们觉得应该把端午节放在春节前申遗。我们的端午节与韩国上次申报的完全是两码事，我们有我们的典型传统习俗。而下一步我们也会为春节“申遗”。

延伸

粤港澳再度联手为凉茶申遗

有了粤港澳三地共同成功将“粤剧”申报为世界级别“非遗”项目的成功合作经验后，三地文化部门将再次联手，力促“凉茶”冲击世界“非遗”。

粤港澳三地人文文化同宗同源，而在气候和饮食文化上也非常一致。凉茶之盛行于广东及港澳地区，与岭南气候和水土有很大关系。古时岭南为百越之地，多瘴气，染者无有不死。岭南人正是通过与恶劣环境的不断抗争，积累了调理保健、防病治病的宝贵经验，经过一些具有中医药知识的人长期实践，创造出各种各样的“凉茶”。而现在凉茶已经成为粤港澳三地人民生活不可或缺的一个部分。

“甲流”来袭，市民以凉茶应对。

2006年，由广东省文化厅、香港民政事务局、澳门文化局共同申报的粤港澳21家凉茶生产企业拥有的18个品牌54个秘方及术语，被认定为首批国家级非物质文化遗产，受到《世界文化遗产保护公约》及我国有关法律永久性保护。而目前粤港澳将就凉茶再次联手出击，下一个目标直指世界级非物质文化遗产。香港、澳门是联合国非物质文化遗产公约的缔约方，每次每个国家和地区进行独立推举，香港与澳门都拥有各自的固定名额。粤港澳联合申报，完全能够让一个非物质文化遗产项目脱颖而出。加上曾有三地联合为粤剧成功申遗的经验，凉茶要申请世界“非遗”，前景乐观。

与其他人文艺术工艺申遗的目的不同，凉茶“申遗”的目的不重在保护其技术不要失传，更重要的是为民族产业支开一把文化保护伞。凉茶目前已经逐渐成为中国乃至辐射世界的一种新兴饮料，但作为一种食品，尤其是作为有“药性”的食品，也必然受到国际上有关食品安全法规的监管。显然，形势对于凉茶这一传统食品也越来越不“利”。但凉茶申遗成功后，将受到联合国《保护非物质文化遗产公约》在世界范围内的保护。从而为凉茶从岭南走向全国甚至世界，扫清与现代技术标准相冲突的法律障碍。而在申遗的过程中，也通过具体条例、技术内容分析等方式，规范了目前世面上种类繁多的凉茶技术，让传统饮食文化与现代化食品安全监督得以共生。

（梁燕）

1949 1959 1969 1979 1989 1999 2009
精彩中国 喜传天下

第贰篇

元勋后人说元勋

1949 1959 1969 1979 1989 1999 2009

外孙女眼中的毛泽东

他的无私让我震惊

他要求我们平淡生活

谁敢横刀立马　唯我彭大将军

大雪压青松　青松挺且直

越是硬仗越向前　布衣元帅多巧思

放眼高歌　心怜天下　每临大事总有静气

陈云：共和国“红色掌柜”

在烈火与热血中永生

“他是个大人物，全家都要为他隐姓埋名”

外孙女眼中的毛泽东

他是领袖，也是丈夫、父亲、外公……

1976年9月9日，中华人民共和国的主要缔造者和领导人毛泽东在北京与世长辞。今天，2009年9月9日，毛主席逝世已整整33年，新中国也即将走过甲子岁月。在这个特别的日子里，我们透过毛主席的外孙女孔东梅的讲述，重温历史细节。

A08

他是领袖，也是丈夫、父亲、外公……

外孙女眼中的毛泽东

回到原点，把他“人化”

走下神坛的毛泽东

广东中烟工业有限责任公司热贺新中国成立60周年

北京798艺术区深处，“菊香书屋”的玻璃门，随着年轻人进进出出的步伐，把傍晚的阳光来回推挡。

纯白衬衫，鲜红围巾，孔东梅在这座属于她的包豪斯艺术空间内显得悠闲自在。背景中一排关于外公毛泽东的传记、雕塑、书画……这些是798“菊香书屋”的标志，当然也是孔东梅身上抹不去的印记。一眼便能识别的，是她下巴上一颗与外公一样“卓尔不群”的伟人痣。

1949年至1966年的中南海丰泽园“菊香书屋”，是毛泽东那段时间里大部分活动的场所。之所以要将菊香书屋“搬”到798，孔东梅既想为之留下点什么，“也是我们这一代对红色文化的解读”。除了孔东梅从798买回家的一张外公的巨大画像外，母亲李敏对孔东梅的“后现代”解读是无法理解的，“但是她宽容接受”。

孔东梅和她的“菊香书屋”。

“我不想告诉别人这是什么，那是什么，存在的就是合理的，以它们存在的状态展示给别人，至于如何评价是别人的事。”孔东梅努力要做的，是还原外公的人性，“而不是外界传扬的神话，他是个领袖，同时他也是个丈夫、父亲和我的外公……”

[孤独晚年] “你为什么不常来看我呢”

从毛泽东患病到去世，李敏一共只见了他三次。去往中南海的路上，李敏以为父亲已转危为安，没想到到达后看到的却是父亲的遗容。“妈妈失声痛哭，要求为外公守灵”，却遭到江青拒绝。无奈之下，李敏也只能排着队，随着首都

瞻仰毛泽东遗容的长长队伍进入灵堂，向父亲告别

孔东梅得以降生于世，还得归功于外公的一句话。

“之前母亲是不打算把我生下来的。”上世纪70年代初，“文革”如火如荼，要不要把腹中的孩子生下来，怀孕的李敏面对动荡的社会局势产生了犹豫。其向父亲毛泽东征询意见，得到的回答是：“要，生活再困难，也是应该要这个孩子的。”

孩子降生后，李敏将孩子的照片拿到毛泽东跟前，毛泽东当即给她取名“东梅”，“东”是他名字里的一个字，“梅”是他最喜爱的花。

“文革”中，李敏很难见到父亲。“那时候，中南海近在咫尺，母亲却觉得它远在天涯。”

1960年，孔东梅的哥哥出生在中南海。毛泽东煞是高兴，时常抱起小外孙亲个没完。然而江青却一贯对李敏一家冷漠置之。李敏考虑再三，向毛泽东提出搬出中南海。毛泽东听闻，颇有感触：“手心手背都是手上的肉啊！”

最后李敏夫妇商量，先搬到中南海内较偏僻的一栋平房居住，自己做饭，同时保持与父亲的来往。毛泽东则有空便去看看女儿一家，说说笑笑，三代同堂氛围祥和。一段时间后，一家人便搬出了中南海，出入中南海的证件也被收回。

1964年，李敏夫妇搬到了兵马司胡同的一所普通民居里，开始了真正意义上的民间生活。离开中南海后，“母亲从未主动和外公谈起出走的原因”。毛泽东一次问起，她也仅是简单回答：中南海门槛太高了。

“文革”开始后，许多当年与贺子珍一同闹革命的老同志遭受迫害，被强行疏散到边远地区，几近被人们遗忘的贺子珍突然被想起。当时中央警卫局负责人汪东兴回忆，“中央文革小组”组长陈伯达提出把贺子珍下放到大西北，他自己不愿出面，于是让汪东兴转报毛泽东。

毛泽东一听说便否决：“我不同意，这是谁出的主意？”在毛泽东的干预下，贺子珍最终免遭下放，然而孔东梅的父亲、孔从洲将军之子孔令华却被扣上了“保皇派”的帽子。

1974年，在“批林批孔批周公”运动中，李敏夫妇认为江青有野心。

“父亲、母亲搜集了江青的言行做了分析，准备一份材料，希望直接送到外公手中。”但是，中南海门前的卫兵却把李敏挡在门外，记得她大喊：“你们不让我见爸爸，他知道了也不会赞成你们这么做的。你们这样做是封锁主席，为的是干见不得人的事情。”材料终未送成，“妈妈很委屈，回到家中大哭了一场，外婆知道后也气得放声大哭”。

李敏（左）、贺子珍（中）和孔东梅。

从毛泽东患病到去世，“母亲一共只见了外公三次”。第一次是在陈毅去世那年，毛泽东出席陈毅追悼会，李敏去看他，他拉着女儿的手说：“娇娇，你为什么不常来看我呢？你要常来看我啊！”李敏不便诉苦，只是含泪点点头。

“第二次是在父亲部队驻地，接到毛远新电话，说外公病重，让妈妈去看他。”但是等李敏赶往中南海见父亲时，江青却要求她看一眼就走，并说：“主席抢救过来了，好多了，你走吧。”

李敏坚持不肯走：“这个时候，我要守在爸爸身旁。”“你待在这里，主席出了什么问题，你负得起责任吗？”江青坚持要李敏离开，“你要这样，以后再也不让你来看了。”李敏一时气不过，回答说：“我看爸爸还要你允许吗？”正守候在一旁的汪东兴和华国锋看着两人僵持不下，只得劝说李敏先离开。

“此后，再也没有任何人告诉妈妈外公的病情。她到中南海门口去，请求见面，没有获准。”第三次见到父亲的时候，是在毛泽东去世前几天。“她看到中央文件中谈到外公病情后，不顾一切冲到中南海门口，要求见面。”这一次，她见到的父亲，仰卧床上，面容憔悴，神志却十分清醒，他拉着女儿的手，说话的声音十分微弱：“娇娇你来看我了？你为什么不常来看我呢？”

面对病弱的父亲，李敏内心复杂。“她知道如外婆所说，外公其实是十分孤独的，他希望得到家人的爱。”

毛泽东问李敏："你今年多大了？"

"39岁了。"

"不，你38岁。"重病中的毛泽东清楚记得女儿的生日。李敏难抑心头感伤，努力让眼泪不掉下来。毛泽东抬手，用右手拇指和食指连成一个圈，说了句话。李敏没有听清楚，若干年后，"她试着猜想外公的意思，大概是外婆的乳名叫'桂圆'，他放心不下外婆。"

几天后，中央办公厅给李敏打电话，让她去看望父亲。去往中南海的路上，李敏以为父亲已转危为安，没想到到达后看到的却是父亲的遗容。"妈妈失声痛哭，要求为外公守灵"，却遭到江青拒绝。无奈之下，李敏也只能排着队，随着首都瞻仰毛泽东遗容的长长队伍进入灵堂，向父亲告别。

听到毛泽东去世的消息，远在上海的贺子珍反反复复自言自语着一句话："他不是身体一直很好吗，怎么一下子就走了？……"三年后，贺子珍生平第一次到北京，把一个花圈敬献在毛泽东坐像前，花圈上写着："永远继承您的遗志，战友贺子珍率女儿李敏、女婿孔令华敬献"。1984年，贺子珍在上海病逝。

解密

"亲人"领袖
从现代视角讲述外公外婆故事

2001年从美国完成学业回国的孔东梅为了重新了解外公和外婆，开始踏着他们的足迹，遍访他们当年接触过的人，走过的路，留下的遗迹。她说她要从一个现代女性的角度继续讲述关于外公外婆的故事。

1999年，孔东梅入读美国宾夕法尼亚大学。在那里，没有人知道她是毛泽东的外孙女，她不再有毛家光环的笼罩，却享受到了自在的求学生活。

西方的政治教学课上，"教授讲课时说，全球三大独裁家：希特勒、斯大林、毛泽东”。孔东梅当即站起来用今日中国的繁荣强大反驳老师。

2000年，母亲李敏的新书《我的父亲毛泽东》出版，远在异国的孔东梅夜以继日读完母亲的书，几个晚上无法入眠。“外公外婆的峥嵘岁月，外婆和母亲在苏联的艰苦经历，总是在夜深人静的时候进入我的脑海。”孔东梅决定要重新了解外公和外婆。

2002年秋天，孔东梅和母亲一起来到了井冈山。“75年前，也是一个深秋时节，外公率秋收起义余部辗转千里上井冈山。那年8月，外婆随永新暴动队伍步行数百里上井冈山。两个革命者就在这里第一次相见、相识、相恋。”

1965年5月，汪东兴陪同毛泽东重上井冈山，毛泽东兴致勃勃，说起往事滔滔不绝，有次一讲就讲了两个多小时。汪东兴表示，他负责警卫工作十多年，难得听到主席讲了这么多话。

在《汪东兴日记》中记述了当时毛泽东说的一段话：

1927年8月7日，中共中央在汉口召开紧急会议，在这次会议上我才被选为中央政治局候补委员。后来，瞿秋白他们在湖南弄到了一个小册子，里面有我说的“枪杆子里面可以出政权”的话，他们大为恼火，认为“枪杆子里面怎么能出政权呢？”于是就把我的政治局候补委员给撤了，以后又说中央委员也要撤了。

这件事不知怎么传到井冈山，说是把我的党籍也开除了，这样一来井冈山人也火了，不服气，为我打抱不平，要向中央写报告恢复我的党籍和名誉。我劝他们不要写了，开除就开除了，有啥子要紧？他们真开除了我的党籍，我还是要干共产党的。井冈山人听了我的话，很认真地说，开除了你的党籍，你就不能当党代表了，但师长总还是可以当的吧。

那一次重回井冈山时，大家问毛泽东：“您知道现在还有哪些井冈山时期的老同志健在呢？”结果毛泽东一口气数了11位，“最后一位就是我外婆”。

在到井冈山之前，孔东梅所知道的地名只有八角楼。“那是一篇在小学课本上的课文：《八角楼的灯光》。”井冈山上最难熬的是冬天，“外公外婆在这里度过了两个山顶之冬”。

中国工农红军的高级指挥员袁文才叮嘱妻子谢梅香为毛泽东夫妇各做一套棉衣。“外公不肯要，袁文才硬是把棉衣留了下来，最后外公还是把棉衣送给了山上一位冻得难熬的老人。”

毛泽东在夜里挥毫写作，冻得连笔都拿不住时，这位老人为他送来了一篓木炭。“外婆把炭盆生着，放到外公脚旁，又把唯一的御寒装备灰毛毯披在外公身上。外公写累了，又冻得睡不着，就干脆和外婆说起话来，奇寒的冬夜不知不觉中过去了。”

新婚的贺子珍与毛泽东在井冈山度过了柔情似水的蜜月期。然而由于革命事业，他们却鲜有在八角楼前、茅坪河边一同散步聊天的机会。

耳鬓厮磨的神仙眷侣时光并不长久，1937年底，贺子珍丢下才几个月大的李敏选择出走。此时的贺子珍27岁，身上九处中弹，并怀有第六个孩子。贺子珍这一去便是数十年。当她再度听到毛泽东声音的时候，已经是1954年。

那一年第一届全国人大一次会议召开，毛泽东在开幕式上的讲话，被中央人民广播电台反复播放。“外婆已经17年未听到外公的声音了，她开着收音机，一夜未眠，直到收音机烧坏，她也再一次病倒。”其时贺子珍已经从苏联回国7年之久。

得知贺子珍病倒的消息后，60岁的毛泽东第一次在李敏面前落下了眼泪。他提笔写了一封信，让女儿转送。在这封信的作用下，贺子珍在医院积极配合医生的治疗，病情很快得到控制。而女儿李敏，则成了父母之间的信使。听闻贺子珍的收音机烧坏了，毛泽东特意给她买了当时最好的熊猫牌收音机，同时附上了1000元钱。

对话

回到原点，把他“人化”

记者：听说您在美国的时候才开始系统地了解外公，您读到您妈妈跟您外婆在苏联那一段的时候，好几个晚上睡不着，为什么？

孔东梅：我外婆这一生，非常坎坷，和我外公结婚十年，怀过十个孩子，生孩子对一个女人来说是多大的事情啊！那个时候在革命、在长征，那样的状态下怀十个孩子，生了六个孩子，长征路上还生了一个孩子。包括解放以后也非常坎坷，没有跟外公走完一生……我妈妈也是，三岁就被送到苏联，在那里也是非常艰苦。刚开始去的时候根本无法适应，我外婆曾经跟我外公说，在苏联的日子比长征还要苦。要去伐木，人要昼夜不停地织毛衣、毛袜子给前线的战士，每一天都在为一片面包而拼死拼活，非常非常艰苦。屋子里没有暖气，杯子里的水都是结冰的，我外婆那时候还带三个孩子。

记者：这些是您在美国读书的时候看到了解的？

孔东梅：因为妈妈后来写了书，整理得比较系统。我们家的人，都是公家人，没有什么私心，母女之间很少有交流。当时怎么想，包括外婆都不跟我们交流。只有通过别人写，才知道一点当时的艰苦。也不知道妈妈、外婆内心真正的状态是什么。慢慢的一点一点，我留心去了解之后才知道。

记者：您之后了解到的外公跟您之前想象的，或者说比较零散的印象有什么差别？

孔东梅：过去因为我太小，没有接触过那个时代，对外公的感觉就是通过妈妈讲啊，还有读他的书啊，包括别人对他的回忆。大家都说他是个伟人，这毫无疑问。可是我从看外公给外婆写的信等等渠道，渐渐了解到，他也是一个父亲，也是一个丈夫，他也有很多难处，他其实也是个有血有肉的人，情感丰富。

记者：听说您后来写的很多书也是想要回到人性的起点去揭示真实的毛泽东。

孔东梅：因为我觉得试图从伟人的角度解读他的书已经足够多了，这几十年看到的书和文章太多了，但是作为情感丰富、人性化的毛泽东又有多少人了解？

记者：庐山会议之前，您外公把您外婆接到庐山去，当时您外婆也不知道是为什么，是什么事，后来据说这是您外公跟您外婆见的最后一面？

孔东梅：之前22年没有见过面。当时是让汪东兴来办这件事，我外婆事先都不知道的，到了那里才知道的。见面太突然，外婆一直在哭。一个多小时的见面，成了两人的最后一面。这也充分体现了外公是一个很讲感情的人。他和外婆是患难夫妻。到局势好转了，可以有个稳定的局面时她却要走……

记者：您妈妈和家里面怎么评价江青？

孔东梅：从没评价过。

记者：外公那么忙，对他的孩子们应该都没时间管吧？

孔东梅：也会管，看怎么说了，点点滴滴的。比如说有一次印尼总统苏加诺来访，送了一些咖啡，因为我妈妈和岸英舅舅都是从苏联回来的，都喜欢吃西餐，还买了面包什么的，吃了一顿，后来外公知道以后就批评他们开“家庭会议”，说人民还在饿肚子，你们在这里“开洋荤”。还说中国的馒头也很好嘛，把它切成片也跟面包差不多。

记者：您母亲对您现在从事的工作是什么看法？

孔东梅：父母不太灌输“你是谁谁谁，你应该怎么走”，你自己想做什么就做什么，你要融入这个社会当中。

记者：您从事红色产业，是不是自己有个理想，还是觉得有责任感？是你喜欢，还是认为要把一种伟大的东西、一种精神传给后代？

孔东梅：因为有时候感觉有一些危机，年轻人可能不太了解历史，很快就会遗忘，这种遗忘的速度可能你都料想不及。你想我上世纪70年代出生的，我们公司还招聘了不少“80后”，那些小伙子小姑娘听见毛主席都觉得好奇怪。对他们来说是太遥远的事情。我觉得一个民族如果对历史遗忘太快，是社会的悲哀，这个民族就没有根了。

记者：您更想告诉今天的年轻人一个什么样的毛泽东呢？

孔东梅：我不太想告诉别人什么是什么，我觉得用一种年轻人能够接受的方式去接受就非常成功了。

记者手记

走下神坛的毛泽东

33年前的9月9日，毛泽东的去世，令当时的中国黯然。“他是一个巨大的存在。”对于中国，对于世界。而对于家人，他却如此庸常平凡：“他有常人一样的悲欢情愁”，他不是神话，他是个有血有肉的人。

作为一代伟人的外孙女，生于上世纪70年代，如今有多家自己的公司，尝试做影视主持，关于外公的书写了一本又一本……从这个意义上说，她的大胆尝试丝毫不比外公逊色。她做的事业与众不同：历史把他神化，孔东梅要把他人化。

从外婆贺子珍，到母亲李敏，再到自己，围绕着一个伟人的三代女性，孔东梅试图从自己传承的脉络上梳理出中国大变革。她的视角充满女性主义色彩：站在外婆的角度，她要解读“为人丈夫”的毛泽东；站在母亲的角度，她要解读“为人父”的毛泽东；站在自己的角度，她要读懂“为外公”的毛泽东……

无论是领袖毛泽东，还是家人毛泽东，走下神坛的毛泽东将是更切合历史的毛泽东。

（赵佳月）

他的无私让我震惊

侄女周秉德回忆伯父周恩来生平点滴事

北京西便门外大街一处20世纪50年代的小区。外墙砖块裸露。微微斑驳的木窗棂默默讲述着60年的风霜。

一位清爽精致的老妇人款款走出，在这略显陈旧的小区映衬下，她显得端庄非凡。司机一眼认出了她，“就是她吧！”

她便是周秉德，周恩来嫡长侄女、著名民主人士沈钧儒的孙媳妇。

“房子还是他（丈夫沈人骅）父亲时候留下的，修了又修。”尽管曾经身居全国政协委员、中国新闻社副社长等要职，周秉德也曾负责过单位分房，但她解嘲说：“那时候只想着大家有困难，忘记自己了，现在孩子们还得在外面租房住。”

A08
侄女周秉德回忆伯父周恩来生平点滴事——
他的无私让我震惊

“去特殊化”的周门

“不搞特殊”，或许是周恩来对周门后代最严格的要求。

周秉德1937年出生于哈尔滨，日军横行东北的时候，周家举家迁到天津。父亲周同宇“做着一些党的外围工作，比如买一些物资、医疗器械、药品之类，运往解放区”。

1949年初，周秉德跟随父亲进京。第一次，她见到了传说中的伯父伯母。

穿过新华门，再进入毗邻南海的丰泽园，12岁的小秉德盼着伯伯的到来。“我一看那个环境，那么大的一个园子，而且都是古树啊，古建筑等等，很有气魄。”

一个身影如风而来。“你就是秉德啊，我看看，像爸爸还是像妈妈，有点儿像爸爸，有点儿像妈妈。”刚刚小学毕业的周秉德，于是应伯父之邀，住进中南海，并准备进入中学继续学业。

“那你就住在这边，跟叔叔们玩。旁边就是毛主席，毛主席那边呢，你就要安静，他经常白天要休息的，晚上才连夜地工作，所以白天你要注意不能影响他休息”，一番嘱咐后，周秉德看着伯父离开，“忙别的去了”。

初见邓颖超，刚从天津而来的周秉德张口就喊“大娘”。由于周恩来在众兄弟中排行老七，邓颖超一听：“不喊大娘，喊‘七妈’。”年幼的周秉德听成了“亲妈”，于是便喊了多年“亲妈”，直到第一次给邓颖超写信，依旧习惯写上“亲妈”，邓颖超一看马上纠正：“你叫我亲妈当然好啊，但是你妈妈怎么办呢？还是管叫‘七妈’吧。”周秉德这才改口。

到了北京，周同宇希望能有一份正式的工作。周恩来给的答复是：“你的正式工作要由组织上来决定，我不能决定，所以你要先去上学，华北大学。”

按照周秉德的说法，那时候，先参加工作的，没有在解放区内工作过的，没有在共产党的范围内直接服务过的，都要去培训一些党的基本知识，去学习，半年后由组织分配工作。

然而，当周同宇学习结束要分配工作的时候，周恩来却提出了苛刻的要求：“给他的工作，职位要尽量低，待遇要尽量少，因为他是我的亲弟弟。”对此，周秉德的理解是：“他的潜台词就是，我们共产党是不能搞特殊化的，我们要跟过去那种‘一人得道，鸡犬升天’的封建意识彻底决裂。”

此后，周同宇当上了一个参谋部的管理员。在配给制的时代，这样的职位，仅能让周秉德一家六口住进两间逼仄的小房。事实上，在此之前周秉德已经住进中南海，“因为我先来北京，全家搬来后，房子小，伯父就说把大一点的孩子也接到西花厅来，于是秉钧、秉宜，我们三个人，就住在中南海”。

这样，三个孩子，周一至周五在干部子弟班住校，只有寒暑假时，能与伯父伯母交往多些。周六回西花厅与伯父伯母团聚，周日白天回家看父母，下午或晚上就回学校住，此间来回均为公交车。

1949年10月1日前夕，作为开国大典筹委会主任，周恩来一边要过问典礼的各个细节，同时也不疏忽家人是否“特殊”。

初到北京时，周秉德身边仅带着两条小裙子。秋寒来袭，工作人员带着小秉德上街添置了两身衣裤，“一套是斜纹布的蓝色小衣服，一套是卡其布的黄色小衣服。”

美滋滋回家，穿上新衣服，却惹来伯父毫不客气的质问：“哪来的？”

“这是叔叔带我去做的。”小秉德有点委屈。

“哦。”周恩来未作追究。

几天后，周秉德换上另一身，又被伯父追问：“怎么又一身？”

“还是那次叔叔带我去做的，两身啊，要换洗。”

这回，这位慈祥而严格的伯父冒出两个字：“浪费。”“为什么他说浪费，”成年之后的周秉德才真正理解，“因为那时候是配给制，他亲属来了之后的吃穿都由公家管，所以他说浪费。”

1950年春，周秉德（左二）与伯父周恩来在中南海。

穷亦兼济“天下”

1954年，原来的配给制改为工资制。周秉德是在伯父去世后，从秘书点点滴滴的回忆中得知伯父每个月的工资是400元。周恩来用这400元做了远远超出400元的事。

从1954年至1968年，周家姐弟先后参加工作，这14年的时间里，周秉德每个月如例行公事一般，签收从周恩来工资中取出的一部分，作为对周同宇一家的生活补助费。“最初我觉得这是很自然的事情，可是当我知道他实际收入后，我很震惊。他给我们家的家用是他工资的三分之一。”

不仅如此，周同宇身体不好，经常请病假，身为兄长的周恩来却总是督促弟弟提前办退休。“如果正常退休，就是拿工资的70%或80%，但如果提前退休，比例会少很多。”周同宇的领导稍有懈怠，周恩来不高兴，“快点办，不办我要批评你了！”

就这样，办了提前退休，周同宇家的生活更为拮据。几乎是同时，周恩来将对弟弟家的补助提高到了自己工资收入的二分之一。

“太了不起了！我原来不知道啊，当我知道他实际收入的时候，我震惊得不得了！我觉得一个国家总理，他如果不这么严格地要求自己，不去阻拦，给弟弟谋一个美差很容易，他没有做。就是他不管，由组织上安排，也不可能待遇那么差，他也没有做。他选择最差的一条，然后用自己的工资来补助。这是什么精神？我太震惊了！我又震惊，又心疼，又敬佩！我想象不出哪一个国家的总理能够做到这一步，哪一家的伯父能做到这一步。”

由于周恩来没有子女，“家中不少亲戚都找他接济”。更有一些相熟的人，遇到困窘之境，周恩来得知后总是主动帮助。秘书的妻子接送孩子赶不上车，他为其买自行车；当年在战场牺牲的烈士子女无人抚养，他用自己工资给他们补助……

同时，这位与人为善的总理，时时在家中宴请四方朋友。“他在工作当中有很多朋友，别看他职位高，他还是挺念旧的，他会在西花厅请他的老同学吃饭啊，都是自费的，那是肯定的。我们家里头，逢年过节，他的秘书把我们都找去吃饭，都是他自费的。”

第二十六届世界乒乓球锦标赛，中国乒乓球运动员拿了大满贯。周恩来特别高兴，他把乒乓球队员请到家里来吃饭。20世纪60年代，他宴请《霓虹灯下的哨兵》中的演员到家中吃饭……“这种事情很多，他一高兴就叫大家一起，先在西花厅的院子里面聊聊天，散散步，然后说‘今天我请你们吃饭’，七妈（邓颖超）就在旁边悄悄提醒：‘这个月你就剩两毛八分钱。你还请什么客啊。’”

这些事情背后，邓颖超的默默无闻却给了周秉德极大触动。“她是伟大的女性，伟大的伯母。她是全力支持他的。古今中外怎么找一个女子，能够容忍，而且理解、支持丈夫，把他一半的工资都给了弟弟家，不要说弟弟家，给他父母一半的有几个。所以我说这个女性绝对是伟大的。”

革命伉俪颠沛失子

邓颖超向周秉德回忆最多的是南昌起义前后的事。

1927年，蒋介石在上海发动“四一二”反革命政变，邓颖超跟随周恩来从上海转移到武汉。

然而，同一年汪精卫在武汉发动了“七一五”反革命政变。面临紧迫的形势，周恩来对邓颖超的交代仅是“我要出去几天，帮我收拾一点简单的随身东西”。

他们仿佛习惯了这样的道别，“伯母也不主动问，他也不说，伯伯只交代：‘过几天你看报吧，成功就成功，不成功就没有办法了。’”这一句平静的告别，背后蕴藏的却是可能有去无回的生死离别。“就这样去了，过几天看报纸，才知道原来就是去南昌起义了。”

这对平淡如水的夫妇于1925年8月8日结婚。那年10月，周恩来正带领黄埔军校学员跟随蒋介石在汕头东征。此时的邓颖超发现自己怀有身孕，为了不影响革命事业，邓决定放弃腹中的孩子。

东征回来后，一向为人谦和的周恩来，发了邓颖超印象中最大的脾气：“这是两个人的事情，你怎么能一个人做决定呢？而且你不能够把革命跟生育后代对立起来，孩子是我们的接班人，应该是我们等孩子来接我们的班！而且这样对你身体不好。”

1992年3月7日，周秉德去北京医院病房看望伯母邓颖超。

第二次怀孕的预产期是1927年3月，此时周恩来已经调至上海工作，而邓颖超因为分娩留在了广州。因上一次随便打胎的教训，这一次，邓的母亲也跟随着在广州帮助调理。邓颖超清晰记得，1927年3月21日生产的那一天，正好是周恩来在上海领导工人进行第三次武装起义成功的日子。而产房里的她却因为胎儿过大难产，三天三夜也没生出来。那时候邓颖超生产所在的德国医院，“只能用产钳夹，结果把孩子的头夹坏了，所以没成活”。

孩子没有成活的痛苦尚未缓过来，随着“四一二”反革命政变的到来，还躺在病床上的邓颖超迎来的却是躲避国民党大范围抓共产党的消息。“跟我伯母在广东省妇联一起工作的，很朴素的一个女孩子。那天突然打扮得像贵妇人一样，到她的诊室去，说：‘你要赶紧转移，现在国民党抓共产党人，组织上要你赶紧转移到上海。’”

随后邓颖超母亲从传达室收到电报，同样要求她们迅速转移到上海。因为情况紧急，只能去找给她接产的医生商量。“正是因为在孩子没有保留的时候，邓颖超不仅没有怪罪医生，甚至还反过来安慰医生，说这是没有办法的事情，谁让孩子这么大呢，所以医生对她印象特别好，对她很愧疚，说以后你有难处我一定要帮助你。”

一听说国民党要来抓人，这位医生便将邓氏母女锁到后院小仓库中。“刚转移不久，国民党就到了，来查邓颖超。院长说我们这是有一个姓邓的产妇，孩子没有成活，她已经出院走了。他们就搜，搜了半天，人家说，我们这是德国医院，你们不可以胡作非为，他们才无奈地撤走了。”

那时候，医院每星期有一艘小火轮船从广州到香港去采购药品，医生让邓颖超装扮成护士，到那去采购，她母亲作为工友，母女俩取道香港，然后坐船去上海。“这么几天的颠簸，把胆汁都吐出来了。一个产妇应该是去坐月子的，根本就没有坐成，又紧张又劳累地到了上海。”

在上海，邓颖超母亲登报找伍豪，“因为他笔名叫伍豪嘛，国民党不知道伍豪是谁，只说人我给你带来了，我们住在什么旅社。”白色恐怖下的上海，周恩来隐蔽在一间狭小的亭子间里，每天看报纸。他的心里除了每天的局势，还在等待邓颖超的安全到来。

忽然间一阵欣喜，他看到了启事。紧接着，却马上颜色大变，“他一看旅社的名字吓一跳，因为头一天有外地人到上海来找中央，就住在这个旅社被国民党抓走了。情急之下，他派人将母女接到一家日本人开的私人诊所。”

日本医生一看，很严肃地跟邓颖超说，“刚刚生过孩子，一路太劳累奔波，很劳累、很艰险，没有休息好，精神也太紧张，所以你的子宫没有复位，以后你就没有生育的可能了。”从此，这对共和国未来的总理夫妇便以国为家，爱民如子。

若干年后，当向后辈回忆起这些，邓颖超已经变得很平和。

对话

“文革”中签字拘捕弟弟养女

1968年，周恩来的家人开始被横扫全国的政治风潮波及。其唯一的养女孙维世被扣上“苏修特务”之名入狱，在狱中被打死。身为一国总理的周恩来要求尸检，却被以“尸体早已烧掉”为由拒绝。

而其唯一的弟弟周同宇，即周秉德的父亲，也因卷入“刘少奇专案”被捕入狱，在狱中度过7个春秋后，方得以重见天日。

周恩来在中央专案组逮捕这两人的逮捕证上默默签下自己的名字，心中的大悲，或许只有他自己能知道。

记者：您伯父在生活中有没有表露过对“文革”的看法？

周秉德：那怎么可能评价？他跟我伯母都不说，他好多话都没有说，他不可能评价！

记者：您父亲，包括总理的养女孙维世，他们俩被抓当时都是总理签字的？

周秉德：是啊，他只能够这样做。实际上他才是目标嘛！刘少奇以后就是他了。

记者：比如把你们父亲抓起来，他有没有给你们一个解释？

周秉德：他让我们相信组织相信党，现在你们要相信这些，不要有任何埋怨情绪，你们该给谁交代，什么时候交代，你们到组织上去讲。我们也不敢讲。当时要划清界限，然后要等出最后的结论。

记者：这是他面对面跟你们说的么？

周秉德：是啊，而且几次都是这样说，要相信组织相信党，反正当时是不作结论的。所以后来我伯伯给我伯母交代的时候说，“一切都拜托你了”。我伯母后来跟我们谈话的时候，那是在1982年吧，说你伯伯最后跟我说一切都拜托我，公家的事情是不能拜托的，只有家里的事情是可以拜托我的，那家里最大的事情就是我父亲的事情。我也是从那之后再三去了解，经过了解考察之后搞清楚，是没有问题的。

记者：您刚刚说的像“一切都拜托你了”，是不是像我们在电影里看到的，总理去世前与邓颖超有几句低语？

周秉德：一个就是拜托她嘛，还有一个就是他们俩的骨灰。50年代的时候中央已经定了的，都带头火化。他们俩又进一步地认定，不仅火化，我们的骨灰也不保留，这是他最后再次跟伯母交代的。在此之前，伯伯对伯母说过，一定要坚持这件事。“我先走，你要保证，你先走，我是可以保证的，但是我先走，我不知道你能不能保证。”他不放心，因为他的地位更高，他觉得不太放心。

记者手记

大国总理的背影

她家的老屋正在装修，我们移步小区边一处静雅的咖啡馆。两个小时的采访，怎么也诉不尽总理这本厚实的长卷。

这位在民国时期与汪精卫、梅兰芳、张学良齐名的“四大美男子”之一，曾是几代中国女性心目中的偶像。而他与邓颖超的感情笃深更是一段佳话。

82年前，反革命政变接连发生，29岁的周恩来打点行装，与妻子邓颖超简单话别，只说："看报纸吧，成功就成功了，不成功也没办法。"

60年的历史年轮里，从战事到建设，处处都有总理的身影，即便是风雨如晦的"文革"年代，他仍以孱弱的身躯为共和国的复苏保护了有生力量。

然而，那些总理不为人知的日常生活细节，藏在周秉德心里该有半个多世纪，在无数个"绿杨烟外晓寒轻"的日子里回荡。这些细节，在历史教科书里不曾出现，在一个个纪念日里不曾被提及，却代代在后辈的口耳中相传，那是一个意味深长的背影，如此真实隽永。他，定格了一位大国总理在国人心中的永久典范。

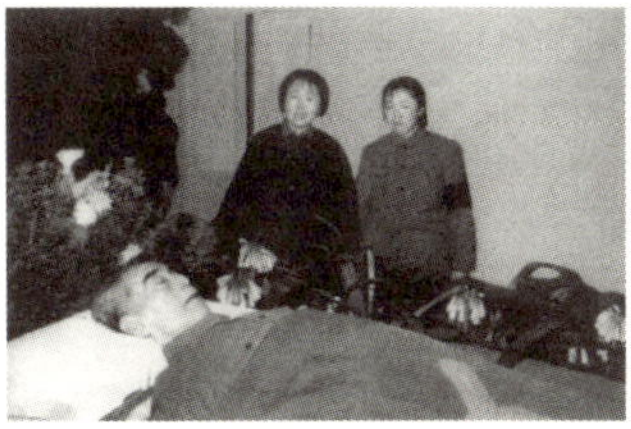

1976年1月10日，周秉德、周秉建向伯伯周恩来遗体告别。

（黄慧莹　袁喆　赵佳月）

他要求我们平淡生活

——朱德女婿刘铮回忆老丈人

北京新街口外大街，北京师范大学附近一处平常住宅底楼，陈设的家具都已显破旧，与普通住宅不同的是，房间里处处可见朱德印记，开国元勋之后朱敏夫妇便在这里度过了生命的大部分时间。

今年7月，朱敏女士离世三个月后，这间屋子的大厅墙上，朱德的几幅字画之间多了一张朱敏的遗像。除此外一切如故：门口一尊朱德的半身塑像，前方的花瓶内常年鲜花盛开；大厅的橱柜内，处处是与朱德相关的照片……字画之中一幅《游越秀公园》，如兰花般雅致的四行字：越秀公园花木林，百花齐放各争春，唯有兰花香正好，一时名贵五羊城。

妻子离开三个月来，刘铮已经渐渐习惯了这种平和的孤单。“1953年从莫斯科回来之后，生活就一直是平淡的，这也是老人家（朱德）的要求。”数十载以来，朱德对这个家庭的影响一如其对整个中国的影响一样深远。

中央文件出现“朱毛”落款

朱德和女儿朱敏在一起。

早年行走嘉陵江畔的朱德或许也没有想到自己将对后人乃至一个国家产生如此重大的影响。在新近公布的《朱德自述》中他曾这样描述自己的出身：

“家里从来没有人读过书，在这时，家里也还是富裕的中农时期，有吃有穿。那时才七岁，从前在四川读书，也不要多钱。400个铜钱一年，白天跑着去，晚上回来，中午还要回来吃饭，是走读。头一年就读了一本《大学》，《中庸》、《论语》也读了，到了《上孟》、《公孙丑》那一章。”

朱德开始读四书五经的时候，也是中国社会剧变之时。中日甲午战争以后，大清的昏暗腐败完全暴露，“亡国”的口号提得很高，“变法”的思潮也很快地反映在各处。

1908年间，谙得各种世事，朱德决心到云南去。在云南，朱德入了云南讲武堂，并正式开始学习军事。第一学期后，参加了辛亥革命。

随后几年，经过云南起义、护国运动后，朱德曾两次到上海，第二次到上海时，便遇见了孙中山。朱德对孙中山印象很好："孙中山那时叫他回广西的军队里去。但他坚持要出国，于是就叫他去美国。"孙中山告诉朱德：美国是新的国家。而朱德却坚持要去德国，去看欧洲的情形，"其实他那时已经认清了学习马克思主义是唯一的出路了。"去德国的同一年，朱德加入了中国共产党。

1926年朱敏降生在莫斯科郊外，正值40岁的朱德留学苏联。国内北伐战争起时，为支持北伐战争，中共中央决定从国外抽调一批军事、政治工作人员回国参战，朱德也面临人生转折，回国参战。为了纪念这一年，朱德给女儿取名"四旬"，就这样，四旬初降人间便离别了父亲，而这一别竟达14年之久。

1928年5月，这是中国革命历史上又一出高潮戏。毛泽东领导的秋收起义部队（也叫工农革命第一师）和朱德领导的工农革命第一师在井冈山胜利会师。

自从朱德和毛泽东井冈山会师后，文件上开始出现"朱毛"简称落款，"时间一长，大家都知道'朱毛'是指军长朱德，党代表毛泽东。""朱毛红军"，老百姓这样叫，中央文件这样写，连国民党报纸也这样报道。"人概因为'朱毛'好记忆，红军行军时，也用'朱毛'做行进标记，看见'毛'字往右拐，看见'朱'字往左拐。"

在父亲转战疆场的岁月里，离别父亲的四旬，被母亲托付给外婆带回成都，就此远离双亲。在成都跟随着外婆，四旬被命名为"贺飞飞"。贺飞飞第一次认识父亲，是在成都街头的一张"悬赏捉拿"布告栏里，里面印着父亲朱德和毛泽东的头像。外婆指着朱德的头像告诉贺飞飞："那是你爹爹。"

14年后一家人短暂重逢

1938年，12岁的贺飞飞被周恩来和邓颖超通过多方打听找到。然而当听说要将贺飞飞送往遥远的延安与父亲团聚时，年老的外婆犹豫了，最终没有放身体不好的外孙女离开。

随着战事的变化，国共关系恶化。贺飞飞也成为国民党四处打听的目标。“姨妈突然被国民党警察抓走，在盘问中，姨妈一口咬定贺飞飞就是自己的亲生女儿，这才使她幸免于难。”

白色恐怖开始笼罩着贺飞飞所在的外婆家。朱敏记得的那个清晨，外婆在被窝里叫着外孙女的名字：“飞飞，外婆不能再留你了！”外婆告诉飞飞，母亲已经离世，唯一的道路还是要寻找父亲。此后不久，邓颖超又一次秘密来到成都，接走了朱敏和她的表妹。

穿着宽大的灰色军装，膀臂上戴着红色十字袖章，这是贺飞飞安全抵达延安的护身符。分别14年后，贺飞飞终于再一次见到了父亲。关于父亲，长久以来贺飞飞的脑海里都是一片空白。“为了填补脑海里的空白，我用了几乎14年的时间，不断幻想，不断更新，不断塑造，尽量去想象一个善良、英俊、很有大男子汉味道的父亲。”在《我的父亲朱德》中，朱敏如此回忆。

尽管一路上贺飞飞都在为如何开口叫一声“爹爹”而苦恼，但是，到达的一刻，脱口而出的呼唤声竟是如此的顺畅：“爹爹！爹爹！”毫无疑问，朱德也一眼认出了女儿，他匆匆跑下山坡，身后扬起了一串尘土，来到马车前，一把把女儿从车上抱下来。来到延安后，贺飞飞正式更名为“朱敏”。

被送到延安的第三天，毛泽东到朱德的窑洞串门。朱敏以前在国民党悬赏图上见到过毛泽东的画像，今天突然见到真的毛泽东，便好奇地高声叫出：“爹爹，毛泽东来了，毛泽东来了……”毛泽东拍拍她的头说：“才来就给爹爹当通讯员了，不简单！”朱敏抬头看着毛泽东，觉得和悬赏图上有一点儿差别，那就是眼前的毛泽东嘴下边有颗黑痣，便天真地问：“你真的是毛泽东吗？”这下把毛主席给问乐了，他笑呵呵地反问：“难道还有假的毛泽东？”毛泽东走后，朱德郑重地对女儿说：“虽然我比毛伯伯大7岁，但为了表示尊敬，你以后要叫他毛伯伯。”

可是，尽管与父亲的团聚来之不易，但在延安与父亲一起过了第一个春节后，朱敏又一次面临与父亲分别。朱德告诉女儿，她将和毛泽东的女儿娇娇去苏联学习，并给她定了规矩：“20岁以前不许谈恋爱，把精力放在学习上。”

惨绝人寰的集中营岁月

初到莫斯科，朱敏被分配在第一儿童院。集中了40多个国家的孩子，其中有波兰统一工人党领袖贝鲁特、意大利共产党领袖陶里亚蒂、美国邓尼斯、日本片山潜、南斯拉夫铁托等著名革命家的子女。中国有毛泽东的两个儿子、林彪的长女、瞿秋白的独女、刘少奇的女儿等许多革命领导人的子女都在这个第二故乡度过了难忘的“二战”岁月。

在国际儿童院的中国孩子许多人都有苏联名字，毛岸英叫谢廖沙，毛岸青叫亚历山大。朱敏离开延安时，父亲为其起名“赤英”。父亲告诉朱敏：用化名一是为以防万一，不会暴露身份；二是“赤”和“朱”都是红色的意思——“红色英雄，这也是老人家对女儿的希望。”

很快苏德战争爆发，从国际儿童院到明斯克一处农庄养病的朱敏落入德军的集中营。朱敏和几百名来自苏联、波兰、法国、英国等10多个国家的孩子，被送到集中营兵工厂里干活。“那哪里是什么工厂，只是一个大得四处透风的工棚。工序是将其他车间制造的子弹装进盒子里。每天要工作12个小时，两只手被冰冷的子弹冰得又红又肿，手背生满了冻疮，一碰，脓血直流，疼痛难忍。时间一长，手掌的细腻皮肤被磨得像锉子一样粗糙。”

集中营中严禁互相打听，每个人只能说“是”或者“不是”，绝对不能问“为什么”。每天，这些孩子要完成30大箱的工作量才能休息。整整12小时，双手不停地装，像机器人一样，“被法西斯的皮鞭驱使，大皮靴踢打，做着牛马活，吃着猪狗食”。

朱敏最害怕听到尖锐的哨声和阵阵狗吠声。这种异常恐惧的声音一响，就意味着有人大祸临头。“她一想起那几只吐着血红舌头的大狼狗，浑身就忍不住颤抖。”那几只狗隔几天就要生吞活剥一个活人。“好几次狼狗当着他们的面将活生生的人撕得粉碎。”

然而恐惧并未吓住这些孩子，听说子弹受潮就会变成哑弹，朱敏和几个女孩子就开始商量如何才能把子弹弄湿，因为不能带水进工棚，不可能往子弹上洒水。最后他们决定趁监工不注意时往子弹盒里吐口水。由于个子小，被大筐子一遮挡，监工走远一点就看不见了。监工一走开，他们就往子弹盒里拼命吐口水，“每吐一口，心里就有一种快感。到了下工的时候，他们嘴里干苦干苦的，嗓子眼直冒火，连话都说不出来了，但大家见面，都咧开干裂的嘴，会意地笑了”。

“后来前线退来不少不合格的子弹，以为是制造车间的质量问题，谁也没有想到会是我们这些小囚徒的口水作祟。”

到了1944年，德国法西斯开始节节败退，前线需要的子弹越来越多，劳动强度越来越大。终于朱敏支撑不住，病倒了，但又怕被发现送隔离室，就一天天痛苦地挨着。

某天朱敏刚起床，顿时天旋地转，一头倒在地上，失去了知觉。再度醒来时，发现自己睡在一间白色的房间里，扭头看看，橱架上有许多药瓶子，那是集中营的医务室。

一个高个子的德国狱医诊断她患的是淋巴结核，“说是开刀把脓放出来就会好的小毛病。”这是小朱敏第一次进这个医务室，但她早就听说这里的狱医连兽医都不如。

德国医生有条不紊地戴上白色口罩，斯文的动作无法让人和“凶残兽医”相联系。别人所说的或许不是这个医生，朱敏侥幸地想。医生“武装”完备后，深陷的幽蓝眼睛瞥了一眼朱敏，生硬的俄语在发问：“从哪里来的？”朱敏回答：“白俄罗斯。”

“不！你不是俄国人。”他突然尖叫起来，好像要揭穿欺骗似的充满警惕。“我是中国人，我是从……”朱敏想作解释，但阴冷的声音将其打断。

闭上眼睛，朱敏等待着成为医生手下的牺牲品。她感到冰冷的器械在脖子上移动，随之传来一股刺鼻的酒精味，她躺着等待注射麻醉针。但是紧随而至的，是撕心裂肺的疼痛直刺神经末梢，“顿时浑身不由自主地像被抽了筋似的弹了起来。”这个失去人性的医生在没有麻醉的情况下就用手术刀拉开了我的脖子！

朱敏拼命哭叫、挣扎，试图从手术刀下逃走。然而这个德国医生用大手死死按住，继续用刀切割伤口。直到她疼得昏死过去……

1946年1月30日，朱敏乘坐战后第一列从波兰开往莫斯科的国际列车。抵达莫斯科火车站时，一封沉甸甸的信递到了朱敏手中。这是来自父亲朱德的信：“苏联四年卫国战争也是中国国内抗日战争最艰苦的时候，而没有及时打听你的下落，让你受了苦，爹爹对不起你！全苏联都在遭受战争的苦难，我不能因为个人的事情，麻烦苏联政府，想必女儿能谅解爹爹的……”

朱敏强忍着泪水，读完父亲的来信。当时摆在朱敏面前有两条路：回国或是继续在苏联求学。朱敏想到当年离开延安时父亲的叮嘱——“你到那里一定要好好学习，将来回来为国家多做贡献。”她选择了留在苏联。“她不能两手空空而归，不能给爹爹丢脸。她先在儿童院补习俄文，然后进入中学，到1949年读完了苏联十年制的课程，完成了高等中学的教育。随后她想上列宁师范学院。”也是在这段时间里，朱敏认识了中国驻苏联使馆的刘铮。

史海钩沉

一封时隔八年的信

朱敏女儿：

我们身体都很好，朱琦已在做事，高洁还在科学院，兹送来今年上半年的相片两张。你在战争中应当一面服务，一面读书，脑力同体力都要同时并练为好，中日战争要比苏德战争更为迟些结束。望你好好学习，将来回来做些建国事业为是。

朱德　康克清

1943年10月28日于延安

这封简短的家信，饱含着朱德对女儿的牵挂从延安寄往莫斯科。由于战火的阻拦无法到达莫斯科国际儿童院，在苏联边境停留了两个月，最后以

“邮路中断，无法投递”为由退回到延安。当朱敏再度看到这封信时，已经是8年后。这8年里，朱敏从国际儿童院到集中营，经历了非人的“红樱桃”岁月。

女儿在德军集中营的时候，收到退信的父亲朱德内心也进行着激烈的斗争。“他想知道她的下落，可是他一想到斯大林的儿子在卫国战争战场上被俘，法西斯把他当人质向斯大林讨价还价，以此换取他们被俘的高级将领，被斯大林拒绝后，法西斯竟残忍地将他杀害了”，朱德便断然决定，“不能为了自己的私事，打扰战争中的苏联政府”。从此，他再不提寻找女儿的事，这封信也被康克清收藏了起来。朱德总司令就是在女儿音信渺茫的情况下，指挥八路军战士浴血奋战，直到赢得抗日战争的胜利。

刘铮老人

直到1950年，朱敏回国探望父亲以后，才读到之前那封被退回的信。

对话

朱老总将女儿赶出中南海

记者：您是结婚回国后才第一次见到朱老总，那个时候紧张吗？

刘铮：1953年我们从莫斯科回国。就要见到朱老总了，我心里还是很紧张的。对他的脾气不了解，只是知道他身经百战，现在又是党和国家的核心领导人之一。但我们的第一次见面还是非常愉快的，我也不知不觉就放松了。

记者：当时对朱老总的第一感觉是什么？

刘铮：在我面前的，不是一个板着面孔一脸严肃的叱咤风云的元帅，而是一个和蔼可亲、很普通的长者。他问了我们在莫斯科的情况，结婚后的生活，嘱咐我们要相互尊重、相互爱护、相互帮助。考虑到我们刚回国的一些实际困难，老人家就说："你们刚回国，暂时就先住在我这里吧。"就这样，我们在中南海与老总住在了一起，他把一楼的两个房间给了我们。他自己的卧室、办公室在二楼。

记者：老总和你们聊天的时候，有没有经常说起当年他在战争年代的事情？

刘铮：很少，他跟我在一起的时候很少说起过去那些战斗的岁月。那些日子的艰难是为了现在的幸福生活，他偶尔会去回忆，但说得不多。他更多的是在谈国家的社会主义建设和未来，这些才是他更关心的。

记者：在刘建1岁的时候，您和朱敏老师搬离了中南海。为什么一家人刚团圆不久又要分开呢？

刘铮：在建建1岁时，老总告诉我们可以到集体宿舍去住了。他说："搬出中南海对你们有好处，出去了要和群众打成一片，有利于你们提高。孩子可以留在这里，我给你们管。你们出去了，不要担心家里，要一心一意全部放在工作上，将来要自力更生。"

当时我们对他的这个决定不是很理解，朱敏私下里也跟我说，子女和父母住在一起很正常，对于父亲的决定她有些想不通。但后来经过实践证明，我们才明白了老总的用意，他是要让我们在生活、工作上都养成自力更生的意识，意义重大。

记者手记

记录灾难 也记录胜利

我是从电影《红樱桃》最早知道朱敏的，那时我的年龄与《红樱桃》中的朱敏年龄相仿。那也是我第一次了解集中营。10多年后，当我坐在朱敏家中，试图一一求证电影中的细节时，80多岁的刘铮缓缓叙述，不动声色，如同其头顶悬挂的朱敏遗像，饱满却深藏伤痕。

朱敏家中其实是朱德的一间小型纪念堂，刘铮毫不掩饰，近60年来这个朴素却挂满光华的家，秉持着“老人家”的遗风，从不越雷池一步。

朱敏的身上，集中营的苦难和父亲的影响是两个深深的印记，这两个印记分别记录了人类的一场灾难，和对这场灾难的胜利。

（赵佳月）

谁敢横刀立马　唯我彭大将军

——彭钢回忆伯父彭德怀铮铮铁骨

北京某军队大院，71岁的彭钢徐徐开启尘封的记忆。那一日，窗外阳光扎眼，屋内彭德怀的铜像下，一本“古书长卷”带着悲情与豪情，被我们一页页翻阅。

谁敢横刀立马，唯我彭大将军

彭德怀一生无嗣，小侄女彭钢断断续续陪伴他生活长达15年。从“彭家有女初长成”的调皮少女，到为伯父上书平反的坎坷中年，彭钢在彭德怀最惨淡的岁月里，成为其相伴膝下的“女儿”，同时也是困窘中彭德怀重要的精神支撑。

谈及往事，彭钢的眼中依然充满了当年为伯父上“万言书”时的坚韧和倔强。这位被称为“军中女包公”的将军沿袭了伯父横刀立马的遗风，从事纪检工作多年，刚正不阿的性格如其名字，投射出彭帅当年的铮铮铁骨。

率大军“纵横驰奔”

彭钢对伯父的最初记忆来自一位远房公公：“他经常跟我讲，你的大伯可不得了，是个了不起的人物，小时候就敢闹粜（湖南家乡有多年沿袭的平价粜米规定，即地主富户在灾年要平价卖粮给穷困户，按商定公布的名单轮流出粜，有的地主不肯出粜，饥民与之抗争，称为闹粜），他就是个做大事业的人。”

彭德怀原名彭得华。出身赤贫，六岁启蒙，因父病母亡，八岁辍学，砍柴换米。在《彭德怀自述》中有描述：年少时，某年除夕，家无余粮，祖母叫他和弟弟往有钱人家处讨吃，彭宁愿饿肚子，也不愿去当“招财童子”。

1919年在连队秘密组织“救贫会”，后因派会员杀死一恶霸被捕，在押解途中逃脱。1922年改名彭德怀，考入湖南陆军军官讲武堂，毕业后回湘军，位至营长。此后随湘军参加北伐战争。大革命失败，国民党发起“四一二”反革命政变，“在这样的低谷时刻，他加入了中国共产党”。

1928年7月22日，加入共产党不久的彭德怀，与滕代远、黄公略等领导平江起义，组建中国工农红军第五军，任军长兼第十三师师长。11月初根据湖南省委和湘鄂赣特委与红四军联络的决定，彭率红五军一部分主力到达井冈山，与毛泽东、朱德领导的红四军会师。

彼时，敌人用近30倍的兵力对井冈山发动第三次大规模“会剿”。红四军前委提出“围魏救赵”的策略，决定向敌后赣南进军；红五军留守井冈山，取消番号，编为红四军三十团。彭德怀任团长兼红四军副军长。此时军队里出现了抵触情绪，但是为了顾全大局，保存红四军主力，彭德怀认定就是要牺牲自己，也得留下来。

第五次反围剿中，1934年4月的广昌战役由于李德和博古错误指挥损失很大。李德和博古要找彭德怀、杨尚昆谈话。彭德怀打一个背包，把旧衣服等都放在里面，“准备去坐牢杀头，也要把道理给李德他们讲清楚，挽救红军”。

话没说上两句，直性子的彭德怀便开始“放炮”。他历数李德的指挥错误，斥责他是“主观主义”、“图上作业的战术家”。伍修权把他的话一句句译成俄语给李德听。李德绷紧了脸。

彭德怀一气之下用家乡话骂起李德来：“崽卖爷田心不痛！”见李德没有反应，彭德怀估计伍修权没有翻译那句话，又请在场的杨尚昆翻译。这下李德火了，咆哮着直骂：“封建！封建！”

1934年11月，蒋介石欲围歼红军于湘江以东，任命何键为“追剿军总司令”，令粤军陈济棠部进至粤、湘、桂边进行截击；桂军白崇禧以5个师控制灌阳、兴安、全州至黄沙河一线，扼要堵截。

彭德怀率领的红五军团第三十四师、红三军团第十八团被敌阻于湘江东岸，虽经英勇战斗，予敌以重大杀伤，但终因寡不敌众，弹尽粮绝，大部壮烈牺牲。渡过湘江后，中央红军从长征开始时的8.6万余人，锐减为3万余人。

长征后期，中央红军整编为陕甘支队，彭德怀为司令员，毛泽东为政治委员。1935年10月，彭德怀率领红军在夺取天险腊子口，攻占哈达铺，突破几道封锁线，越过六盘山后，勇猛打退敌军骑兵的追击，进入陕北根据地吴起镇。至此，中央红军胜利结束了二万五千里长征。毛泽东写下著名的诗篇赞扬彭德怀的作战精神：“山高路远坑深，大军纵横驰奔，谁敢横刀立马，唯我彭大将军。”

2006年，当彭钢跟随将帅之后的队伍重走长征路经过湘江时，“我看到那滔滔江水，就想起伯父说的，当年那湘江水是鲜红的，在那里牺牲并损失了几万人，想到这些眼泪就止不住”。

在彭德怀前方南征北战之时，身处湖南湘潭的彭德怀家人却广受牵连。“国民党为斩草除根，我们家的祖坟都被挖过两三次。”父亲彭荣华牺牲时，彭钢两岁，大部分记忆来自大人的叙述。父亲被害后，二伯父彭金华也惨遭杀害。

从中南海到吴家花园

1950年，四月天的春色中，12岁的彭钢终于第一次见到了传说中的大伯父。

“他把我们几个兄弟姐妹都接到了北京饭店，我是最小的。”当晚五兄妹与大伯父一同住在北京饭店。为了节约房间，“我们就打地铺，睡在饭店地毯上。”但是早上醒来，彭钢发现自己睡到了床上，“因为我最小，伯父就把我抱上床睡了。”

此后，彭钢便被接进了中南海永福堂。尽管中南海戒备森严，但因为这不仅结束了战争时期东躲西藏的生活，又能与疼爱她的伯父共同度过，这段时日被彭钢忆为是“最快乐的日子”。

天真烂漫的她却更喜欢学校里的热闹。直到上初中，彭钢都一直住校，只是周末回永福堂。

“伯伯劝我：‘还是走校吧，家里没人。’我说：‘不有你吗？’我说什么也不愿意，就觉得别扭。那时候也跟他熟，但还没有熟到那种跟父母一样的程度。”直到秘书做彭钢工作说，“你伯母有时也出差，一出去，他连个说话的人都没有”，倔强的彭钢才开始考虑“走校”。

中学时代的彭钢热爱读小说，“每天上学路上来回要近一个小时，有这个时间还不如看书呢！”于是彭钢提出条件，“给我买自行车，否则不走读”。出乎意料的是，一向节省的彭德怀，真的买了辆蓝色的“永久”牌自行车，煞是漂亮，“随时能从上面跳下来的那种，他一看，觉得这车好，安全”。

永福堂也经常留下叔侄俩习古文的身影，“他别处不怎么管我，我的作文他要看，他文字能力挺强的，给我加读《古文观止》里的古文，先跟我讲解一遍，之后就要我背”。

永福堂的院子里栽有四株果树，两株海棠、两株杏子。每逢果子成熟时，彭钢像男孩般爬上树摘果子，伯父冲出屋子，彭钢在树上冲伯父做鬼脸，他说：“风吹树摆你也摆，吓不吓死人呀？！”

高中毕业，彭钢考取第一志愿西安电讯工程学院计算机专业。

1959年8月19日，天气像憋着一口气一样闷热，树叶纹丝不动。彭德怀从庐山会议归来，彭钢照例去南苑机场接机。

飞机停稳，人们从飞机上鱼贯而出，“走下来的人大家都互不吭气，气氛非常奇怪。往常我们接机都是有说有笑的。但这次所有的人都低着头，各走各的路，不打任何招呼。”彭钢看到伯父也低头沉默着走出机舱，没有丝毫的表情。

彭钢上前接过伯父手中的文件包，彭德怀只是拉着彭钢的手，没有说话，直到坐进汽车也没有放松。心生纳闷的彭钢并不敢吱声，直到伯父问及她高考状况。“我回答考上第一志愿了。他才露出一丝难得的笑容。他问我家里情况怎样，我都一一作答。然后就不再说话。”彭钢觉得车内的空气凝固了起来，没有一丝动静。

回到永福堂，第一个打破这种沉默的是伯母浦安修。她把彭钢叫到了卫生间，还未说话，已满脸都是眼泪：“你伯伯被打成‘反党集团’的首领。”伯母建议彭钢去改换志愿，不要参军上军队的学校，然而这一建议很快遭到彭德怀的否决：“一个孩子家，改什么志愿。一人做事一人当，还能把她一个小孩子怎么样。”如今彭钢再度回忆起来，觉得伯父低估了最初的形势。

之后彭钢陪同伯父度过的日子，使她一想起便辛酸不已。“每天看着他坐在书桌前写信，写了撕，撕了又写。有时候坐在那里不动，有时又在院子里走来走去。”彭钢看着伯父焦灼不安，自己也陷入了困顿：一向正直的伯父怎么会一夜间就成了反党人士？

“只要自己不垮，别人是整不垮你的。”彭德怀当时的这句话至今仍让彭钢感怀。

1959年9月，彭钢入读西安电讯工程学院。此后不久，被罢官的彭德怀举家从中南海搬往吴家花园居住。这里曾是传说中吴三桂住过的地方，彭德怀在这里读书种田。

从“八万言书”到“万言书”

大学就读第一个学年结束后，彭钢按照伯父画给她的地图摸索着找到了吴家花园。一心想着给伯父惊喜的彭钢在门口遭遇了哨兵的阻拦。闻声出门的彭德怀出现在彭钢的视野中：一件破陋的大背心，花白的头发，彭钢的心一下被揪住了。“一年的时间里，他的头发就全白了。我看着，眼泪就下来了……”

1962年情况进一步恶化，七千人大会上，彭德怀被扣上“里通外国”的帽子。文件发下来之后，彭德怀坐在吴家花园的办公室内发呆。而此时的彭钢也由于在学校受到各方面压力，身体有病被迫休学，“我正好想借这段时间陪着他”。

20多岁，彭钢成了彭德怀的倾诉对象。“他连外文都不识一个，你说他怎么里通外国？”几天的闷头考虑后，彭德怀告诉彭钢：“要用事实说话。我不表功，只说事实。”此后彭德怀给中央和毛泽东写了一封长信，即后来的“八万言书”。写完“八万言书”，彭德怀先让侄女看一遍。“我在卧室看，他把门锁着，自己坐在外边，万一有人来了，他提防着，不让人家知道，就怕连累我。”

彭钢整整看了一个下午，“看完他问我，记住了没有？”我说：“这些事情我没有经历过，又不像小说那样吸引人，记不住。”此后彭德怀便每天讲故事般把他的经历告诉彭钢，使其对“八万言书”有了深刻的印象。“文革”后，彭钢将伯父当年的“八万言书”写成了为伯父平反的“万言书”。

虽说住在吴家花园，实际上彭德怀是被软禁了起来。多年以后，彭钢看到吴家花园哨兵写的日记，对彭德怀的一举一动均有记录。“我们去散步时说话，他让我不要把外文丢了，我说没有用，他说学一门外文不容易，还是拣起来好。”这样的对话都在哨兵日记里记着，并附有评语：“他还要与苏修勾结，想里通外国。”

1965年，彭德怀被派往成都任“三线”建设第三副总指挥，毛泽东约见他时，曾对他说了三句话：“你要向前看。你的问题由历史做结论吧。也许真理是在你这一边。”这几乎成为十多年后的一句谶语。

在成都的一年间，彭钢与伯父的书信往来从未停止，为了避免侄女受牵连，彭德怀在书信中用的“清宗”（家谱的排名）之名。

1966年底，彭德怀被红卫兵揪回北京，此后一直被监禁。1967年，他被红卫兵揪斗打断三根肋骨，在此情况下还被要求写“认罪书”。专案组不定时提审，有时一天提审三次。睡觉时必须脸朝着灯，“伯伯本来就有失眠症，这样他很难入睡。为了避免相互串通，只要有人在厕所，别人就不能上厕所，伯伯肠胃不好，有时候憋得不行了，屎尿全拉在裤子上”。

直到1973年4月彭德怀癌症晚期入院，彭钢才得以被允许去看他。1974年10月的一天，已经半身不遂的彭德怀用他唯一能动的手，拉着彭钢说：

彭钢接受采访并祝贺《南方日报》创刊60周年。

“我想死后和你们的父亲埋在一起，但是他们是光荣的烈士，我却被打成反革命，我怕玷污他们……”话语之间，彭德怀流下泪来。

这一年11月29日，这位受尽折磨的元帅在绝望中离世。他的骨灰甚至不能名正言顺地入土，只能以“王川”的化名寄存在成都的一座公墓里。

1999年，彭钢和哥哥、姐姐将伯伯的骨灰送回湖南湘潭老家，按照彭德怀的遗愿，将其骨灰葬在两个弟弟的身边。

记者手记

穿越曲折历史　看当年烽火

言辞直爽的彭钢，是我遇到的最严格的“审稿”员，她甚至一度要求我再往北京，蜗居家中改稿两日。

这让我想起她当年写“万言书”的情景，对伯父一生的“真相”有着令人敬佩的执着。

“气死我了！”“我就不……”类似的用语，让人看到这位女将军身上彭帅当年耿直的遗风。

伯父当年打过的战争，在她口中一一历数。在60多年后的恬淡生活里，看当年烽火，彭钢依旧为伯父的赫赫战功而兴奋，为其在和平年代里所受的不公而黯然，甚至一度拍案而起。

彭钢是倔强的，历史给了倔强的彭钢一个公道的回答，也给豪情悲歌的彭德怀一个公道。当我们怀着感慨和敬意，再度仰望这位共和国英武的国防部长时，我们也正视了历史。

史海钩沉

共和国的国防部长

“百团大战”前前后后

1940年8月，彭德怀主导发动、指挥了破袭华北日本占领军交通线、据点、封锁沟为主的进攻战役——“百团大战”。按八路军总部原来规定，参战兵力不少于22个团。但战役发起后，由于八路军广大指战员和抗日根据地民众痛恨日军的“囚笼政策”，参加破袭战的积极性非常高，共105个团20余万人，还有许多地方游击队和民兵参加作战。

一直以来百团大战因被指“过早暴露我军实力”，成为日后彭德怀受“文革”迫害的依据之一，“其实这个中央事先早就知道，而且朱老总回延安的时候就亲自给中央汇报，但究竟哪一天打没定，中央没有回复，在下命令打的同时又给中央发了电报，因为时间不能再等啊，战机不能误。”彭钢在后来与伯父的交流中获知此事。

战役打完之后，毛泽东还发了一封贺电，称“百团大战真是令人兴奋，像这样的战斗是否还可组织一两次”。并在延安开庆祝大会。

一场特殊的“南瓜宴”

1959年，利用高中毕业的暑假间隙，十年没有回湖南老家的彭钢，回了趟家，给伯父捎回了一份特殊的礼物。

“伯伯常说过去他在老家的时候，因为没饭吃，南瓜救了他的命。在西北战场，在抗战的路上，也是南瓜救了他的命，他们都把南瓜当饭吃。”彭钢于是捧着南瓜回到北京。

是年9月，伯父已被打成“反党集团”的首领。在即将入学的前一天，彭钢正在房间收拾东西，彭德怀走进来说：“你东西不多，把我出国时用的小皮箱给你吧，我再也不会出国，用不着了。”伯父话音未落，彭钢的脸上便扑簌簌挂满了泪水。收拾完行李，彭德怀突然表示要把南瓜当作彭钢入学前“最后的晚餐”。

那一顿晚餐吃得异常凝重。饭后，彭德怀把彭钢叫进办公室说：“你走向社会了，就再也不是我身边的小孩子了。要对自己严格要求，不要为我的事操心。”

彭钢写信为伯父洗罪名

1978年开始，“文革”中受迫害的老干部陆续得到平反时。彭钢决定向党中央写信，为伯父洗脱“莫须有”的罪名。

“我写的就是伯伯‘八万言书’中讲的事情。”时任国务院副总理的王震得知后，答应帮助彭钢呈交这封信。

彭钢从此一头扎进回忆，几个月的时间，20多页纸，从不抽烟的彭钢，一夜抽一盒烟。“但我越写越坚定，就是把我打成反革命，我也要这么做。”

在王震的帮助下，这封信送到了邓小平手中。不久，党中央为彭德怀平反。1978年12月24日，中共中央在人民大会堂为彭德怀举行了隆重的追悼会。几番周折，功夫不负有心人，彭钢最后终于看到了十一届六中全会上，《关于建国以来党的若干历史问题的决议》中写道：“庐山会议后期，毛泽东同志错误地发动了对彭德怀同志的批判……”

（袁喆　蔡嘉丽　郑若岚　赵佳月）

大雪压青松　青松挺且直

陈昊苏感慨父亲陈毅一生如其诗作

广东韶关南雄梅关古驿道，粤赣交界之巅。

《梅岭三章》诗碑与梅关碑林连成一片。当年藏在陈毅棉衣底的“绝笔”诗，如今成为此地一道人文风景。

仲夏的中国人民对外友好协会大院，绿阴斑驳，蝉鸣声声。

“后死诸君多努力，捷报飞来当纸钱……”67岁的中国人民对外友好协会会长陈昊苏吟咏起父亲当年的诗句《梅岭三章》。这首无数次从他唇齿间流淌的诗，是父亲众多诗篇中，他最喜欢的一首。

此刻诗歌的韵律与窗外蝉声正应和。老花镜架在他的额头上，仿佛是不服老之将至，只在要看文件时，他才将其取至鼻梁处。身后，一幅大字画上书：“大雪压青松，青松挺且直。”十个遒劲有力的大字衬托着他。从对外友好工作，到诗词研究，陈昊苏沿袭了父亲的志向与爱好，至今笔耕不辍。

A09

大雪压青松，青松挺且直

元帅本色是诗人

1972年，陈毅去世后，重病中的妻子张茜用不到一年的时间编辑了一部《陈毅诗词选集》，其中收入陈毅100多篇诗词，涵盖了从红军时期创建井冈山革命根据地起的作品。张茜亲自为诗集写下了序言，并把诗集托人寄给毛泽东和周恩来，提出希望能公开出版。但一直没有得到答复。

1974年1月，张茜整理的《陈毅诗词选集》，用油印的方式问世。但是两个月后，张茜便撒手西归，最终没有看到这本诗集的正式出版。粉碎“四人帮”后，陈昊苏完成了母亲未竟的工作。

“我们用了半年的时间，在我母亲编辑的基础上，稍微地作了些改动。”1977年5月，横跨四年，凝聚着张茜、陈昊苏两代人心血的《陈毅诗词选集》由人民出版社公开出版。循着一首首诗词，这位铁血将帅的人生轨迹历历在目。

1940年，为了将大江南北的抗日根据地连成一片，陈毅将军率领新四军北上。蒋介石得知消息后，令国民党江苏省主席韩德勒集中10倍于新四军的兵力，企图在苏北境内全歼陈毅的部队。著名的黄桥战役由此打响。

正当前线决战时，敌方配合八十九军作战的保安四旅一部百余人，在战场上溃退下来，不辨方向，一直冲到距陈毅指挥部200米处，而陈毅所率兵力全军出击，总部已无保卫部队。得到“好消息”的国民党八十九军军长李守维，叫嚣要“活捉陈毅”。

在此危急关头，陈毅一面从容自若地组织机关工勤人员迎击敌军，一面命令其新婚妻子张茜，把所有文件立即烧掉，以防落入敌军手中。做机要秘书的张茜，一边烧文件一边看文件的内容。当看到《梅岭三章》诗稿时，张茜犹豫了。陈毅在南方三年游击战的烽火岁月让她浮想联翩，她深谙陈毅一生与诗歌结下不解之缘，于心不忍，便问：“老总，诗稿也要烧掉吗？”陈毅说：“统统烧掉。”

张茜对《梅岭三章》爱不释手，又问：“老总，我替您保存诗稿吧？”陈毅不作声了。《梅岭三章》就这样被张茜“救”了下来。由于陈毅、粟裕反复谋划，部署周密，相机反击，结果，新四军以5000人战胜了敌人3万兵，创造了军史上的一个奇迹。

被誉为“百万军中取上将首级”的孟良崮战役，是陈毅指挥的杰出战役之一，其在诗中描述这场战役：“信号飞飞星乱眼，照明处处火如潮。刀丛扑去争山顶，血雨飘来湿战袍。喜见贼师精锐尽，我军个个是英豪。”

孟良崮一役，不仅歼敌3万，国民党军整编七十四师师长张灵甫也在战争中阵亡。事后，毛泽东曾说：“这场战役的胜利，有两个人没想到，一个是蒋介石，另一个就是我毛泽东！”

1948年10月，辽阔中原上寒意初降，这个月的最后一天，毛泽东连夜发急电，指令陈毅、邓小平统一指挥淮海战役。该月中旬某日，已经部署完攻打宿县，陈毅兴致勃勃地朗诵起明世宗的《送毛伯温》，他将四位纵队司令员送出作战室时，摸摸正要离开的同志腰间的枪柄，大声吟咏道：“大将南征胆气豪，腰横秋水雁翎刀。内吹鼍鼓山河动，电闪旌旗日月高。天上麒麟原有种，穴中蝼蚁岂能逃。太平待诏归来日，我与先生解战袍。”

翌年仲春时节，冰消雪化。陈毅回到华东，开始准备渡江战役。这一年的4月1日，陈毅签发《入城三大公约十项守则》。这个月底，陈毅从浦口渡过长江，豪气难挡，再度吟起了诗篇："旌旗南指大江边，不尽洪流涌上天。直下金陵澄六合，万方争颂换人间。"

元帅诗才让一代诗人郭沫若颇为感佩，他曾赋诗赠陈毅："一柱南天百战身，将军本色是诗人。"

为慈父的上海第一任市长

1949年4月，陈毅正在前线指挥渡江战役，7岁的陈昊苏在济南给父亲写了封信："爸爸，我在济南读书了，你把上海打开，派汽车接我们去，我昨天听说南京解放，你的信我们收到了，我把它贴在了墙上，人家都笑你。"写惯了公文的陈毅，写的家书也成了公文，小昊苏在信中向父亲提出了"意见"。

1949年夏，陈毅胜利指挥上海战役，"把上海打开"，妻子张茜带着陈昊苏等三个孩子从山东解放区到了上海。此次进上海，被陈毅认为是"一生中最愉快的时刻"。在那段时间里，他的目光遍及上海各个角落，"好像全身有使不完的力气"。

自学生时代起，陈毅一生三进上海：1919年，他从成都到上海，自上海赴法勤工俭学；10年后，于1929年由闽西进入上海，出席中央军事会议；20年后的1949年，指挥千军万马解放上海。

接管上海的当晚，陈毅在三井花园召集军事、政务、财经、文教4个接管单位的领导开会。几句开场白后，他特意对时任文教接管委员会副主任的夏衍说："明天起，就要开始接管，要注意'先接后管'，文教的对象大部分是知识分子、专家教授，所以情况不摸清楚不要乱管，先让他们安心，然后跟他们谈心，千万不要居高临下。"

接管上海后的陈毅一度是国民党特务暗杀的主要目标。上海军管会收到一封恐吓信，信中装有两颗子弹。工作人员拿到陈毅面前的时候，陈毅诙谐地说："淮海大战飞机大炮都不怕，千军万马都过来了，还怕你两颗花生米？"随之把信丢进废纸篓，依然奔走于上海大街小巷。

记者： 新中国成立后在上海那段时间，陈老总担任上海市长。那段时间您对您父亲的印象是什么？

陈昊苏： 就是忙，经常不在家，看不见他。他那时是上海市长、华东军区司令员，很多公务要处理。

记者： 作为父亲，他要求严格吗？

陈昊苏： 对我们他很慈祥，倒是母亲要严格得多。我们挺害怕她的，在她面前不敢太随便，但是只要父亲在，我们就放松了，没什么顾忌了。如果成绩考不好，回家见到父亲也不害怕，因为他不会问。有一年一家人到广东休假，母亲让小鲁写游记，小鲁不想写，把母亲惹急了，父亲反倒劝母亲："慢慢讲，不要着急咯，他还是孩子嘛！"母亲于是怪父亲太宠爱。父母一争吵，小鲁便受了触动，当晚就通宵把游记作文写了出来。

对话

为"人生向导"的外交部长

1928年井冈山会师后，陈毅和毛泽东在一次闲谈间说："将来革命成功了，你让我去当外交部长吧？"毛泽东笑答："行，今天就一言为定了！"

当年的一句戏言，30年后成为现实。1958年，陈毅继周恩来之后任新中国的外交部部长，此时他已经57岁。后又兼任国务院外事办公室主任。此时的陈昊苏已经17岁，就读于北京四中，面临着人生的选择。陈毅在北京四中作了一场关于人生理想选择的讲座之后，也开始了解儿子的志向。1959年夏天，陈昊苏进入北京外国语学院学习俄语。这一年，父子俩就择业问题进行了一次对话。

1960年，中国的社会主义事业面对严重困难，这一年年底，陈毅写下了名篇《冬夜杂咏·青松》："大雪压青松，青松挺且直。要知松高洁，待到雪化时。"这既是对中国人民英雄品格的歌颂，也是对他自己人生态度的写照。

新中国建立后相当一段时期，中日两国关系未恢复正常化，政府间交往中断，民间交流也在艰难中推进。担任外交部长的陈毅抓住机会提出中日两国围棋界进行交流的设想，拉开了中日“围棋外交”的序幕。

在陈毅去世后，柬埔寨国家元首西哈努克亲王回忆当年其母亲离世，恰逢周恩来总理和陈毅副总理访问柬埔寨，当时两位中国领导人穿上了柬民族服装参加了国丧活动，表示出对柬民族的尊重与友好，令他终生难忘。

或许是为了延续父亲的事业，陈昊苏如今也致力于推进中外友好的事业，尤其在对日友好工作中做了大量工作。然而，谁能知道，起初的陈昊苏所从事的是无线电工程。

记者：您学俄语，选择留苏学习理工科，是受父亲的影响吗？

陈昊苏：那年父亲在家中找我单独谈话，因为我高中即将毕业，面临报考大学怎样选择专业的问题。他先问了我的想法。我说还拿不定主意。

我平时比较感兴趣的是文科。父亲的见解却相反，他说：“现在是新中国的时代了，政治方面的问题已经基本解决，正在下决心解决发展科学技术推动经济建设的问题。你如选择学习工科就能够为国家作出最大的贡献。”

他这一席话讲完了，我的主意也就打定了：报考工科，将来做祖国最需要的科学技术干部。1959年9月，我因高考成绩优秀被保送到北京外国语学院留苏预备部，准备学一年俄语，然后去苏联的工科大学深造。

记者：但是此后您并没有能去成苏联，这中间又是什么原因？

陈昊苏：1960年夏，中苏友谊发生裂痕，开始了意识形态论战并且波及两国关系，苏联单方面撤回帮助中国建设的

陈昊苏沿袭了父亲的志向与爱好，至今笔耕不辍。

专家，原来答应接纳的中国留学生人数也大幅度压缩。我们这批学生是否还要按原定计划如数出国学习的问题被提了出来。

当时父亲兼任外交部长，深知中苏关系出现问题的严重性，在这种情况下还把自己的孩子送去苏联留学，他觉得是不妥的。但是他也要顾及我已经逐渐成年，有关自己的生活道路应该由自己去选择，所以他没有对我谈起这方面的事情。但我却从学校进行的各种政治教育中多少知道了一点中苏关系发生波折的情况，直觉认为必须把国家利益放在第一位。

尽管我当时俄语学习成绩不错，也渴望到异国的天地去经受一番历练，但我不愿意因为自己的行为给父亲造成困难，所以向党组织表示听从分配，出国或不出国都请组织决定。最后的结果是我和相当一部分同学没有赴苏联留学，我转到中国科学技术大学无线电系学习。父亲后来提到这件事，对我做出带有牺牲精神的选择表示满意。

过了很久以后，我于1990年在对外友协工作时第一次应邀访问苏联，这比我原来可能的赴苏之旅整整推迟了30年。我为中苏关系历尽艰难曲折终于恢复正常而感到庆幸，并不为自己的“迟到”而觉得遗憾。

记者：那时候全国都掀起科学热潮，所以您也从事了科学研究工作？

陈昊苏：1965年9月，我从大学毕业，被分配到七机部二院二十三所工作。对我终于完成了工科学业并开始进入工作岗位报效国家，父亲表示很满意，他和我谈过一次话，主要是讲从事科研工作的重要意义。

他在1964年1月陪同周总理访问北非国家时，曾经参观过一家现代化的炼油厂，那里采用的是法国技术，全厂只有900个工人，而与之生产规模大体相同的我们国家的炼油厂却需要1万名工人。父亲认为由这个例子可以看出我国的科学技术与工业水平与外国存在着很大的差距。

“文革”中父子三次严肃谈话

1966年“文革”一开始，陈毅便被认为是“很不理解，很不认真，很不得力”的领导人。“他确实不明白有什么必要进行这样一场‘全面内战’。”“文革”风暴席卷全国，大批干部受到冲击。他公开对这种过火的斗争方式提出质疑。

当年下半年，面临红卫兵组织的多次批斗会。陈毅不改直言率真的性格，在一些会上公开反驳，曾发表了大胆的演讲称：“我很坚定，我准备惨遭不测，准备人家把我整死，我不怕！”此后这篇演讲被收集起来，命名为《我这个外交部长》，成为其对“文革”看法的核心材料。

政治上“靠边站”的陈毅，在这段时间里，与已参加工作的陈昊苏曾有过三次郑重的谈话。

第一次是1967年8月，正是批判所谓“二月逆流”的高潮，陈毅全家都笼罩在非常压抑的沉闷空气之中。他告诉陈昊苏：“这次我犯了严重的错误，可能对你们兄妹的政治前途产生非常不利的影响，我的心情很沉重。不过我也要告诉你们，作为一个共产党员，在党的会议上讲出自己的意见而受到批判，我并不感到后悔。直到目前为止，你们兄妹在事业的发展上都是比较顺利的，但今后要准备独立奋斗了，不要再指望我还能给你们提供什么帮助。”

如此严肃的交谈，使得陈昊苏有“大难临头的感觉”。陈毅告诫陈昊苏：“经过这场事件，我自己对从事政治斗争已经感到灰心，今后你们还是努力做好科学技术工作，再也不要去搞什么政治了。”

1969年8月，全国局势渐趋稳定，但新的斗争风暴已在酝酿中。此时的陈毅已退出中央政治局，“基本上处在闲散的位置上”。陈昊苏则按照上级指示，下放到部队劳动锻炼，预定在该月赴南京军区某部当学员。

“临别时父亲对我进行了鼓励，希望到部队以后要好好干。他说：‘南京军区有许多干部都是我的老部下，不过你这次去不要找他们，要完全依靠自己埋头苦干，努力奋斗，赢得周围同志们的信任。要相信老百姓和广大指战员是会善待你的。他们当然也不会给你什么特殊的待遇，但是只要你好好干，他们是会欢迎的。’”这番鼓励，让陈昊苏在逆境中没有悲观。

1971年8月，经过两年劳动锻炼，陈昊苏回到北京，依然留在七机部工作。“但我的心情和刚刚参加工作时大不相同了。连续五年不搞业务工作，自己感到不能适应，而对于文科的爱好又使我燃起新的向往。恰在此时二院二十三所的领导想把我调到所政工组工作，这也就意味着要我改行从事政治工作。想起父亲这几年一直对我讲过的话，我又一次拿不定主意了。”

于是陈昊苏专程去北戴河探访当时正在那里休养的父亲。陈毅提及四年前曾表示对政治斗争的灰心，属于一种愤懑情绪的流露，而且也是想帮助家人摆脱困境。现在已经从党的高级领导岗位退下来了，估计今后不会再被卷入政治斗争的漩涡中了。

“我过去一直以为新中国的政治制度问题已经解决了，可是经过了文化革命，又经过九届二中全会，起码我们已经看出实际上并没有完全解决。要想发展经济，搞好科学技术事业，在政治上必须创造比较良好的环境，现在这种状况，无论如何说不上是良好的。我已经老了，无力对国家的发展前进再做什么事情了。如果你能转到政治工作岗位，只要踏踏实实埋头苦干，将来总有一天能够发挥一点作用。希望你努力吧！”

说这些话的陈毅已经因肠癌动过切除手术，“全家人都希望他能因祸得福，从此摆脱政治风云的袭扰而颐养天年”。

就在这次谈话之后不到一个月，“九一三”事件发生了。这年11月，陈毅的病情恶化，12月初做了第二次手术后终告不治。此后不久，妻子张茜发现患了与其一样的绝症，两年以后也一病不起，告别人世。

记者手记

大墨镜后的执着

上海，十里南京路尽头。青铜浇注的新中国第一任上海市长陈毅塑像坐北朝南，俯瞰着今日广场上匆忙的人群。60年前，当这位诗人将领进入上海时，老上海弥漫在一片莺歌燕舞中茫然不知去向；物换星移，如今这里高楼林立，黄浦江水依然滚滚向前，只是在它之上已经是一座繁华的国际大都市。

广东韶关，梅关古道。雪压青松的坚韧时节里，《梅岭三章》碑帖，镌刻的那一段“置之死地而后生”的将帅人生，如同满山梅花灿然盛放，留给后人的是视死如归的勇将气概。

“要知松高洁，待到雪化时。”他留给后世的诗歌如同其当年打下的众多战役，让后人一再品咂。而他直言率真的个性，如他的大墨镜一样，几乎成为一个符号被记忆。

今日的外交舞台上，中国的话语引起全世界关注，没有人敢于忽视了，人们还记得当年墨镜后那双坚毅的眼神，留下了无数传说。

（赵佳月）

越是硬仗越向前 布衣元帅多巧思

女婿张元生回忆徐向前——

北京郊区延庆县，位于北京与河北交界的山林之间。

两个多小时的翻山越岭，终于得见在这里种菜、养花的徐鲁溪与其丈夫张元生。

69岁的徐鲁溪由于患偏头疼，不能吹空调。盛夏季节，林间清风省却了空调轰鸣的乱耳。因病之故，张元生受徐鲁溪之托接受了本报记者的采访。

后辈眼中，徐向前的一生镌刻在他低调内敛的为人风格里。他卓著的战功却并不广为人知：国民党曾悬赏10万—20万大洋买他的人头；他是红军时期最年轻的总指挥，也是指挥部队人数最多的红军将领；其门生弟子遍布四个野战军，李先念和胡耀邦均来自其部队。反“六路围攻”时，他指挥8万军队抵挡敌军20万，歼灭10万；晋中战役，6万兵将歼敌10万……

越是硬仗越向前
布衣元帅多巧思

一样鲜为人知的，还有他的细腻巧思，技通摄影、乐器、缝补、手工，甚至会打毛衣。说起徐帅，儿女们总是忍不住要从他身上自己打的补丁谈起。

阎锡山被他赶出山西

出生于山西五台县的徐向前，曾经就读于阎锡山创办的山西国民师范第一期速成班。这也是徐向前与阎锡山的初度“结缘”。阎锡山不会想到，30年后，他的这位学生会将他逐出山西。

山西国民师范毕业的徐向前，受“五四”思潮的熏陶，1924年南下投奔孙中山，成为黄埔军校第一期的优秀学员。此间，他还参与平定广州商会叛乱的斗争，并在第一次东征中越来越明晰了自己的信仰。1927年3月，徐向前加入了中国共产党。

“山西王”阎锡山长期以来都十分器重徐向前。1937年国共合作，徐向前随周恩来前往山西与阎锡山商谈抗日事宜。一见徐向前，阎锡山便热诚地说："向前，你可以回家看看，我对你家人怎样，我可不是蒋介石，六亲不认，我阎某人是对得起乡亲的！"

阎锡山曾经慨叹："我山西是个出人才的地方，文有薄一波，武有徐向前，如果这两个人都为我所用，我就可以统治全中国，可惜他们都跑到共产党那里去。"

国共合作破裂后，1948年6月，徐向前率领的八纵队与阎锡山的王牌"亲训师"和"亲训炮兵团"在汾河滩上遭遇。

徐向前抓住这个战机，命令部队迅速将其就地歼灭。虽然阎锡山的这支王牌部队装备优良，但却在硬碰硬中像豆腐渣一样只用两个小时即被全部歼灭，只逃掉了带伤的少将师长陈震东。

阎锡山听到这个消息，差点气晕在地，连连长声哀叹："我阎百川白活了65岁，让个邻村的乡亲后辈徐向前整得好苦。"

紧随其后的1948年10月5日，华野第一兵团在徐向前的指挥下发动太原

1949年6月的太原战役。

战役，以摧枯拉朽之势解放了太原。阎锡山狼狈地逃到了南京，后又飞逃台湾。盘踞山西达38年之久的阎锡山政权宣告灭亡。

“解放战争时期三大毒瘤，一个是政治毒瘤，就是国民党南京政府；经济毒瘤就是上海，上海是全国的经济白区；军事毒瘤，就是山西阎锡山，因为他坚持搞了几十年的山西土皇帝。老人家便拔掉了这颗军事毒瘤。”这或许是徐向前累累战功中最骄人的，张元生说后辈们谈论最多的便是这场战争了。

妻子在其战斗时走向刑场

“我们不过是幸存者，并不比别人更伟大。我们是在很多革命先烈牺牲的基础上，存活了下来了，先烈才是伟大的。”这是张元生夫妇从徐向前口中听到最多的话。

广州起义到来，徐向前负责训练一队工人。起义指挥机关分派给他们的任务是占领一处警察局，整个过程很顺利。“但是完成任务之后该干什么，没有人说，所以大家干瞪眼看了一会，该吃中饭的就都回家吃饭去了。”徐向前只好挨家挨户地又去找他们，再把人集合起来。

1929年6月初，徐向前带领两名随从，装扮成商人，从上海乘船到武汉，然后经黄陂、黄安、七里坪，来到了鄂东北特委所在地黄安县箭厂河。鄂东北特委书记徐朋人对徐向前说：“特委已决定你去红三十一师工作，要担负起全师的军事领导工作。”

“起初他带的军队以前没打过歼灭战，大家都没见过迫击炮。他去了以后，打了一个小规模的歼灭战，缴获了几门迫击炮。但是清扫战场的时候，他到处去问，大家也不知道什么是迫击炮，他只好边比划边找，后来总算是找到了。”

经过三次反“围剿”战争，红三十一师得到发展壮大，这支工农革命部队在鄂豫皖苏区站稳了脚跟。

1929年秋，大别山的枫叶格外鲜红。

经中共中央批准，鄂豫边特委正式成立，徐向前参加特委并负责军事工作。在鄂豫边区第一次工农兵代表大会上，徐向前当选为鄂豫边区革命委员会军事委员会主席。在这里的短短几个月，徐向前指挥部队三战三捷三扩编，壮大了红军队伍，鼓舞了苏区群众的士气。

1932年6月间，鄂豫皖苏区的第四次反“围剿”打响。徐向前带领部队在湖北红安县七里坪镇悟仙山一带阻击敌人。

战斗打得非常激烈。战斗间隙，徐向前命警卫员代他回家看看妻子程训宣，并把随身的袜子带回去补一补，好行军作战时穿。警卫员回到部队后，偷偷对徐向前说：“程主任被保卫局抓走了，正接受审查。”

徐向前听到这个消息，并不知张国焘的肃反已经变相，仍一心相信组织，听候“审查”。程训宣被关押后，保卫局的人员对她用尽酷刑，威逼她承认是“改组派”，要她承认徐向前也是改组派，这位妻子最后用生命捍卫了丈夫的清白。

行刑之前，程训宣脱下了身上的棉袄，交给同室的难友说：“这是我和向前结婚时穿过的，你留下暖暖身子吧！”这件凝聚着夫妻情、战友情的革命文物，解放后被苏区人民送到红安县革命博物馆珍藏。

正在指挥阻击敌人的徐向前未曾想到，他的身后，心爱的妻子正走向刑场……

西路军受挫是他一生的心结

和平年代里的徐向前极少与后辈提及战争，“我们都明白，西路军的失败是老人家的一个心结，所以不敢问起”。

1990年6月，徐向前病重住院，当李先念前来探望时，他有些激动。在鄂豫皖苏区，在川陕革命根据地，在长征途中，在河西走廊，他们是并肩战斗、患难与共的亲密伙伴。他郑重地对李先念说：“我的遗言有三条：一是不搞遗体告别，二是不开追悼会，三是把我的骨灰撒到大别山、大巴山、河西走廊和太行山。”徐向前希望自己生死与西路军将士在一起。

1936年10月28日拂晓，由红三十军、九军、五军组成的西路军，在“打通国际路线”，“配合一方面军夺取宁夏”的口号鼓舞下，渡过了黄河，开始了孤军奋战的悲壮历程。

西路军在空旷的原野里急进，惊沙扑面，呵气成冰，饥无可食，衣不胜寒，沿途不时同追堵的马步芳军队发生激战。

在回旋余地狭小的永凉地区，西路军同马家军决一死战，仅半个多月，毙伤敌军6000多人，但自己也损兵折将，疲惫不堪。然而西路军将士慷慨悲歌，视死如归的英雄气概，连敌酋马步芳都不得不感叹“红军是铁军”。

随着国共合作的谈判变局，西路军“西进”和“东返”的争议一路纠缠。在战事、环境以及路线的多重考验下，西路军折损惨重。

西路军军政委员会最后一次会议在裸露的石窝山顶举行。徐向前在前沿指挥部打退追敌的最后一次进攻，喘息未定，便急急赶去山顶开会。

他赶到那里一看，剩下的师团以上干部二三十人。这些坚强的汉子眼圈都红红的。军政委员会主席陈昌浩抹了一下眼泪，声调哽咽地宣布了军政委员会的决定：我们打不过敌人了，只有分散活动，保存现有力量。陈昌浩和徐向前离开部队，回陕北向中央汇报，剩下的人就近打游击。

这个决定事前未征求徐向前的意见，主将弃军而去，他无论如何不能接受：“我不能走！部队打了败仗，我回去干什么？大家都是同生死、共患难过来的，要死死在一块，要活活在一起！”可陈昌浩以“个人服从组织”拍

1949年6月的太原战役。

了板。徐、陈带了30多人的小分队离开了部队。

徐、陈离开部队回陕北的消息走漏出去了，敌人到处张贴了通缉令，悬赏捉拿徐向前。无人警卫的徐向前和陈昌浩三次遇到敌情，都脱了险。走到甘肃山丹霍城，一位好心的采药老人，是陈昌浩的湖北老乡，热情地招待了两位。陈昌浩胃病复发，不想再走，徐向前只得告别两人，独自匆匆上路。

途经凉州，徐向前远远看见刘伯承等人站立在城门外，立即落马下鞍，朝刘伯承快步走去，刘伯承也快步迎上，两双指挥千军万马的手紧紧握在了一起。徐向前热泪奔流，沉痛地说："伯承同志，西路军失败了，我对不起党！"慈爱宽厚的刘伯承，像长者一样安慰说："向前同志，不要难过！你回来了，就等于西路军回来了！"

为了逃避追捕，徐向前化装成小贩，几乎是一路乞讨，只身逃回延安。出人意料的是，九死一生的徐向前见了八路军副总指挥彭德怀，从身上掏出10多个金戒指，说："这是组织分给我作路费用的，那段路已走完了，派不上什么用场了，全部交公。"毛泽东看到徐向前回来，说了一句意味深长的话："留得青山在，不怕没柴烧。你能回来就好，有鸡就有蛋。"

对话

堂正之气满徐门

新中国成立后，没有了战场，住在北京柳荫街的徐向前养了两只狗，"两只狗最喜欢在他身上睡觉"。

许多人都知道徐向前手巧，战争年代他不仅自己缝补衣服，还动手织了件毛背心，而且一穿就是30年，最后成了徐家压箱底的宝物。徐向前去世后，这件毛背心才捐给了博物馆。

热爱摄影的徐向前，自己辟出一间暗房，窗户是六角形的，自己洗照片。儿女们最喜欢的照片，是20世纪80年代，身穿便装的徐向前，戴着眼镜，侧面而立，一脸慈祥，老人面部的老年斑清晰可见。衣领上的那个补丁同样清晰可见，“补丁是他自己打上去的”。在张元生的记忆里，徐向前的元帅服也只穿过一次。

徐向前的家里，有一个被其视为宝物的小工具箱，内装满扳子、小刀之类的精美小工具。“家中有什么物件出了小问题、小毛病，老人家最喜欢搬出他的工具箱，亲自动手，修理调制。”子女们每次出国回来，带给他的礼物也大都是一些国外出产的小工具。

然而，“文革”的到来，也打破了徐向前家中的清静生活。一向以沉稳不善言辞著称的徐向前，并非旁观者。

1967年1月24日夜，毛家湾林彪住宅突然闯入一位老人。徐向前说了军政机关被造反派冲击的事，请作为中央军委第一副主席和国防部长的林彪制止这类事。林彪也怕军队太乱没法向毛主席交代，就商量制订《军委八条》，制止造反派的激进行为。

在“老帅大闹怀仁堂”事件中，徐向前当面怒斥林、江反革命集团乱党乱军的做法：“军队是无产阶级专政的支柱。你们这样乱下去，还要不要这个支柱？！”

而此时徐向前的女儿徐鲁溪也因“童言无忌”受到牵连。

记者：“文革”中您妻子受过迫害？

张元生：当时年轻嘛，因为我们都是刚毕业没多久，真想听从毛主席、党中央的话，做些事。我们回国的时候很受国家器重，后来“文革”一开始呢，我们就转移了，因为分派，我们就参加了一个组织，叫红联。当时她说话不太注意，就说林彪对老干部不好，然后江青又怎么不好……这些话被另外一个同宿舍的人听到，当时就去报告了。工训队、军训队就把她从解放军农场揪回来，那时候是1969年，她跟陈云的女儿两个都被当成现行反革命。

记者：那时候她跟江青接触过吗？被抓的罪名是什么？

张元生：接触过，她们住在枣园，有接触。至于罪名嘛，随时都给你扣上。在当时，批评江青就是“攻击文化大革命伟大旗手”。批评林彪，就是“攻击副统帅”嘛！

记者：其实说的也都是实话。

张元生：是，但当时在那种情况下，很多人觉得这就是反毛主席，反林彪，反江青，这就不能容忍。最后她被抓起来，放至湖北潜江劳改农场去锻炼。后来胡耀邦1975年出来主持中科院的工作，受邓小平委托到中科院当第一把手，过问了这个事到底是怎么回事，调查了一下，觉得这没有什么，觉得不是问题，后来就不做处理了。

记者：她可能是不多的未入党的元帅后代了？

张元生：她在中学和大学里写过申请书，后来参加工作，因为“文革”受到挫折，她爸爸知道她“文革”的事情，就没有严格地非要决定她的政治态度，就让她自己决定。后来她妈妈还问：“鲁溪，你不是党员，你怎么当处长呢？”她就说：“爸爸不是说要我们好好工作？那我就好好干。党员不党员，都得好好工作。”

记者手记

淡泊一生的战将

张元生徐鲁溪夫妇深居山间的生活，一度让我浮想联翩。他们的生活方式与徐帅性格中的淡泊睿智相通。

让我们试着把那双在战略图上指点江山的手，与穿针引线缝补衣服的手相联系，将他内心里对西路军牺牲将士的巨大悲伤，和长征途中将饥渴的小猴置于马背的悲悯之情相比对……此间似乎藏着人生的最大真实，与战功无关，与小情调无关。

从广州起义的少年意气，到西路军的悲情，至击溃阎锡山的豪情，徐帅留给后人的豪言壮语并不多。在失败里，在胜利中，宠辱不惊是他一贯的表现。他的人生起落并不惊天动地，但是他的戎马生涯中都能读到一个“布衣元帅”的本色。

1990年9月21日，一代元勋徐向前与世长辞。大别山低首，倒水河呜咽。11月1日，按照中央军委指示和徐向前元帅遗嘱，他的骨灰从北京乘专机飞往大别山、大巴山、河西走廊……撒向他曾经流血流汗的热土。

（赵佳月）

叶剑英之女叶向真回忆父亲一生数次坚毅抉择

放眼高歌　心怜天下
每临大事总有静气

云南讲武堂毕业后，他放弃去南洋发展侨生，追随孙中山讨伐军阀；

蒋介石发动“四一二”政变反共，他毅然反蒋，在白色恐怖中加入中国共产党；

红军长征中，张国焘出现分裂倾向，他挥师决裂，挽救了党和红军；

他审时度势，铲除“四人帮”；排除阻力，坚请邓小平复出……在历史紧要关头，每临大事总有静气，毛泽东如此评价“叶帅”：诸葛一生唯谨慎，吕端大事不糊涂。

叶剑英之女叶向真回忆父亲一生数次坚毅抉择

放眼高歌，心怜天下
每临大事总有静气

一张老照片，叶剑英一手抱着10岁的叶向真端坐桌前，一手正书写手中的工作报告，这是延安时期女儿叶向真眼里的父亲。而更多人则认为，这位“儒帅”18岁时的一句诗，无意间印证了他的一生：“放眼高歌气吐虹，也曾拔剑角群雄；我来无限兴亡感，慰祝苍生乐大同。”

1958年3月，叶剑英向毛泽东建议，军委批准并授命创办军事科学院。在学院内辟出一角，一座小楼成为叶剑英饮食起居以及办公之所。

50年后，这座小楼为静谧的树林所掩映，院子里长年不衰地播放着佛乐。

围墙隔壁，年届68岁的叶向真，守着父亲的院子居住。那是一栋上世纪50年代的小楼，白色蕾丝的沙发套、繁芜雅致的吊灯，恍若旧电影中某个熟悉的场景，直至那满墙的老照片涌入视野，那一张昏暗灯光中老人伏案的大幅影像提醒你：这里便是叶帅府。

从第一市长到第一书记

1949年10月1日，天安门城楼上。

毛泽东将新中国成立的声音传播到世界各个角落，历史的镜头扫过他身后一张张沉着沧桑的脸庞：周恩来、朱德、刘少奇、宋庆龄、李济深、张澜……今天，当我们更多地从影像资料中搜索这段记忆时，发现有个人缺席了这一举世瞩目的时刻。他，便是第一任北平市长叶剑英。

当日午后，江西赣州省立师范学院的一角。叶剑英叮嘱警卫员：“把收音机调好，准备收听开国大典。”

坐在一边的叶剑英开始闭目养神，等待。

这是他离开北平后的第46天。此前的8月14日，叶剑英视察完新成立的南苑飞行队，踏上南下征程，途中遇大雨冲垮平汉铁路，取道徐州，9月3日抵达江西赣州。

1949年9月8日，新华社播发了由毛泽东亲笔起草的一则电讯稿：“北平市长兼北平军事管制委员会主任叶剑英将军奉命赴两广工作，担任中共中央华南分局第一书记（张云逸为第二书记，方方为第三书记）及广东军区司令员兼政治委员。”

就在开国大典前两天，叶剑英和陈赓联名签发了《广州外围作战命令》，明确了迅速解放广东全境的任务。

从延安到北平，到广州，除了战争和初期接管工作，叶剑英身边一直有着女儿叶向真的身影，“我基本上是他带大的”。

举世瞩目的开国大典，时任北平市长的叶剑英也得事无巨细一一过问。叶向真依稀记得家中曾出现五颜六色的旗帜，“当时还不知道干什么用的，后来才知道，原来国旗就是从那里面选出来的”。

此番南下，对叶剑英有着“百战归来”的感慨。1920年，他在广州参加“援闽”粤军，追随孙中山进行“护法”斗争；1922年陈炯明叛变，炮轰总统府，孙中山避难“永丰”舰，叶剑英率兵护卫左右；1924年叶剑英参与筹办黄埔军校。此后从北伐到南昌起义、广州起义……南方，是叶剑英革命步履的起点。

三次坚毅抉择

1926年，攻克南昌后，叶剑英任国民革命军新编第二师师长，后任第四军参谋长。

作为国民党军官，叶剑英有极高的待遇。“行军时候，一匹马，后面还有一个轿子，骑马累了，可以换坐轿子。除了一班警卫，还专门有挑夫，挑什么呢？前头后头，洋酒、威士忌，还有进口的咖啡，牛奶，炼奶，自丹麦、英国进口的饼干。”在延安出生的叶向真，无法想象父亲早年的“奢侈”，“到了没有水的地方，就拔开白兰地的盖子洗手。”

可对比的是，1949年南下路经江西庐山，警卫怕他走不动，特意为他备了一抬轿子，“但他始终没坐，坚持同大家一起走到山顶”。上得庐山，军队进驻蒋介石的别墅，叶剑英对兵将下达的指令是：“不许动此一针一线。”

北伐战争后，叶剑英一度颇受蒋介石器重，几次重大战役胜利后都特意要见叶剑英，并提出希望叶剑英出任第一师师长。

蒋介石发动反革命政变后，叶剑英将自己关在屋子里三天三夜。他没有出任蒋介石嫡系部队的师长，而是在江西吉安通电反蒋，与蒋介石决裂，放弃已经得到的高官厚禄，并在白色恐怖降临的时候加入了中国共产党。

在个人和国家历史的重要转折时刻，面对优厚待遇，叶剑英的选择总是带着智者的光环。即便还是一名学生，也不例外。

叶剑英儿时是一名华侨学生，“他在云南讲武堂毕业的时候，当时校方非常重视他，他能够去进行一些对华侨有影响的地方招生，那些地方都是财源地，当时学校希望他继续去南洋，去发展侨生”。

叶剑英看到国内的形势，“他志不在此”，如他多年前写下的诗句，他追随孙中山参加了驱逐桂系军阀之役。

1935年6月中旬，红一方面军即中央红军与红四方面军在四川懋功胜利会师。此后时任红四方面军主要领导职务的张国焘出现了分裂主义倾向，提出西进方针。叶剑英为了使党中央和红一、三军团迅速脱险，安全北上甘南。随后，叶剑英又以“打粮”名义，率领军委直属队北上，破除了张的分裂阴谋。

为什么会在那样的时刻作出那样的选择，叶向真总是想起父亲回忆20岁时幽怨的眼神，“他心怜天下”。

“三次抉择，不是巧合，他有他的准星，他老人家留给我们的，越往后看越清楚，他一生自己所选择的道路，几次大的变革所作的抉择为何正确，是因为他心里有个改变国家现状的理想，他每一次的选择都要按照这个准星来调整自己的位置。”经过战争，坐过牢，离过婚，经过商，叶向真在人生跌宕后如此感悟父亲的每一次抉择。

心怜华侨，在粤推行“不彻底”土改

没有人比华侨出身、生于斯长于斯的叶剑英更了解1949年时的广东。

毗邻香港、澳门，华侨是华南一带重要力量；国民党残部被逼一隅、盘旋不去，对叶的暗杀阴影长期笼罩；港币统制下的华南，投机帮派林立……叶剑英接过的广东，既是一个巨大挑战，也是一份“舍我其谁”的责任。

在这块曾经养育过他的土地上，叶剑英先后担任中共中央华南分局第一书记、广东军区司令员兼政治委员、广东省人民政府主席兼广州市市长，中南军政委员会副主席，中共中央中南局代书记等要职。此间，他领导了华南地区的剿匪斗争、经济建设、民主改革以及广州市政建设等各项工作。

叶向真认为，在饱受压力之下，开展土地改革，是父亲最困难的时刻。“为此，他受中央批评，却仍然坚持。”

“广东土改跟北方不一样，它跟香港很近，有大量广东跑出去的华侨，他们在外头很辛苦地赚了一点钱回来，结果要被没收。”当时广东大批人由于生活不下去跑到国外，打零工、扫地、做家政……在听说新中国成立之后，带着兴奋和干劲回国。叶剑英努力保护这些归来的华侨，顶着压力在广东进行“不彻底”的土地改革。

20世纪50年代，海南岛甫一解放，兼任华南农垦局局长的叶剑英率先去了海南岛。到达海南的第一件事，便是卷起袖管种橡胶。

新中国成立之初，包括橡胶、石油等重要战略物资在内，均受到海外资本主义国家的封锁，“只有靠华侨想方设法，弄过来一些，支援国家”。刚开始，叶剑英通过华侨到海外调查橡胶的发展。华侨偷偷地冒着生命危险从印尼等地带回种子。

“那时候父亲看到这些种子激动地说，这是华侨们冒着生命危险，为了支援祖国建设带回来的种子。可是转身，就要把他们当成土豪劣绅打倒，他知道这样是不对的。”尽管年幼，叶向真仍然记得当时父亲的鲜明立场。

1941年，在延安，叶帅怀抱叶向真工作。

1955年，周恩来参加万隆会议途中发生的“克什米尔公主号”爆炸事件，也是海外的华侨最先得到有人要暗杀总理的情报，叶剑英第一时间将消息通知了中央，于是途中便调换了飞机。

“所以他当时为什么在土改的问题上，一而再再而三提出要慎重，要仔细来辨别，哪些属于当地的土匪恶霸，哪些属于正当经营的华侨，也是我们将来要友好的对象。”南方生活的经历，跟随孙中山征战的经验，让叶剑英在新中国成立之初的广东便实践了先行先试的改革。

尽管这样，顶着压力的叶剑英最后依然被说成是土地改革的保守派，甚至一度被调职。

解放之初，广东省境内，金融市场混乱，货币繁杂，“泰币、缅币、港币、法郎什么都有，但是主要的是港币。由于国民党发行的法币动荡在先，人民币初一入市，并不能提振人们的信心。与此同时，地下钱庄盛行，炒港币，人民币币值天天下跌”。

叶剑英将香港银行家庄世平请到广州，商量对策。庄凭借在港的金融力量，把广州市场上流通的所有港币收起来，通过庄的银行放到香港市场流通。此后，人民币才得以在广东流通起来。同时人民币走向国际，也通过庄世平的香港之便，获得国际渠道。

特区改革的“先声”

“那时候因为他忙得不得了，心脏病都在犯。他什么事情都要亲力亲为，听汇报，做笔记。”叶向真记得上世纪50

年代，叶剑英在中山纪念堂亲自听审走私案件。“我们也在一边听，就听他们说：什么方法都用了，有的吞到肚子里头去，像鸦片。”为了了解走私的渠道，叶剑英每个人都要亲自审过。

20世纪六七十年代，“逃港潮”席卷深圳。叶剑英每天都能从广东省公安厅接到报告，“逃出去多少，死了多少，又抓回来多少”。公安人员用尽各种办法，有的甚至“蹲坑”，在一片容易出去的区域等着，见人便抓。“但是抓了还得放，放了还会跑，就这样反复。”

当时的蛇口海岸尸骨横陈。叶剑英每每听到这些报告，总是特别难过，自言自语：“这个事情不能怪他们，他们也是没有办法。那边远远地隔着海，看着香港那边，灯火辉煌。这边黑漆漆一片，什么也没得吃。”

“他出来戎马生涯，干了一辈子，最后他家乡的人落成这样子的时候，他何以面对祖先？何以面对父老乡亲？他有这种责任和压力啊！”叶向真回忆当年父亲的忧虑时说。

有的人从珠江沿江大道跳下去，游到沙面，以为到了，大叫：“我到了！”然后就被莫名其妙地带走了。面对如此严峻到荒唐的局面，叶剑英忧心忡忡，“说必须要在香港的对岸，就在我们深圳这一带，建立一个经济上富裕的地区，老百姓才能够不跑啊！”这或者就是改革开放特区的先声。

1980年8月26日，全国人大常委会委员长叶剑英，主持了五届人大第十五次会议，会议讨论并通过了《广东省经济特区条例》。这一天，成为中国经济特区成立的纪念日。

这份《经济特区条例》不足2000字，从起草到公布却历时一年多，修改了13稿。这个过程被称为是“十月怀胎”，经历曲折。

早在中共中央同意试行特区的文件发出后，广东省委便开始了筹备工作，其中重要的一项便是草拟特区法。庄世平等海外顾问团成员表示：“没有立法，谁敢进来啊！光广东省委通过不够啊。”出乎意料的是，中央驳回了由全国人大立特区法的请求。“反对的理由是，这是广东自己的事情，没听说一个地方的事情还要拿到全国人大来立法的。”

立法的问题不解决，海外投资就不敢进入，特区的试验就无法坚持下去，那时，吴南生在电话中向叶剑英说：“广东省坚持做这个试点，不是广东省的事情，是全国经济特区的试点。”

叶剑英听了吴的求援电话后，只说了三个字：“知道了。”

很快，全国人大通过了《经济特区条例》。不久，偷渡逃港，也随之渐渐消失了。

对话

儒帅“文革”中拍案而起

1966年底，“文革”已席卷全国，包括叶剑英在内的几位元帅开始遭到“造反派”围攻。1967年，叶剑英面对专横的江青等人拍案而起，拍裂了右手指骨。在他的带动下才有了“三老四帅大闹怀仁堂”，也就是所谓的“二月逆流”。

此后，他的家人也开始受到牵连，6个子女及配偶或被投入监狱，或被逼出京，其本人也一度被疏散到湖南。

直到1976年10月6日，叶剑英、华国锋和汪东兴经过缜密计划，在中南海怀仁堂抓捕了以江青为首的“四人帮”。

随后，为了让邓小平尽快复出，叶剑英排除各种阻力做了大量工作。1978年12月，中共十一届三中全会召开，拉开了此后30年中国改革开放的序幕。

记者：“文革”中坐牢4年，您有无绝望过？

叶向真：当然有绝望的时候，因为你完全不知道外头的情况。报纸上但凡有我父亲的任何消息都不给我们看，外头的情况什么都不让我们知道。

在那种情况下，你不知道家里发生了什么，我也不知道我兄弟姐妹现在是什么样的状况，所以一切情况跟你分隔，你天天就面对四堵墙。我是生在红旗下，长在红旗下的，所以在那种情况下，是不清不楚、糊里糊涂。开始的时候觉得，肯定是误会，我怎么能成反革命？那是不可能的事。他们就开玩笑说，你们从小太阳变成小煤球了。“文化大革命”初期，江青还挺重视我们的。后来我才知道是她亲笔签字，要把我们关起来。

记者：叶帅是如何把粉碎“四人帮”这个讯息通知邓小平的？

叶向真：因为我堂哥叶选基，他的夫人是吕正操的女儿，吕开了个招呼会，讨论要不要把这个消息尽快告诉邓家。老人家说：要啊！所以通过孩子之间的关系，打电话通知邓毛毛，邓毛毛的丈夫贺平骑着自行车跑过来。

在贺家，叶选基夫妇将“四人帮”被抓的消息告诉了邓小平女婿贺平。贺平立即骑车赶往邓小平住处，把消息告诉了邓小平。叶选基夫妇便在贺家等着回话，当贺骑车再回来的时候，一边喘着粗气，一边说邓小平听到这个消息特别开心，说主席选华国锋出来主持工作是非常正确的，他舒了口气说：“看来我可以安度晚年了。”

叶选基再将孩子之间的交流告诉老人家，叶帅听了后很欣慰，点点头。

记者：此后，邓小平的复出，也花费了叶帅很大心思。

叶向真：当时“批邓反右”运动还没有完全过去，叶帅先将一些文件送给邓看，但那时事实上他是不是要出来主持工作、担任什么职务都是没有定的。在那样的情况下，中办是不可能把工作文件送给邓看的，于是只有通过叶剑英办公室的主任王守江，多送一份给邓小平。实际上，写着“王守江”的那一份就是送给邓小平的。

记者手记

静静的叶帅府

这是一处怎样的院子？

苍松翠柏，几尺池塘倒映着现代繁华。两层小楼，因为无人问津显得破落。曾经有位老人在这里踱步思量。

他吟咏着广东潮州韩愈祠堂的一副楹联：“凭栏望，韩夫子祠，如此江山，争让昔贤留姓氏；把酒吊，马将军墓，奈何天地，竟将残局付英雄。”回溯自己的一生和“文革”往事，那是他晚年最喜欢的对联。

叶向真居所挂满叶帅照片。

再一次，从院子里传来粤语喁喁，那是叶向真在打电话。院子里的青青菜畦呈现出一片欣欣向荣之景，一扇铁门通向世外喧嚣，仿佛那是一扇时光之门，门内是上世纪五六十年代的叶帅故居，门外是将要迎来60岁生日的新世界。

一番跌宕后的叶向真也在这里沿袭了父亲的儒雅清淡，笃信佛教、吃素、种菜、植果，她守着这个院子，守着父亲那段运筹帷幄，决胜千里的戎马记忆，面目清净而透彻。

（赵佳月　黄慧莹　袁喆）

陈云：共和国『红色掌柜』

延安、东北时期秘书朱劭天回忆陈云

解密

从学徒到革命家

陈云：共和国"红色掌柜"

初秋，阳光清雅，广州沙面大街，历史韵味盎然。广东省外事办公室一幢宿舍楼坐落于此。

拉开略带年月的大门，一位93岁老人恬淡微笑，安然坐于客厅中央，他手拄拐杖，慈眉善目、精神矍铄。

客厅布置得朴素雅致，一幅字挂于墙上，甚为显眼：横眉冷对千夫指，俯首甘为孺子牛——陈云同志80岁时将此赠予他。

老人叫朱劭天，在延安和东北时期曾任陈云秘书。干过革命，当过局长，管过大学，而他离休前的身份是：广东省外事办公室副主任。

93岁，年月洗礼，朱劭天的生活纯粹而淡泊。他对陈云的记忆尤为深刻，交谈中，总不时跳跃出在延安、东北他跟随陈云时的片段。

他打得一手好算盘

陈云出身寒苦，幼年失怙，由舅父抚养。他天资聪颖，勤勉好学，尤好文史。1919年，年方14岁的他迫于生计，背井离乡，前往上海商务印书馆当学徒。

"他打得一手好算盘呢！噼里啪啦，算得又准又快！那就是在商务印书馆的时候学的。"朱劭天对陈云纯熟的珠算技巧记忆犹新。新中国成立后，陈云任中财委主任、政务院副总理时，身边还随时准备着算盘，一直不舍得丢掉。

商务印书馆文化韵味甚浓，而其更深层的意义在于它是中国共产党从成立起便十分重视的思想文化阵地。

耳濡目染，陈云增长了见识，参与了五卅运动、商务印书馆工人罢工运动、上海武装起义……逐渐成长为一名工人运动领导者。

“那段经历（商务印书馆）对他来说是很深刻的，他就在那时候参加了党！”陈云常向身边人提起商务印书馆，说曾在那里“当过学徒、店员，也进行过阶级斗争”，这也成为了他为商务印书馆建立85周年所写的题词内容。

1935年5月31日，红军长征部队强渡大渡河，陈云于此时接受了一项艰巨而特殊的使命——前往上海恢复白区党组织，重建与共产国际的联络。

在此阶段，他巧以“旁观者”角度，发表《随军西行见闻录》一文，成为第一个向世界报道红军长征的中国人，比美国记者埃德加·斯诺撰写的《红星照耀中国》出版时间早一年余。

文中，他化名“廉臣”，假借被俘国民党军医之口，详述红军破敌封锁、转战贵州、巧渡金沙江、飞渡大渡河等英勇壮举。以“外人”身份，盛赞毛泽东、朱德、周恩来等领袖，还原国民党口中“赤匪”的真实面貌，叙述详实，笔法生动。精彩之处随处可见，如：

“这些名闻全国的赤色要人，我初以为凶暴异常，岂知一见之后，大出意外。毛泽东似乎一介书生，常衣灰布学生装，暇时手执唐诗，极善词令。我为之诊病时，招待极谦。”

“朱德则一望而知为武人，年将五十，身衣灰布军装，虽患疟疾，但仍力疾办公，状甚忙碌。我入室为之诊病时，（他）仍在执笔批阅军报，见到我，方搁笔，人亦和气，且言谈间毫无傲慢。这两个赤军领袖人物实与我未见时之想象，完全不同。”

转战延安东北
巧用通胀工具，力破国民党经济封锁

抗日战争爆发后，陈云奔赴延安，任中央组织部部长七年之久。

1944年，陈云调任西北财经办事处副主任兼政治部主任，主持陕甘宁边区的财经工作。于此，朱劭天初遇陈云，并结下不解之缘。

“他这个人脑子非常好，很有威信，调来管经济。我是学经济的，就跟着他干！”朱劭天回忆，皖南事变后，国民党对边区实行严密封锁，外援断绝，经济十分困难。

陈云等废寝忘食，苦思冥想，部署措施，力求打破国民党的经济封锁。

“一次，他让我想办法到口岸去提高盐的价格，赚国民党的黄金和法币，边币不如法币‘腿长’啊！”朱劭天就在陈云的“电报遥控”下，“智斗”国民党。

“我们把国民党盐库的人都收买了，他们没有存货时，我们就把盐价提高，卖出赚钱。市面上的盐多了，我们就降价，老百姓不买他们（国民党）的，他们亏死了！”

“又好比在1944年，收棉花的时候，我们进口口岸把收购价提高一倍多来吸引人。”高价招远客，封锁边区的国民党连、排长领着士兵集体“背棉”而来，“有的一晚上背几趟的。我们收了百余万斤，国民党连60万担的计划都完成不了，我的脑子还记得。”

朱劭天指了指与陈云的合照，会心而笑。

陈云有句名言：“不唯上，不唯书，只唯实。”朱劭天曾亲耳听到他说。

“当时情况困难下，出不出票子都成问题。没有书本给你参考的，只能自己想办法。所以，陈云就这么说了。他根据实际情况，开始搞对外贸易了。”朱劭天在陈云身上，学会了这个技巧，并应用到此后的工作中，合理安排了钱币的流向，推动了经济。

在金融市场波动时，陈云运筹帷幄，巧夺时机，“吞吐”黄金、法币；对边区经济中出现的通货膨胀与物价上涨，剪刀差扩大等问题，见解独到。

“他向我解释，战争时期条件特殊，各国都采取通胀手段，这一工具，不可放弃。”

陈云爱才，亦十分重视对干部的培养。在西北财经办事处，他悉心培养了大批财经干部，要求他们认真学习，精通业务，尤要德才兼备。

“他常说接触钱财物的机会越多，越要廉洁奉公，同每一元钱作斗争，个人不动用公家一元钱！”

1945年，根据党中央的决定，陈云与彭真、叶季壮、伍修权、段子俊、莫春和等人一同乘飞机赴东北。

“临走时他和我说，让我们这些干部，赶快轻装快马赶过去，指挥大家开辟工作。”

东北4年，陈云功勋卓著，在战略取向、发动群众实施土地改革、军事斗争等方面作出卓越贡献。

解放战争后，朱劭天受李富春之托，前往东北展开西满地区财经工作。“我跟陈云学了东西，就用，成立银行，搞税！他的决策都很英明。后来李富春说陈云又让我去他身边，我说好！”朱劭天在东北呆了4年，其间1年，他再次跟随陈云，挥洒智慧。

新中国经济元勋
坐镇沪上打赢没有硝烟战争

新中国成立后，陈云任政务院副总理兼财政经济委员会主任，主掌经济。

“他对这个（经济）很在行！我们每次见面谈论的内容都是什么涨了，什么跌了，人民的生活怎么样了。”陈云离开东北后，朱劭天仍时常与他见面，谈工作。

建国初期，陈云“紧扼”上海，认为此地是经济恢复的关键。在他看来，在西北管财经是摆“小摊子”，在东北管是开“商店”，如今要办“大公司”。

当时，上海经济十分困难：生产停滞、国库空虚、物价飞涨……国民党统治的“后遗症”，使上海民不聊生。

陈云提出“全国支援上海、上海支援全国”的口号，着力解决“两白一黑”短缺问题——“黑”指的是煤炭，“白”则指粮食和棉花。陈云标本兼治，稳住上海经济，也对稳住全国经济发挥了重要作用。

我国第一个大规模经济建设计划“一五”计划亦由陈云主持制订，工作历时5年，数易其稿，倾注了他大量心血。

大跃进时期，他艰难行进；“文革”遭难，不忘忧国。陈云执意坚守的，是对国家的热爱。

1976年，“四人帮”被打倒，满目疮痍的中国终于“春回大地”。陈云与邓小平等老一辈革命家再“出山”，成为经济调整的决策者、改革开放的倡导者和现代化建设的谋划者。

陈云着力抓农业与轻工业，调低积累率，压缩基本建设规模，调整计划与市场的关系，使市场消费品丰富起来，人民生活得到极大改善，也为经济体制改革的起步创造了宽松的环境。

与此同时，他起草了《计划与市场问题》，探讨计划与市场的关系等经济体制改革面临的关键问题，率先强调了市场的调节作用。在陈云看来，搞经济的终极目标就是改善人民生活，“一要吃饭、二要建设、无农不稳、无粮则乱”；他还高瞻远瞩地提出要协调建设与资源、环境、人口的关系，保护资源、防治污染……

其睿智的观点，蕴涵着极强的生命力，不仅在当时的建设中发挥了重要指导作用，而且据程恩富、程言君的研究，这些观点也被认为是今天“科学发展观”的重要思想渊源，对当前建设仍有着重要现实指导意义。

1987年至1992年，陈云任中共中央顾问委员会主任，鞠躬尽瘁，发挥余热。1995年4月10日，他病逝于北京。依其遗愿，丧事从简。

据《中南海轶事》记载，陈云临终前，只有不到两万元的稿费，月工资为1336.0元，各项目补贴约250元，月均上交所得税31.05元；按规定，自5月份起，国家便不给他发工资与补贴，但他可领到相当于10个月工资的抚恤金：13360.0元——这是陈云此生全部积余。

已年过九旬的朱劭天，回忆起往事，仍娓娓而谈。

史海钩沉

“我们不敢随便给他送东西”

据朱劭天回忆，陈云身边的工作人员不敢随便给他送东西。在他当副总理以后，有一次朱劭天找裁缝给他量身做了一件藏青色的呢子大衣。他过去的棉袄太大不合身，是缴获的美国大兵棉袄，尺寸太大。中央财经委员会开会时他的秘书告诉朱，他每回穿这个大衣都要说“这是朱劭天送的”。他就要交代清楚，（衣服）不是随便来的，不然他穿得不自然。

上世纪60年代初，已到武汉大学工作的朱劭天出差到北京看望陈云，于若木让公家厨房给朱炖了半只鸡。陈云看到了，很不高兴，马上说“不吃了”，还说现在全国经济都很困难，为什么朱劭天来了就一定要加菜，弄得于若木很尴尬。陈云又和于若木说，要是不把鸡收回去，他从二楼窗户扔下去。于若木只好把鸡放在一边，最后大家真的没吃。“但他有时候也会接受朋友送的东西，比如我离开北京去武汉，给他留了在上海买的玩具小车、洋娃娃，他要了，我后来送他端砚他也要了。可鸡是公家饭堂的，他就很不高兴，非常严格。”朱劭天回忆。

对话

他严格起来很不讲情面

延安、东北，朱劭天尽管不是跟随陈云时间最长的秘书，却是陪伴他走过最艰苦时期的战友。

陈云夫妇、朱劭天夫妇总是相互照应。尤其在延安时期，生活艰苦、物资贫乏、经济环境恶劣，两人乃至两家人就在这种情况下建立了深厚的患难情谊。

从“文革”到上世纪80年代，各种原因所致，陈云与朱劭天只是零星见过面。但只要朱劭天一去北京，便会找陈云，好几次，两人促膝长谈。

朱劭天留有陈云的字，连女儿延力也有陈云的笔墨之迹。朱劭天常提醒女儿，要好好留着，这是“传家宝”。

记者：在延安的时候，你们两家常聚吗？

朱劭天：无所谓聚不聚，大家都几乎住在一块，窑洞紧挨着！我的妻子高秉洁，今年也93岁了，她和陈云夫人于若木的关系很好！孩子就更不用说了。我的大女儿朱延力，在延安生的，常和陈云的孩子在一起！陈云很喜欢延力，常抱她。她出生那年，苏联的“果梅尔”市解放，我就叫她“果梅尔”。陈云说，我这个土包子还给孩子起了个洋名字。东北时期，我与陈云见面，他还问我“你们家的‘果梅尔’长大了吧”。

记者：听说他很务实，要求非常严格？

朱劭天：我了解他的脾性。他总说，谁也没想到参加革命是为了要做官，他就是为了干革命。有一次他看到了一些书记的名片，印了官衔，他看不上那些！他说“个人名利淡如水，党的事业重如山”。他的工作作风、思想作风都很严格，很不讲情面。所以我们从不敢贸然不做调查就向他汇报情况。不过他也开明，愿意听意见。

记者：“文革”的时候你们见过面吗？

朱劭天：那时候，我们都被整，康生第一个攻击他，他后来被疏散到江西，和邓小平一起。我被关了一段时间，出不来，一开始没法见他。后来我出来了，去看他，他情绪不是很好。

1973年10月，我去北京参加关于教育革命会议，那时候我在华南工学院当党委书记。我和他从下午3时一直聊到晚上6时20分，这我都写在日记里。1978年，我又去了北京，想看他，可没看到，只看到于若木。于若木那时候回来了，见到我就哭得很厉害，说受了冤屈。我劝她说，我们都了解她是怎样的人，让她不要伤心。陈云在屋里，始终关着门，他写了个字条：“我很忙，不接见。”于若木说，陈云在里面思考，准备为邓小平说话。

记者：他喜欢评弹，写字，您有什么爱好吗？你们有没有交流？

朱劭天：那时候没有条件，每天都在想工作。我什么都不懂，没法和他交流，只是知道他很喜欢评弹。晚年，他还写书法。我女儿想要，于若木也给了她，还签了字，写着“赠延力”。

记者：您还记得最后一次见他是什么时候吗？

朱劭天：你看，就是客厅这幅字“横眉冷对千夫指，俯首甘为孺子牛”，是他80岁的时候，我们去看他，他送我的。他在那里不停写字，给我写了好多字，足足有5张，他说怕我没机会来，因为那个时候我在广州了。后来他写累了，就停下来。这就是最后一面。

1995年他就去世了，我想去送他的，可他秘书打电话让我不要去，说我年纪大了，去了还要照顾我。我马上给于若木打电话，让她节哀。同年11月，延力到北京开会，看了于若木。于若木托她给我带了很多带有她签名的陈云画册、文选，很沉……

记者手记

定格在照片中的传奇

朱劭天说，他长寿的秘诀是，革命乐观主义精神，这也是陈云常对他说的话。

朱劭天年轻时好摄影，留存着无数珍贵的照片，定格着历史的每一帧：

“一二·九”运动，他誓死抱着相机，与警察周旋；到延安，他拍下了毛主席的单人照；还有陈云，这位他深深敬仰的首长，两人留下了许多合影……

有的照片被精致地镶嵌在精美的相簿中，有的完好地套于塑胶薄膜内。每张都仿佛在诉说着一个故事，沧桑而传奇。

朱劭天爱说陈云，这个人对他来说亲近而立体，正如他爱把陈云的字幅挂在客厅最显眼的位置。

只是，他总说着说着，戛然而止。

“他不在了，他们都不在了……”

（曹斯　梅志清）

在烈火与热血中永生

——我国第一架高空高速歼击机设计者，叶挺长子叶正大回忆父亲

“为人进出的门紧锁着，为狗爬出的洞敞开着，一个声音高叫着——爬出来吧，给你自由！我渴望自由，但我深深地知道——人的身躯怎能从狗洞子里爬出！我希望有一天，地下的烈火，将我连这活棺材一齐烧掉，我应该在烈火与热血中得到永生！”——叶挺《囚歌》

A08
我国第一架高空高速歼击机设计者、叶挺长子叶正大回忆父亲——
在烈火与热血中永生
孤儿叶正大的颠沛生活
将军理想
正在实现
广东中鹰工业有限责任公司热烈祝贺新中国成立60周年

手提电脑呼呼吐着热气，《电脑报》合订本紧挨一旁，左手边一本《数码单反专题摄影108例》翻看了一半，电脑屏幕上一张合成的照片引人注目：四张被时光洗涤得模糊的脸，背后一片桃花灿烂……

搁在电脑上的双手颤抖，拇指却坚毅地按下触摸屏，这是一双82岁老人的手，北京某军区医院的病房里，他正在PS（用电脑软件处理图片）这张逝去63年的亲人照片。

照片上的四个人，于1946年4月8日失事飞机上罹难，他们是50岁的叶挺、39岁的妻子李秀文、两夫妇11岁的女儿扬眉和3岁的儿子阿九。63年之后，老人面对这张照片仍然老泪纵横。他，是叶挺的长子，我国第一架高空高速歼击机的设计者叶正大。

灾难发生当时，叶正大还在广州，父母弟妹的遭遇，成为他走上航空道路的重要原因。他毫不讳言，“因为家人逝于空难，所以我才去研究飞机”。

空难阴谋

1946年4月8日，出席重庆国共谈判与政治协商会议的中共代表王若飞、秦邦宪，为向中共中央汇报请示，和新四军军长叶挺、中共中央职工委员会书记邓发、教育家黄齐生等冒着恶劣天气飞返延安，同机的还有八路军军官李绍华、彭踊左、魏万吉、赵登俊、高琼和叶挺夫人李秀文及其子阿九、其女扬眉以及四名美军驾驶人员。

当日下午，飞机在山西省兴县的黑茶山失事，机上人员全部罹难。对于这一事件，当时的说法是飞机在浓雾中迷失方向导致坠毁。

1951年6月，叶正大从苏联回国，身揣在国际儿童院内找到的邓颖超的中共六大出席证。“我给邓妈妈的秘书打电话，说有个重要的东西，要还给邓妈妈。”两三天后，叶正大接到中南海的电话，“说周伯伯和邓妈妈要我和二弟叶正明到他们那里吃午饭”。

在吃饭的时候，周恩来问到叶家情况。“你爸英年早逝，牺牲时才50岁，你们要继承遗志，努力学习，坚持革命。”

关于空难，周恩来作出了分析：“你爸爸的座机为什么会失事，过去是说浓雾撞山失事。今天我可以告诉你们，肯定是有人做了手脚。机上的乘客全是我们的人，其中还有我们党的王若飞、秦邦宪、邓发那样的重要负责同志，还有你们的父亲叶挺同志。”

事发前，国民党监狱关了叶挺五年，出狱第二天，叶挺就给党中央写报告要加入共产党，“这就触犯了蒋介石。蒋介石是什么人？我跟他打交道已有好长时间了，可以说对他的个性我基本了解。这个人排除政敌无所不用其极。他利用特务在飞机仪表上做点手脚很容易。”

那天延安下着小雨，飞机已经到了延安上空，“我们已听到飞机的声音了，为什么一转眼就飞向黑茶山？这不是国民党特务做了手脚又是什么！”周恩来愤然说道。

蒋介石的国民政府势力强大，还有以戴笠为首的特务机构。叶正大回忆说：“皖南事变后我父亲和我们一家子都在蒋家特务掌握之中。现在你不但不跟我走，把你放出来第二天就重新加入共产党。命令特务在美国飞机上做点手脚，置你于死地，是蒋介石‘顺理成章’的事。‘四八’烈士证明了这点。其后刺杀杨虎城将军一家更证明这是蒋介石惯用的手法。”

“当时外面正下着蒙蒙细雨。我弟弟说他们都听到飞机隆隆的声音了，以为飞机马上就可以降落，很快就可以见到爸爸妈妈和两个弟妹了。不知何故飞机隆隆声却越变越小，最后就听不见了。”

大家都以为，地面下雨飞机不好降落飞到别的机场去了。党中央发电让各地数以万计的军民四处查找，美军也派出两架飞机查找。4月9日下午，兴县黑茶山地区一位区委书记到县公安局报告，在黑茶山上有一架飞机碰在山上烧毁。经查证，就是“四八”烈士乘坐的飞机，机上人员全部牺牲。

当日，叶家两兄弟与周总理和邓妈妈一边吃饭一边谈。周总理说：“这件事情出来后，当时我们没有确切的证据，不好直说是国民党特务干的。”

这次失事后，为了防止国民党特务继续破坏，周恩来采取了一个相应措施，向国民党代表提出：以后凡是我党中央委员和高级将领坐国民党飞机，一定要有一位国民党的将军陪同。

82岁的叶正大先生每天都会上网浏览资讯。

百折不回

1937年抗战爆发后，叶挺赶到延安。此后不久，便出任新四军军长，率部队奋战在抗日最前线。1941年1月8日，皖南事变爆发，新四军伤亡惨重。1月14日，叶挺下山与国民党谈判，被无理扣押。

1942年11月21日，在好友郭沫若生日之际，叶挺挥笔写下了著名的诗篇《囚歌》，向世人宣告他的坚定决心。是年11月，叶挺夫人带着女儿扬眉从广东前来看望。11月16日，叶挺夫人带女儿到郭沫若在重庆的赖家桥寓所拜访。她将叶挺在监狱里手制的一枚“文虎章”交给郭沫若，作为贺郭沫若50寿辰礼物。

这枚“文虎章”是用一个香烟罐内的圆纸片制成的。正中用钢笔横写着“文虎章”三个字，周围环绕写着“寿强萧伯纳，骏逸人中龙”10个字；背面写着：“祝沫若兄五十大庆。叶挺。”在这上面，叶挺夫人还用红丝线钉上佩绶，还用红墨水加上边沿，使其更加鲜艳。

不久后，郭沫若从郊区搬到了城中。一天，他又从叶挺夫人手中得到叶挺给他的一封信，内中谈到了先前那枚“文虎章”：在囚禁中与内子第二次聚会，彻夜长谈24小时，曾说及15日将往祝郭沫若兄50大庆，戏以香烟罐内圆纸片制一“文虎章”，上写：“寿强萧伯纳，骏逸人中龙”两句以祝。别后自思，不如改为下二句为佳：“寿比萧伯纳，功追高尔基”。

这封信的背后便附着那首今天被人们称为《囚歌》的著名诗章。郭沫若读罢，激动万分，然而当时的背景却不容许郭沫若将一个囚禁将军的诗公布出来。

退休后的叶正大却从国家档案馆发现了父亲《囚歌》的姊妹篇《囚语》。“《囚语》共18页，总结了他一生中的失败教训，而不是功绩。”《囚语》第一页，有四句诗明志：“不辞艰难哪辞死，生死原来相游戏，只问此心无愧作，赤条条来光棍逝。”

叶正大记得，向来文静的母亲得知父亲被捕后，痛哭失声，三天不能起床吃饭。周恩来得知叶挺被关押到重庆后，立刻向蒋介石提出让叶挺家人前去探视的要求。迫于政治压力，蒋介石不得不答应。《囚语》的18页纸中也寄托了对相濡以沫的爱妻的思念，让人看到一个有血有肉的北伐名将：

“今日我特别觉得须（胡须）的可爱。我在自由的时候，吾妻很讨厌它，我每过几天必刮须一次，吾妻笑问：今日为何又刮须？我只能一笑答之，彼此均会意了。漫漫长日，在囚室中特别爱抚须深思：觉我的唇不知何日才有朱唇可吻之福？今日只是摩一摩须，也感到一点快感。今日因须长，才发现下唇的须皆逆生，这或者是多遇逆境的征兆吧。我已发愿，我一日不得自由，必不理发剃须，这是我的自由。”

1946年1月，中国共产党和国民党政府代表正式达成停战协定。当月，有国民党、共产党、民主同盟、青年党及社会贤达代表参加的政协会议在重庆开幕。在此次会议上，郭沫若大声疾呼，要求无条件释放叶挺。郭沫若还援引叶挺在狱中写的一首四字诗以抒愤：“四次辞呈，三年军长；一朝革职，无期徒刑。”

蒋介石迫于压力只得许诺：“七天之内查明释放政治犯。”只剩下最后一天时，郭沫若在一次大会上再次呼号：“希望明天能够看到叶挺将军获得自由。”经过中共代表及各界的关心和一再交涉，叶挺于1946年3月4日终获自由。获释当晚，郭沫若便赶到中共代表团驻地看望。

对话

孤儿叶正大的颠沛生活

记者：失去了父母后，您的生活是如何继续的？

叶正大：爸爸妈妈不在了，我捡了几件衣服，坐上黄包车，到沙面找到方方。方方把我收留下来，让我做叶帅的秘书，那时叶帅在北平。我到了北平，找到叶帅。两三个月后，叶帅说，快要打仗了，叫我到张家口找聂帅。

那时候的聂帅是晋察冀边区司令啊，但是我还没住两三个月呢，聂帅说这里要打仗了，你回延安吧。我就走了两个多月，回延安。回延安住了个把月，胡宗南来了，麻烦了，延安要坚壁清野，大撤离到来了。毛主席说，老百姓全带走，粮食全带走。连门板都给他拆下来，一颗粮食都不留下给胡宗南，都跑到乡下去了。

后来周总理回来，我们都到瓦窑堡去了，那个时候打仗，彭老总指挥，胜利不断。最后，周总理从重庆回来，要我到东北去，（说）东北大一点，我们准备把东北好好发展成大区。我就坐军调部的飞机去东北了。

几番辗转之后，就到佳木斯去了。佳木斯真冷啊，当时我们住在佳木斯原日本关东军北满司令部。日本投降了，苏联把东北都解放了。

记者：您那时候参加战争了吗？

叶正大：我当时是东北民主联军战士。那个时侯打仗，零下几十摄氏度，冷。不但冷，一张开手，握住枪，手掌心里的皮全粘在枪上了。所以那个时候都得戴大大的手套。这都是慢慢积累下来的经验。

后来到哈尔滨，哈尔滨那个时候我进了外国语言学校，准备当俄文翻译。外国语言学校校长是空军第一任司令。他是当时东北民主联军的参谋长。过了一年多他突然说，延安打来电话，要送一批中国的年轻干部，懂俄文的，到苏联学习。于是我们21个人，绝大部分都是孤儿，从哈尔滨出发，坐上火车，到莫斯科伊万诺夫国际儿童院去了。

记者：当时与您同去的有哪些人？

叶正大：有邹家华、李鹏，都是我们一起的。那年是1948年，后来在“文革”时我们被打成苏修特务集团，“文革”后落实政策全部平反了！

史|海|钩|沉

闪耀历史的名字

飞机为何迷失方向　耄耋老人心中存疑

对于空难，从事航空技术研究54年之久的叶正大，从航空技术和当时的天气情况进行了详细分析：12时25分，该机由中转站西安再次起飞向北飞行，又与延安美军观察组电台作过一次联络。当时它的位置是延安西南30公里的甘泉附近，飞行正常。中央领导几位同志和家属，包括我的二弟叶正明、四弟叶华明都在机场等候着。

“根据飞机出事现场的调查和向当地各方面群众的询问，我在给党中央的书面报告中曾做了以下分析：

“第一，飞机确实是在黑茶山上失事的，不是在空中爆炸而坠毁。因为飞机撞在黑茶山侧峰巨石上面的撞痕非常清楚明显，飞机是撞山后才爆炸和起火的。第二，从4月8日当天黑茶山地区天气情况的调查结果看，那天飞机到黑茶山时，天上云雾很浓，山上下雪，山下下雨，驾驶人员可能是在这种天气中，因能见度太差，看不清山川地貌而撞山失事的。如果飞机再飞高一些，也不会撞在巨石上了……”

“这架飞机本来是在西安机场降落加油，稍事停留后才起飞来延安的。西安到延安是一直向北飞行的，为什么竟飞到东北方向来了，甚至飞到黄河以东黑茶山来了呢？其中原因我们至今都不清楚，也无法分析。后来听当地谭局长讲，在遗物中有一份迷失方向的电报稿。但当时西安北上沿途及延安的天气并不坏，美方机长又是佩戴有飞虎臂章的飞行员。这些，一直在我内心存疑，成了一个不解之谜。”

“国民党特务在西安飞机稍停加油时用简单的定时破坏装置装到飞机的磁罗盘和压力高度表的线路上，当飞机飞向延安到达甘泉地区后磁罗盘和高度表同时失灵，致飞机迷失了航向和高度，在技术上是非常容易的。”话到此处，这位耄耋老人难掩激动。

为推卸皖南事变责任　蒋介石亲自劝降

叶挺被扣后，国民党官员在蒋介石的授意下，纷纷出动诱劝叶挺改变立场，企图借叶挺之口，将皖南事变的责任推卸给共产党。用叶正大的话说：在父亲被关押的5年中，经历过形形色色不为人知的诱惑。

第一个劝降说客便是直接制造皖南事变的刽子手顾祝同。他是叶挺在保定军校的同学，他对叶挺“晓之以理，动之以情，颂之以恭敬”，三管齐下，劝说叶挺。“然而，父亲却在宴席上一把掀翻了桌子。”

接着派来的是皖南事变中叛变的原新四军军部参谋处长，“我爸爸是军人脾气，他进去还没有说两句话，我爸就扇了他两耳光，真揍。他要跑，我爸一个果盘扔了过去，水壶都摔到了地上。”

1941年7月，蒋介石下令，将叶挺从上饶押往桂林，关在七星岩附近的一个山洞里，与世隔绝。1942年，又将叶挺改押回重庆。

“这时我爸的老同学兼老部下，时任第六战区司令长官的陈诚，向蒋介石担保，可以感化父亲。他让父亲住进小洋楼，派厨师给他做好吃的，每天的伙食标准是4块大洋，囚犯里的最高待遇，当时那是很多钱。他甚至还问我父亲要不要女人，要的话，立刻就可以去叫。”

由于再次遭到叶挺拒绝，蒋介石恼羞成怒，取消了对叶挺的一切优待，将他关进重庆白公馆。这时，蒋介石终于按捺不住，决定亲自出马，做最后一次劝降，就是下最后通牒。“我父亲最后和他谈判的结果是，你开军事法庭审判我，枪毙我吧！听到这个结果，蒋介石掀了桌子，说算了算了，不谈了。”

（袁喆　范琳翘　赵佳月）

『他是个大人物，全家都要为他隐姓埋名』

彭士禄讲述父亲彭湃80年前牺牲故事

今年8月30日是“中国农民运动先导者”、被毛泽东誉为“农运大王”的无产阶级革命家彭湃壮烈牺牲80周年。

彭士禄讲述父亲彭湃80年前牺牲故事

“他是个大人物，全家都要为他隐姓埋名”

北京海淀区甘家口。仲夏午后，84岁的彭士禄依靠老伴的搀扶在屋内走动。

窗外狂风骤起，他瞥一眼山雨欲来的天色，稳当当坐下。沏一壶普洱茶，燃一支烟，眼角依然流露着对命运的桀骜不驯。

客厅电视机柜两边，一边是父亲彭湃的铜像，另一边则是一艘核潜艇模型。这两件摆设如同两个符号，注释了彭士禄84年的人生。

“我只是设计了第一艘核潜艇”，他摆着手否定国内外对他的“中国核潜艇之父”的称谓。他被冠以“彭大胆”、“彭拍板”的称号，而他自认为只是继承了父亲的一点点“大胆”。

“农运大王”烧毁自家田契干革命

出生于大地主之家的彭湃，在26岁那年“大逆不道地”背叛了自己的家庭。他发动工农，领导创建全国第一个苏维埃工农政权，后因叛徒出卖，牺牲时年仅33岁。1928年至1933年彭湃一家包括彭湃本人共有7人献出生命，6人被评为革命烈士

每临大事，彭士禄想到的总是父亲当年的大勇。

出生于地主家庭的彭湃在自述家况时说：“被统辖的农民男女老幼不下千五百人。我的家庭男女老幼不上30口，平均一人就有50个农民做奴隶。”

以救国救民、变革社会为己任的彭湃，最终背叛了自己的家庭，80年过后回望，彭士禄依然觉得父亲当年的选择是不可思议的：“他选择领导农民同地主阶级，就是自己家人所属的阶级作斗争，即便在今天看来好像也是大逆

不道的行为。”

彭湃逐渐认识到发动工农的重要，下决心到农村去做实际运动，走上了一条崭新的革命道路。

1922年7月29日晚，彭湃与另外5位农民组成一个六人秘密农会，迈出了海丰农民运动的第一步。这一年11月，彭湃兄弟分家，时值彭家门口龙蛇埔演戏，各乡农民都来看戏，彭湃早有准备，拿着自己分得的田契走上戏台，高声宣布：“彭家的田不是彭家的，是农民兄弟的劳动成果。”

说罢宣读每张田契的地点和佃户的姓名，念毕当众烧毁并庄严宣布，即日起他分家所得的田地全部归农民所有。台下农民顿时沸腾，许多人热泪盈眶地说：“彭湃出身大地主家庭，为革命能舍得一切，我们为自己的解放又有什么不可舍弃的呢！”

翌日，彭湃烧田契的义举传遍海陆丰，农民争先恐后地加入农会。

1923年元旦，海丰总农会宣告成立。这标志着我国新民主主义革命时期的农民运动进入有纲领有领导的新阶段。不久，广东省农会成立，彭湃被推选为执行委员长。国共合作时期，彭湃在广州创立农民运动讲习所，任第一届和第五届讲习所主任。

1924年10月，彭湃等领导成立了广宁农民协会，并建立了县农民自卫军。之后指挥农民自卫军和孙中山大元帅府的铁甲车队取得了对地主武装斗争的胜利，有力地推动了当地的减租运动。

南昌起义期间，彭湃参加了领导南昌起义的前敌委员会，书记为周恩来。此后不久，彭湃便领导创建了“中国第一个苏维埃工农兵政权”即“海陆丰苏维埃政权”。

1928年7月，彭湃在中国共产党第六次全国代表大会上当选为中共中央政治局委员，同年底任中共中央农委书记兼江苏省军委书记。这一年，包括彭湃妻子蔡素屏在内的彭家四位亲人被捕枪杀，彭湃亲侄子彭陆在广州被国民政府杀害时年仅17岁。

每一个年份，对彭士禄而言都如数家珍，“我记忆不好，经常今天忘了昨天的事情，但是这些是家史，我怎么可能忘记？”

1929年8月24日，彭湃因叛徒白鑫的出卖被捕。在国民党的审讯中，彭湃总是重复着一句话："只要我还有一口气，我就要为共产主义事业奋斗到底！"

在彭湃被捕后，中央军委书记周恩来当即决定派人在敌人押送彭湃的途中截车。可惜负责运枪的人没有及时把手枪上的润滑油擦去，等大家找来煤油将枪洗净，再装扮成拍摄电影外景的队伍赶到预定地点，已经错过了时间。

8月30日，彭湃行刑之日。他在墙上画了一条穿越云雾的蛟龙，告诉狱中难友："海丰的陈月波把我的小名天泉诬为天蛇，其实我不是蛇，乃龙也，今天龙要上天了。"

他脱下身上的衣服，赠送给狱中的战友。生命的最后时刻，他在狱中向难友和押送的士兵们作了最后的演说，与战友们齐声高唱《国际歌》，呼喊着"中国苏维埃万岁！""中国红军万岁！""中国共产党万岁！"的口号走向刑场。

彭湃牺牲时年仅33岁。1928年至1933年彭湃一家包括彭湃本人共有7人献出生命，6人被评为革命烈士。

在彭湃牺牲后，周恩来含泪起草告人民书：《以群众的革命斗争回答反革命的屠杀》，同时下令："一定要把叛徒白鑫干掉！"1929年11月11日晚11时许，正当白鑫准备离开上海到南京躲避时，特科人员在上海霞飞路将其击毙。

颠沛流离，传承父志，孕育核动力事业种子

父亲牺牲的那一年，彭士禄4岁。4岁的彭士禄对父亲最强烈的感觉是，"他是个大人物，全家都要为他隐姓埋名"。

失去双亲的彭士禄，为了躲避国民党的"斩草除根"，被送到20多户平民百姓家里寄养，辗转一家又一家，最后被送到广东省潮安县彩塘区一位叫陈永俊的红军队长家中，这里是地下党的秘密交通站，由"姑母"潘舜贞抚养。那段时间，彭士禄"见到年纪大的就喊爸爸妈妈，年纪小的就喊哥哥姐姐"。

1933年，潮安县委书记叛变，8岁的彭士禄被国民政府作为"小政治

犯”抓捕入狱，得意的国民政府一度登报公告“抓获共匪彭湃之子”以庆功。而年幼的彭士禄则先后被押入潮安县监狱、汕头石炮台监狱、广州感化院，一直囚至1935年。释放后，彭士禄回到潮安，沦落为乞丐，继续寄居群众家里，在“家”里帮着绣花、打柴、放鹅作为回报。

翌年夏天，不满11岁的彭士禄再度被捕，依然是潮安监狱，这一次祖母周凤通过父亲的战友陈卓凡将其营救出狱。此后彭士禄跟随祖母，颠沛于香港和澳门，在圣约瑟英文书院读了两年小学。

或许是受父亲的影响，彭士禄12岁便独自出门寻找革命队伍，在惠州加入了东江抗日纵队。直至1940年，周恩来派副官龙飞虎和贺怡（贺子珍之妹）找到了彭士禄，经桂林到达重庆。

在重庆八路军办事处，彭士禄第一次见到了周恩来和邓颖超。周恩来一见彭士禄便禁不住激动：“终于把你找到了。你爸爸是我的好朋友！”“要继承你爸爸的遗志，好好学习，努力工作。”15岁的彭士禄于是到了延安。

这一去不要紧，整个延安因为他的到来而轰动。然而在延安，即便他不说话，“但人人都知道我是彭湃的儿子。那时候我才知道，原来我爸爸真的是个大人物”。

20世纪50年代，在与父亲相仿的年龄，彭士禄到苏联留学，相比父辈的青年意气，他要内敛得多。

一天，他被正在苏联访问的国防部副部长陈赓大将召到中国驻苏大使馆。陈赓告诉他，美国和苏联都已搞出了原子弹、氢弹，美国还有了核潜艇。我们国家要不受别人欺负，也要有这些东西。“中央已决定，选一批留学生改行学原子能核动力专业，你愿意改行吗？”“只要祖国需要，我当然愿意。”从此，彭士禄与核动力这个神秘的事业结下了不解之缘。

当时，苏联教授每给彭士禄这些留学生上一节课，中方要付80卢布的报酬，这对经济还很贫困的新中国来说，是一件并不容易的事情。正是在这80卢布一节课的课堂里，彭士禄和他的同学们打下了坚实的核动力知识基础，孕育了中国核动力事业的优良种子。

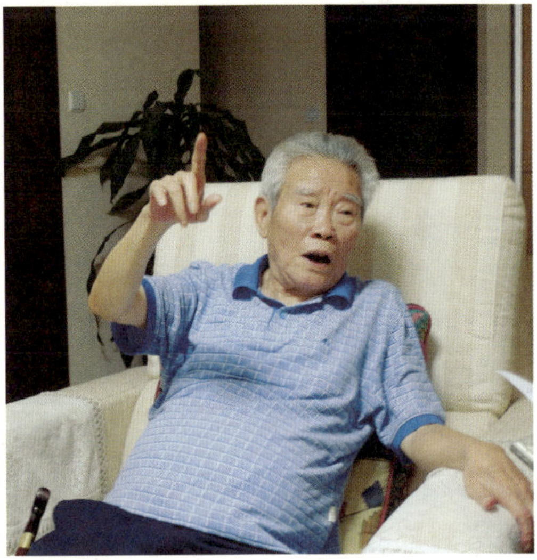

彭士禄接受《南方日报》记者采访。

大胆的“核动力”人生

和父亲轰轰烈烈声名远扬的革命事业不同，彭士禄从事的事业需要他再次隐姓埋名，只是这一次，不再是因为父亲彭湃，而是为了一项新中国自己轰轰烈烈的事业。在这项事业中，彭士禄走出了一条与父亲一样大胆的道路。

1958年6月，长期关注国防武器尖端技术的聂荣臻召集有关专家开会，讨论中国研制核潜艇的可行性。会后，聂荣臻以自己的名义亲笔起草了《关于开展研制导弹原子潜艇的报告》。6月27日，这份标有“绝密”字样的报告报到中央。中央领导逐级批准了这份报告。

“因为我们第一个五年计划，把核潜艇漏了，美国1954年就搞出来下的水，苏联也刚搞出来，我们发现，美国有，苏联有，我们也应该有，直到1958年才跟苏联提出来，要加一项核潜艇。”中国核潜艇研制计划启动的这一年，彭士禄从苏联留学回国。

学习原子能动力专业的彭士禄，一开始并没有参加核潜艇项目。他被分配到北京原子能研究所，为一位苏联原子能专家做专业翻译。

1958年中国研制核潜艇工程上马后，这项工程和研制原子弹一样被列为国家最高机密。当年中国曾寄希望苏联给予核潜艇研制技术援助，但苏联没有答应。1959年9月，赫鲁晓夫到中国参加新中国成立十周年庆典，毛泽东在同他会谈时，再次提出核潜艇援助问题，却被一口拒绝。此后毛泽东便表态："核潜艇，一万年也要搞出来！"

在如此决心下，彭士禄接过了此项任务。"文革"期间，因为工厂科研单位陷入混乱，核潜艇研制工作面临着中断的危险。"核潜艇研制涉及23个省市，2000多个单位，4万多台设备，哪一个缺都没有办法，'文革'一斗起来，都停工停产了。"于是便反映到了受"二月逆流"冲击的聂荣臻。

1967年6月，有关核潜艇研制的秘密会议在北京民族饭店召开。这一年8月，由聂荣臻签字，中央军委发出了一项关于核潜艇研制的"特别公函"。为核潜艇研制大亮绿灯，生产开始恢复。

这是特殊年代的一场特殊战役，"（特别公函）那是尚方宝剑，没有它不成。所以核潜艇搞成功，中央有决心，周总理亲自抓，聂老总冲锋陷阵，我们做具体工作。"彭士禄感叹。这一年，彭士禄上任核潜艇陆上模式堆基地副总工程师、技术总负责人。

"文革"风暴尚未过去，彭士禄在内部的一次会议上大声疾呼："研制核潜艇是我们现在最大的政治！"台下与会的人们都惊呆了，会后他们悄悄告诉彭士禄的妻子："这样的话他都敢说，就不怕有人检举揭发啊！真是胆大啊！"

1970年7月15至16日，周恩来、聂荣臻、叶剑英等在人民大会堂福建厅听取彭士禄等人对核潜艇的研制工作专题汇报。周恩来听得非常仔细，他指出："你们说已经过了设计、设备制造、安装、调试四大关，还有一个试验关，要注意不要说百分之百都有把握了，就不在乎了，哪一个环节不加注意，试验都要出问题。"汇报结束，周恩来特意握着彭士禄的手说："小彭，记住，你姓彭，你是海丰人，永远不要改姓换名！"

1970年8月30日，中国第一座潜用核动力装置陆上模式堆首次达到设计满功率。接着彭士禄投入到造船厂负责核动力装置安装、调试、运行。由于当时就订购了两套核动力设备，交货时间相差一年，风险非常大，假如陆上堆试验失败了，那两套设备就会报废。当时别人问彭士禄："你胆子怎么那么大？”彭士禄回答：“没问题，一套试验完了，第二套小修小改就可以装艇了，若等陆上堆试验完再订货，那么设备研制就需要三年的时间，会浪费很多时间。”而实际上，通过三年的试验和试航，1974年我国自己研制的核潜艇正式交付海军使用。

上世纪80年代，彭士禄又被任命为大亚湾核电站筹建总指挥；之后又成为秦山二期核电站的首任董事长。这位属牛的核动力专家被誉为我国核动力领域的开拓者和垦荒牛。

记者手记

郑重穿越先人“拓荒”史

80年，老人徐徐回望。品一口茶，吐一缕烟，唏嘘几句，然后继续娓娓道来。84岁的彭士禄回忆这一切的时候，正值父亲彭湃在上海龙华监狱就义80周年。

尽管老眼昏花、腿脚不便，彭士禄80年的记忆依然能精确到某年某月某日甚至某时，叙述细及当时某人穿着打扮，一举一动。对初成的此文，两位老人改稿数遍，阅至深夜。在这一时刻，每一个字眼对他们而言都变得庄严而神圣。

广东海陆丰红场，彭湃纪念地，迎来送往。

一批批的瞻仰者在80多年前彭湃们留下的一斧一锄前细细端详，那或许是我们的想象永远都难以准确抵达的时空。我们仅能凭着这些穿越历史的实物，对先人手握这些器具的“拓荒”壮举发出不可思议的赞叹。

对话

汕尾市委书记戎铁文讲述

彭湃“金字招牌” 注解新汕尾精神

被毛泽东同志誉为“农运大王”的彭湃同志是汕尾海丰人，他的革命精神在汕尾这片红土地上留下了深刻印记。为此本报专访汕尾市委书记戎铁文，请他讲述彭湃精神对汕尾的改革发展产生的重大影响。

记者：为什么当时海陆丰地区会产生彭湃这样的“农民运动大王”？

戎铁文：当时的海陆丰官僚和新兴地主众多，土地兼并十分严重，地主阶级、国民党反动派和帝国主义相互勾结，民众深受压迫剥削，具有强烈的反抗精神。同时，海陆丰地处沿海，毗邻港澳，这里交通便利，能及时得到党中央设在香港的广东省委的指示。就客观情况来说，海陆丰当时具备比较好的武装割据条件，土地革命实践开展得也比较早，是颇具影响的一面旗帜。

记者：汕尾人民对彭湃引以为豪，您认为产生这种自豪感的原因是什么？

戎铁文：作为我党早期的重要领导人之一，中国农民革命运动的先导者，著名的海陆丰苏维埃政权创始人，彭湃同志“敢为人先，无私奉献”的革命精神，是一笔宝贵的精神财富，更是320多万汕尾人民的共同财富。

汕尾人民之所以感到自豪，是感怀于他敢为人先的革命精神和“愿消天下苍生苦，尽入尧云舜日中”的人生追求。

记者：当前，汕尾也处于加快发展的黄金时期，也处于社会矛盾的多发时期，怎么用彭湃的革命精神凝聚各界力量，实现跨越发展？

戎铁文：当前，汕尾发展正迎来前所未有的良好机遇。党的十七大提出加大对革命老区扶持力度，推动区域协调发展；我省也实施了促进革命老区加快发展的政策措施。汕尾是全国13块红色革命根据地之一，发扬革命精神，发展老区经济，可谓正当其时。

我们将进一步发挥汕尾固有的资源优势和人文优势，擦亮彭湃这块金字招牌，把“敢为人先，无私奉献”的彭湃精神作为“解放思想、改革创新”的时代新注解，传承为“敢为人先、务实进取、开放兼容、敬业奉献”的新汕尾人精神，进一步激发全市广大干部群众共建新汕尾的热情和智慧。我们还将着力培育开放兼容的和谐文化，引导广大人民群众认识到，有一个好环境，才会吸引更多的人来投资创业，才能生活得更加富足幸福。

（赵佳月　徐剑桥　谢锡城）

1949 1959 1969 1979 1989 1999 2009
精彩中国 喜传天下

第叁篇

传奇人物谱风流

1949 1959 1969 1979 1989 1999 2009

民主人士齐聚开国大典

今年既是中华人民共和国成立60周年，也是中国共产党领导的多党合作和政治协商制度确立60周年。开国大典上，天安门城楼上阵容鼎盛，显示新生的共和国有着广泛的代表性。

民主人士齐聚开国大典

“五一”口号召唤政协制度

拒绝李宗仁邀请 宋庆龄毅然北上

记录

“五一”口号召唤政协制度

早在抗日战争和反对国民党反动统治的斗争中，中国共产党和民主党派就建立了合作关系。1948年，在人民解放军在全国范围胜利已成定局的形势下，中共中央于4月30日发布了《中共中央纪念“五一”劳动节口号》（以下简称《口号》）。《口号》号召全国劳动人民团结起来，为建立新中国而共同奋斗；号召各民主党派、各人民团体、各社会贤达召开政治协商会议，讨论并实现召集人民代表大会，成立民主联合政府。中国共产党的“五一”口号，极大地鼓舞了艰苦斗争中的各民主党派。

5月5日，国民党革命委员会、民主同盟、民主促进会、致公党、农工党等党派以及无党派的李济深、何香凝、沈钧儒、章伯钧、马叙伦、蔡廷锴、谭平山、郭沫若等民主人士，联名致电毛泽东，响应中共“五一”号召，拥护召开新政协。同时，他们还向国内各报馆、全国同胞发出通电，指出：中共“五一”号召“事关国家民族前途，至为重要。全国人士自宜迅速集中意志，研讨办法，以期根绝反动，实现民主”。随后，台湾民主自治同盟和民主建国会也作出相同的表示。

建国伊始，新中国面临的形势十分严峻，在稳定政治、恢复经济上的任务十分艰巨。这就要求我们党进一步巩固与发展人民民主统一战线，最大限度地团结一切可以团结的力量，克服面临的困难，为彻底完成民主革命，反对帝国主义和逐步向社会主义过渡而共同奋斗。毛泽东同志说，我们对民主党派在抗战时有“团结、抗战、进步”的口号，今天应是“团结、建设、进步”。

1949年3月，在中共七届二中全会上，中共中央主席毛泽东对新形势下的人民民主统一战线作了具体说明。

1949年9月，各民主党派同中国共产党一道参加了中国人民政治协商会议第一届全体会议，参与制定了具有临时宪法性质和作用的《中国人民政治协商会议共同纲领》，选举了中央人民政府。会议宣告了中华人民共和国的成立。在其所通过的《共同纲领》中规定，中华人民共和国的性质是新民主主义即人民民主主义的国家，实行工人阶级领导的、以工农联盟为基础的、团结各民主阶级和国内各民族的人民民主专政。这次会议，初步形成了共产党领导的多党合作和政治协商制度的格局。

解密

拒绝李宗仁邀请　宋庆龄毅然北上

在开国大典前后，无数党外人士为新中国的成立作出了巨大的贡献。1949年10月1日下午，在举行中华人民共和国的开国大典的天安门城楼上，簇拥在毛泽东身旁的，既有朱德、刘少奇、周恩来等中共领导，也有宋庆龄、李济深、何香凝、沈钧儒等16位著名的民主人士。这显示出由中国共产党领导的联合政府姿态，也显示出新生共和国所拥有的广泛代表性，以及我国人民民主统一战线步入一个新的历史阶段。

毛泽东手书感动宋庆龄

1949年春，中国人民解放军节节胜利。为在政治上筑起一道抵御解放军继续南下的防线，李宗仁广泛吸收民主人士和社会贤达参加他的政府，宋庆龄是他争取的第一个目标。但是，宋庆龄断然拒绝了李宗仁的邀请。她要留在上海准备迎接人民解放战争的伟大胜利。

中共中央也始终惦念着宋庆龄的安全，基于她的特殊身份和面临的险恶环境，对她北上参加新政协问题采取了非常慎重的态度。1949年1月，周恩来在审改中央致香港华南局领导人的指示电中特别强调："第一必须秘密，而且不能冒失。第二必须孙夫人完全同意，不能稍涉勉强。如有危险，宁可不动。"

5月27日，上海解放，为宋庆龄的北上扫清了障碍。中共中央特派邓颖超专程前往上海拜会宋庆龄，转呈了毛泽东、周恩来的信件。毛泽东在信中写道："重庆违教，忽近四年。仰望之诚，与日俱积。兹全国革命胜利在即，建设大计，亟待商筹，特派邓颖超同志趋前致候，专诚欢迎先生北上。敬希命驾莅平，以便就近请教，至祈勿却为盼！"

宋庆龄读完信后，噙着激动的泪花，欣然同意北上。

在中共中央的邀请下，各民主党派领导及民主人士纷纷去北平参加政治协商会议。

1948年8月，蔡廷锴、谭平山、沈钧儒、章伯钧离开香港，前往共产党解放区。

周恩来通过廖仲恺夫人何香凝，联络李济深先生从香港北上。周恩来还亲自制订了计划，让李济深一行甩开特务的监视，于1949年2月25日到达北平。

宋庆龄

张澜

沈钧儒

周恩来“顾茅庐”　黄炎培“出山”

建国之初，有许多民主人士出任政府高官。作家郝在今在其《协商共和：1948—1949中国党派政治日志》一书中对此进行了详细记述。

1949年9月，全国政协一届全会进行人事议程时，中央人民政府6个副主席的名单出来引起一些争议，这其中共产党员和民主人士各3个。

周恩来在党内分工负责统战工作。他做共产党员的代表们的工作，希望不要计较某些民主人士的过去。最了解这几位民主人士的他，还向大家介绍了李济深、张澜等民主人士曾经暗中掩护革命的情况。

在9月30日全国政协大会选举之前，周恩来、林伯渠发出《中国共产党人民政协党组关于选举问题的紧急通知》，要求全体党员代表要投党外人士的票。毛泽东也对此提醒党内同志。当天下午，政协大会选举揭晓：党外人士都顺利当选，而且票数相当多！中央人民政府副主席为：朱德、刘少奇、宋庆龄、李济深、张澜、高岗。这当中民主人士占一半。众望所归的法律专家沈钧儒先生，就任新中国第一任最高人民法院院长。

周恩来对民主人士十分尊重，在繁忙的会议中多次登门拜访，并与多位民主人士是肝胆相照的朋友。他提名在工商界很有影响的民建领导黄炎培担任副总理兼轻工业部部长。可是，黄炎培偏偏不愿做官。这天晚上，周恩来亲自登门到黄宅拜访。

不好应酬的黄炎培，门外贴着纸条：“来者事先打电话来，否则有失远迎。”门里狭窄的走廊堆满煤球，来客还得注意行走。周恩来还是来了。周恩来在黑暗中通过煤球走廊，在黄炎培家中恳谈两个多小时，终于请得黄炎培“出山”。

傅作义是解放北平的功臣，周恩来也很重视对他的安排。当他知道傅希望在黄河后套修水利搞合作农场时，就提名傅作义任水利部长。另外，他还提名无党派民主人士李书城任农业部长。

口述历史

专注筹备工作 父亲未见母亲最后一面

李沛钰，原中央人民政府副主席李济深之子。

李济深

在北京的一个普普通通的宿舍里，记者采访到了李济深的儿子李沛钰。这位今年82岁的机械工程师，谈到60周年前历尽艰辛，冲破国民党特务的监视来到北京，最后与父亲李济深一起参加开国大典的日子，至今仍记忆犹新。

尽管在北京生活了大半辈子，李沛钰老人还是能讲一口广州话。他说：“我在广州出生，香港成长。上世纪30年代，当日军入侵时，我们目睹日军飞机将不少中国老百姓炸得血肉横飞。父亲痛感中国空军的薄弱，因此让我和弟弟都进入空军学校。”

地下党助我逃脱特务软禁

1946年的一天，我去探望父亲时，见到冯玉祥伯伯天天来，与父亲商量该怎么做。原来，他们与蒋介石在联共还是反共方面有了根本分歧。当时，在庐山的蒋介石三次来电让父亲去。于是，他上庐山后写了一封10多页的信，苦口婆心地劝蒋按照孙中山先生的旨意，停止内战联共。他将信当面交给蒋后就离开。其实，他心里非常明白，蒋是听不进这些意见的。回南京后，父亲每天都和冯玉祥伯伯一起乘坐吉普车找周恩来伯伯洽商如何成立人民政府的事。1947年，父亲以送二哥李沛金去美国留学为由，从上海乘船到香港，并在香港发起成立中国国民党革命委员会。这就与蒋公开彻底决裂，并准备北上与共产党合作。

于是，蒋介石于1948年将我大哥李沛文抓去坐牢。当时，我从四川浇县空军幼年学校毕业，在正式进入空军航校之前每人都有休假一个月，我正打算赴香港与父母团聚。但政训处长通知我，空军司令部扣下我，不得离开四川。我是29期，却将我派到28期一起学飞行，我要求和两广的同学住在一起。我的同学告诉我，上头让他们来监视我。而我弟弟李沛琼在四川空军幼年学校，也是被监控的。就这样，我们一家三兄弟都在蒋的手中，成为人质。

而已经来到香港的父亲，毛人凤也准备派人暗杀他。我家附近都住进了特务，另外港英政府也设点监视。但这一切都未令父亲心慌，因为周恩来先生交代地下党秘密保护他，具体的联系人是潘汉年同志。

为与父亲取得联络，我写了一封密信，放在去香港探亲同学的钢笔筒里，托他带给我父亲。父亲回信告诉我地下党的联络方式。

到了与地下党约定的那天，我故意提前将学校中山室的留声机弄坏，趁着去修理时骗开了监视者，与地下党人员接上头。我化装成国民党陆军军官，到上海找到地下党联系人，逃离了空军航空学校。

很快，蒋介石向各地发出抓我的通缉令，说我驾飞机到延安，还煽动同学去解放区，并带走机密文件三大罪状，抓到要就地正法。

而此时，我已经由上海的地下党组织安排，乘英国太古轮船公司的货轮，离开上海平安地到了香港。

“四一二”中父亲曾助共产党人转移

当我从海上转到香港时，父亲已经在中共地下党的安排下，化装后乘坐苏联的船北上，安全抵达北京。另外，我在四川的弟弟也逃离了监控。我们七个兄弟姐妹在香港团聚了，大哥也为张发奎所救，在广州岭南大学任教。

父亲是黄埔军校的最早创办者之一，与共产党许多领导都是朋友。在1927年4月12日蒋介石电令清除共产党时，父亲曾写下“蒋介石清党”的纸条给共产党联络人看，并且将行动的时间拖延了3天，这使许多共产党人得以转移。另外，他们在虎门也请梁淑明先生放走一批已经被捕的共产党员。但这次屠杀还是不能避免，这令父亲终生感到内疚。

在中共领导人中，父亲与周恩来从当年在黄埔军校时结识后，关系就很好。毛泽东和周恩来能够谅解父亲的过去。周恩来在新中国筹备的过程中，真诚地与我父亲商谈各项事宜。另外，由于父亲爱好围棋、台球，叶剑英、贺龙和陈毅元帅都常来我家和父亲下棋、打球。

1949年，我的母亲在香港因癌症去世，而此时正在北京的父亲未能与她见最后一面。他住在北京饭店，紧张地参加许多筹备工作。

这一年6月，我安葬了母亲后，在地下党的安排下辗转到达北京，与父亲重逢，开始我全新的人生。我抵达的第二天，周恩来伯伯就来我家看我，并询问我的志愿。我回答说，仍然想从事航空工程或者机械工程专业。于是，周恩来送我到北京大学工学院学习。1952年毕业后成为新中国培养的第一批工程师。

1949年10月1日那天下午，父亲穿着那套公家发的中山装，与毛主席等领导人在天安门城楼上参加开国大典。而我作为北京大学的学生，在广场上的学生方队中。而我的弟妹们，则在不远的北京饭店遥望着这个庄严隆重的场面。

10年后，父亲在病危的那三天中，周恩来总理天天去探望他。而周总理自己在病危时，也问道："李济深的家属安排好了吗？"共产党领导对民主人士这种由衷的关怀，让我们深深地感动，永远铭记。

（林亚茗）

谁能救国于危亡　馨香祷祝之

——秘书司徒丙鹤谈司徒美堂

早期的海外华侨华人有着一个共同的特点，他们在异邦为生活打拼的同时，始终惦记着故乡的安危兴衰。上世纪，在中国每一个生死存亡的紧要关头，他们都表现出了极大的勇气，在各个社团的组织下，坚持不懈地为中国奔走呼号、慷慨解囊，甚至牺牲生命。

A08
谁能救国于危亡 馨香祷祝之
——秘书司徒丙鹤谈司徒美堂
司徒美堂

到新中国成立前夕，中国共产党更加重视侨界的作用。1949年1月20日这天，毛泽东分别给司徒美堂、陈嘉庚两位著名侨领写信，邀请他们回国参加政治协商会议，共同建设新中国。司徒美堂是美洲侨领，陈嘉庚是南洋巨子，一南一北，影响甚大。毛泽东的邀请书热情洋溢，感动了两位华侨老人。他俩于是双双回到祖国，成为一段佳话。

近日，记者在北京采访到了司徒美堂生前秘书司徒丙鹤先生。这位93岁的老人，精神矍烁，记忆清晰。他说：“60年前开国大典时，我陪同美堂先生走上天安门城楼，参加了开国大典。当时，他是83岁，而我是33岁。时至今日，当年在天安门城楼上的嘉宾，恐怕只剩我了。我还参加了毛主席与美堂先生的每一次会见。”

司徒美堂（1868—1955）

出生在广东省开平市赤坎镇一个穷苦的农民家庭。12岁为生活所迫，随乡人到美国谋生，在唐人街一家餐馆做杂工。1885年，17岁时加入当地华侨组织的洪门致公堂，投身孙中山领导的民族民主革命运动，曾任洪门致公堂门总监督。

对｜话

曾登报拥护共产党

记者：司徒美堂是一名有着传奇色彩的爱国侨领。抗日战争期间，他和爱国人士建立纽约华侨抗日救国筹饷总会，动员侨胞捐献了巨款援助祖国抗日，还援助过八路军、新四军等抗日部队。你当上美堂先生的秘书，是否因为你们是开平老乡？

司徒丙鹤：有这个因素，但更重要的是，我是党组织派去的，而且我们比较合拍。

记者：你们第一次见面是在哪里？

司徒丙鹤：1941年的香港。当时，香港在日军占领下，美堂先生被日本特务监视着，因此我们仅匆匆见了一面。后来，他告诉我，他那时在中共香港地下党的帮助下，辗转到达重庆，受到中共代表周恩来和董必武的欢迎。他通过阅读《新华日报》，了解到蒋介石消极抗战、破坏团结的真相。这对于他后来的革命行动，起了巨大的鼓舞作用。

记者：我们从资料上看到，1946年4月，司徒美堂率美洲侨领回国时，亲赴南京梅园30号，拜会中共代表周恩来。此后，周恩来代表中共亲自到司徒美堂寓所两次访谈，并邀他到解放区参观。司徒美堂从此开始接近共产党。1946年，国共和谈破裂。司徒美堂对国民党的幻想破灭了，愤而拒绝任国大代表，从此与蒋介石彻底决裂。他与蒋原先的个人关系怎么样？

司徒丙鹤：他们原先算是朋友。在重庆时，蒋给他送行时一直送出三重门。但他嫉恶如仇，认理不认人。杜月笙来替蒋恐吓他："蒋叫你当，你就要当，他不是好惹的人。"司徒美堂挥杖拍案而起，大吼："我司徒美堂不当就不当，告诉蒋某人，司徒美堂难道就好惹吗！"他于是到了香港。

国民党特务和港英当局的人日夜看守，许多人想找他都不得其门而入。1948年的一天，我以《星岛日报》记者的身份见到司徒美堂。

记者： 1948年，中共中央发表了《中共中央纪念“五一”劳动节口号》，号召召开政治协商会议，讨论研究确定建立联合政府。美堂先生对此什么态度？

司徒丙鹤： 他与在香港的李济深、何香凝、蔡廷锴、陈铭枢共商过这件事。当时，是周恩来先生安排我去与其接触。在特务的监视下，我们出去喝茶时用开平话谈话。我问：“对于时局，五公，你有什么看法？”司徒美堂激动地说：“不能打内战，不能一党专政，应该给人民自主与民主……”他告诉我，衷心拥护中共的宣言。

8月12日，他举行记者招待会说，昔日侨胞出人、出款、出血、出脑袋，皆为祖国与人民的强盛与富裕，今后“谁能解救祖国于危亡，使民众安居乐业，即馨香祷祝之”。这一番以美洲洪门致公堂老前辈身份的政治主张，在当时引起很大的震动和反响。

当时，中共中央香港分委员连贯请他吃饭。一番谈话，令他对共产党的主张的认识进一步提高。这年的10月18日，他叫我起草了《上毛主席致敬电》，表明接受中国共产党的领导。同时，由我起草的《拥护中国共产党“召开新政治协商会议”的声明》，他还庄严地签名和盖章，然后全文登在香港各报。

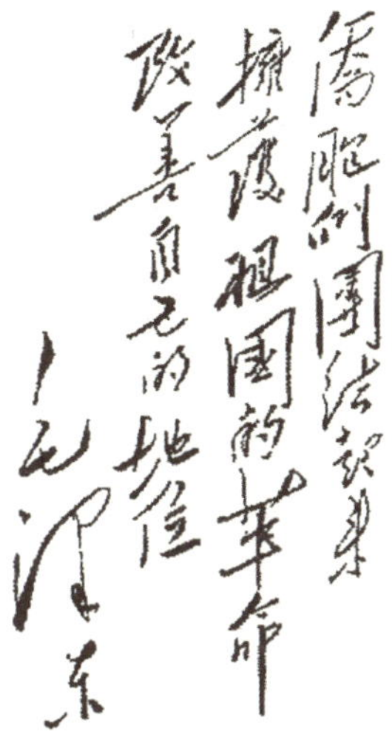

1949年，毛泽东为海外侨胞题词。

逾八旬辗转回国商大计

记者： 声明中有什么内容？

司徒丙鹤： 当中说：“美堂于1946年自美返国，适逢当时之政治协商会议，为之大慰。奈因蒋介石玩弄阴谋，背信弃义，行独裁政治，置民主于不顾，一手撕破政协决议，发动剿民内战……今中共中央及民主党派所号召以四大家族除外之新政治协商会议，进行组织人民民主联合政府之主张。余认为乃解决国内政治问题唯一良好之方法，热诚表示拥护，并愿以80有2之高龄，为中国解放而努力。”

记者：那这份声明在侨界和港澳一定很轰动。

司徒丙鹤：是的，影响很大。他给毛主席的信，经过80天的辗转才到达北京。毛主席于1949年1月20日回信，邀请美堂先生赴京。

记者：毛主席对美堂先生非常敬重。在亲笔信中说：“热情卓见，感佩殊深。中国人民解放斗争日益接近全国胜利，召开新的政治协商会议，建立民主联合政府，团结全国人民及海外侨胞的力量，完全实现中国人民的独立解放事业，实为当务之急。为此，亟待各民主党派各界民主人士共同商讨。至盼先生摒挡公务早日回国，莅临解放区参加会议。”

司徒丙鹤：他作为华侨代表，就准备从美国回来参加政协会议。在美国居住的四大家族之一的孔祥熙，亲自劝阻他回国。但他声明自己是基于爱国热心，务须回国。他还在美国各市唐人街演说，报告祖国的人民解放战争的胜利概况。

记者：你们是从香港回来的吧？有没有什么惊险的事？

司徒丙鹤：司徒美堂不顾八旬高龄，1949年8月离别生活大半生的美国。我们从香港启程前往北京，知道国民党特务准备暗杀美堂和李济深两位先生。当我们的船经过台湾海峡时，美堂先生一点都不担心。他说：“人生自古谁无死。我什么枪林弹雨都经历过，还怕什么。”

一口四邑话开会须翻译

司徒丙鹤：我们1949年9月3日抵达北京。周恩来、林伯渠等领导人到前门车站来迎接。在海外漂泊了69年的美堂先生，从此在首都北京安下家来。

9月17日，毛主席在政协筹备会期间，举行瀛台夜宴。美堂先生和陈嘉庚先生都跟毛主席坐在第一席。美老送了从美国带来的雪茄烟给主席。主席高兴地说：“1938年时，苏联医生就说我得了肺痨，只能活10年。而现在已经超过10年的预算了。”于是当场就抽了起来。那天席间，毛主席意气风发，上下古今，海阔天空，挥洒自如。其领袖豪情，众人为之倾倒。

事后，美堂先生告诉我，他对于毛主席的感受：“我拥护他的抗美、反蒋、批苏、肃反，还政于民，以及建立中华人民共和国的这一系列功绩。我过去跟毛主席通电来往了8次，但过去没有见面，到1949年9月才得领风采，开诚相见，不胜佩服之至。”

记者：美堂先生能跟主席讲普通话吗？

司徒丙鹤：他老先生虽然行走海内外大半生，但始终一口四邑话，就是广州话也不行，北方官话听都听不懂，连英语也是四邑口音颇重。因此，我都随他出席各种重要会议，作为翻译和秘书，包括与毛主席的瀛台夜会，后来讨论国号、土改、抗美援朝等重大国是。另外，赫赫有名的陈嘉庚先生，也是讲一口福建方言，靠庄明理先生翻译。

记者：这倒是奇了。两位国外回来的，却是只会家乡方言。

司徒丙鹤：9月21日，他携着美洲广大华侨热爱祖国的思想感情，出席了中国人民政治协商会议第一届全体会议，并代表世界各国侨胞，“用最热烈的心情，向大会致贺”。这次会上，他被选为全国政协委员、中央人民政府委员。

与罗斯福交情甚深

记者：美堂先生一生交友无数，据你了解，他最喜欢哪些人呢？

司徒丙鹤：美老生前常常表示：他出生贫农家庭，被迫赴美谋生，饱受封建压迫和帝国主义欺凌之苦，起而奋斗，道路曲折，环境艰难。他所以能够不断顺应潮流，是得到良师益友的帮助和教育的结果。

他与孙中山、黄兴、周恩来都是好友，也视朱德元帅、彭德怀老总以及邓小平先生等为良师。

他很尊敬毛泽东。记得有一次，他去拜访毛主席时，由于双清别墅地势较高，毛主席考虑到司徒先生年龄较大，怕受不了颠簸，就把自己的藤躺椅制成轿子，让人抬着司徒先生上山，并在门口等美老下轿。

另外，美国前总统罗斯福曾担任美国致公堂、安良堂的法律顾问10多年，维护华侨的权益。后来，他当上总统后，取消了美国歧视华侨的法律，所以也是美老视为朋友的人。

记者：全国人口当时约为6亿，侨胞不过三两千万，对比来看，可见共产党对华侨的重视。10月1日那天，他是穿什么衣服参加大典的？

司徒丙鹤：他穿西装。我们在天安门城楼上，目睹了红旗似海、欢声雷动、50万人庆祝游行的伟大场面。参加完开国大典，他就打算离开，不想留在北京当官。我马上向周总理反映后，总理亲自来动员他留下。从此，他就以北京为家，直至逝世。

记者：解放初期，共产党在政务大事上，如何与民主人士协商的呢？

司徒丙鹤：共产党贯彻民主政治是非常好的，每逢大事都经过充分协商。美堂先生当时已经年过八旬，但每会必到，不但认真听，还要回去想。他的记性超人，连10年不见的人也说得出名字和有关事情。

1955年5月8日，司徒美堂患脑溢血重病，在北京与世长辞，享年87岁。他的墓志铭也是由我写的。

他的公祭大会上，毛泽东、朱德、刘少奇、周恩来送的花圈。周恩来亲自主持公祭大会，遗体安葬在八宝山革命公墓。廖承志先生作的《首都各界人民公祭司徒美堂先生悼词》。如此隆重的公祭仪式，解放后罕见。

1937年全国抗战爆发后，他发起组织“纽约华侨抗日救国筹饷总会”，为祖国抗战筹措经费约330万美元。

1941年初皖南事变后，他致电国民党政府，代表美洲华侨洪门致公堂，要求举国团结抗日，反对分裂。同年冬，受聘国民参政会参政员，自美回国参加抗日活动，途经香港时，适逢太平洋战争爆发，日军欲拉其出面组织香港帮会，他坚决不从，并成功设法离港，辗转到达重庆。

1942年，他又专程前往南美洲各国，向华侨宣传祖国抗战。抗战后期，他还鼎力支持国内经济建设事业，在重庆等地设立华侨兴业银行。

1945年春，他当选为中国洪门致公党全美总部主席。抗战胜利后，反对蒋介石集团的内战政策。

新中国成立前夕，司徒美堂应中共中央和毛泽东邀请，回国参加中国人民政治协商会议，并于会后居留北京。其间，曾担任中央人民政府委员会委员、全国政协委员、全国人大常委会委员、中央华侨事务委员会委员等职，为新中国建设贡献自己的力量。

力主弃用“中华民国”

在9月22日的政协筹备会议上，与会者为国号有些不同意见。有人提议在“中华人民共和国”后面加上括号中华民国。9月25日，何香凝、黄天培、司徒美堂、马寅初、郭沫若、沈雁冰等民主人士，接到了由周恩来发出的请帖，在次日午宴上商谈重要问题。

宴会由周恩来主持。他说，在国号“中华人民共和国”之下，有个“简称中华民国”的括弧。关于这个简称，有的说好，有的说不必要。今天，想听听辛亥革命时期的长辈的意见。

司徒先生的性格是刚烈如火，是非分明。他发言说：“我是参加辛亥革命的人，我尊重孙中山先生，但对于‘中华民国’4个字，绝无好感。理由是中华民国，与民无涉。共产党所领导的这次革命是不是跟辛亥革命不同？如果大家认为不同，那么我们的国号应叫中华人民共和国，抛掉中华民国的烂招牌。我坚持反对什么简称，主张光明正大地用中华人民共和国。”这一番言语掷地有声，引起一片掌声。接着，马寅初、张澜、陈叔通、陈嘉庚等发言，均赞成司徒美堂的意见。

9月27日的全国政协一届全会，一致同意国号去掉“中华民国”几个字。开幕式上，美老以华侨身份登台演讲，获得热烈掌声，选举中央人民政府时，美老被选为63人中的一位委员。随后，美老还被选为全国人民代表大会常委、华侨事务委员会委员。

1949年，司徒美堂出席全国政协第一届会议时签到

力主“抗美援朝”

1950年，毛主席就派兵抗美援朝与民主人士进行磋商。美堂先生对主席说：“我在美国生活69年，认识其帝国主义的本性。你不打，他像是真老虎；你一打，他就成了纸老虎。”这句话让毛主席十分高兴。后来，他又在《光明日报》发表了署名文章，告诫国人清除崇美、恐美观念。

延伸

数字华侨

在1931年到1945年这段非常时期，抗日救亡运动席卷了海外华侨社会的每一个角落。在异国的侨胞们中间，社团和侨领特别有号召力，专事抗日工作的华社团体就达900余个，其他类型的社团也参与了抗日救国，海外抗日捐款达50亿元国币。

中共通过争取侨领，也使广大侨胞了解和支持中共领导的抗日斗争。1938年，周恩来、叶剑英等致函南洋侨领，希望他们全面支持抗战。这一信件在南洋各家侨报登出后，在广大侨胞中引起积极响应。75岁高龄的侨领司徒美堂，还进入广东游击区考察。随后，他在海外通过亲身所见，热情赞扬中国共产党的抗日战绩。

在各华人社团的号召和组织下，众多迫切要与祖国共患难的进步华侨青年，冲破重重险阻，回国参加各种抗日队伍，仅从东南亚、美洲、澳洲归国的粤籍华侨就有4万多人。

华侨华人一方面为祖国募捐买飞机，同时在侨居地开办航空学校，另一

广大华侨为中华民族的独立与解放作出了重大贡献。抗日战争时期，南洋华侨领袖陈嘉庚（右上图）曾号召3200多名南洋华侨机工回国服务。他们将中国政府购买的军火物资，通过滇缅公路运抵昆明、重庆，再运往抗日前线。

方面大量有驾机经验的华侨青年回国参战。在当时国民政府空军驱逐机队的飞行员中，美洲华侨青年几乎占四分之三。而在赫赫有名的“飞虎队”中，美籍华裔占了足足九成。

历史镜头

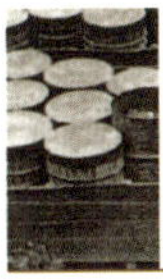

新中国成立第9天 美国本土升起首面五星红旗

中华人民共和国的成立，结束了100多年来中国人民饱受帝国主义、封建主义和官僚资本主义的欺凌、压榨和剥削的悲惨历史，中国人民第一次成了国家的主人，千百万海外华侨也破天荒第一次有了强大的祖国作后盾，不再是“海外弃儿”了。华侨的爱国主义精神像火山一样又一次迸发出来了。

新中国的诞生，受到了五邑籍华侨华人的热情支持，他们欢庆雀跃，奔走相告。10月1日，梅参天主持的《美洲华侨日报》报道新政协会议闭幕消息时，用通栏大字标题“全国人民政府成立，毛泽东被选为首任主席”，向海外华侨华人报告了这个特大喜讯。10月3日，该报又用通栏特大号标题报道首都北京举行开国大典的盛况：“在北京天安门广场50万人之前，毛泽东主席庄严宣布：中华人民共和国成立。任周恩来为政务院总理。”广大海外华侨华人的欣喜与自豪，跃然纸上。以五邑籍侨领陈金坚为会长的纽约“衣联会”不顾国民党反动分子的恐吓，决定在新中国宣告成立时召开隆重的庆祝会和悬挂五星红旗。

“衣联会”通过香港《华商报》获知五星红旗的设计图样后，连夜制出一面丝质的五星红旗，10月9日，陈金坚亲自把它悬挂在“衣联会”的大楼上。这是在美国本土挂起的第一面中华人民共和国国旗。

（林亚茗　沈卫红）

霍英东：为祖国作贡献是平生夙愿

生平

霍英东:为祖国作贡献是平生夙愿

霍英东祖籍广东番禺。他在上世纪50年代，创立立信置业有限公司和有荣有限公司，后组建霍英东集团。1965年至1984年，任香港地产建设商会会长。1981年起，先后任国际足球联合会执委，世界象棋联合会主席，亚洲足球联合会副会长，香港足球总会会长。1984年起，曾任香港中华总商会会长。他是中国共产党的亲密朋友，全国政协第八、九、十届副主席。

中国改革开放以来，霍英东为国家发展和现代化建设事业作出了重大贡献。1979年，他投资兴建中山温泉宾馆，成为最早到内地投资的香港企业家之一。1983年，他与广东省有关部门合作兴建的广州白天鹅宾馆开始试营业，成为我国第一家由中国人自己设计、施工和管理的大型现代化酒店。后来，他又建起了广州南沙海滨新城。

2006年10月28日，霍英东逝世，享年84岁。

2006年的10月28日，一位84岁的香港老人逝世。出席追悼会的国家领导和香港特区政府官员，阵容鼎盛。因为，他不仅是独具慧眼的商界巨子，更是一位在中国改革开放事业中破浪前行的功臣，一位见证了中国内地与香港逾半世纪沧桑的爱国人士——全国政协副主席霍英东先生。

“我很想整理有关父亲的资料。这是我们家族的宝贵精神财产，不能随着时间的流逝而遗失。”当记者采访霍英东长子霍震霆先生时，他这样诚恳地说。其实，霍英东这个名字并不会渐行渐远，它已经彪炳于中国改革开放伟大历史进程的光辉史册。正如当霍先生去世时，邓小平长女邓林特地对其家人表示慰问说："霍先生对国家的功绩都写在大家的心里。"

组船队运物资，支援抗美援朝

霍英东年轻时就有为国家做事的志向。中国抗美援朝期间，西方国家对我国实施全面禁运，港英当局也配合并以武力"缉私"，而他却在香港组织了颇具规模的船队，冲破帝国主义的重重封锁，为祖国运送了大量钢铁、轮胎、汽油、药品等急需物资，有力地支援了抗美援朝。霍英东回忆说："当时全港只有我有这么多船，而且我自己是水上人，熟悉港口情况和水情。所以我用船把那些物资运到内地。从1950年至1953年的3年间，我们几乎每晚开工，没有一天停止过，每天只能睡三四个小时。"那段时期，他起早摸黑承受风险、担惊受怕，人瘦得只剩下不到100磅。

后来，周恩来总理曾用"患难之交"来评价以他为代表的港澳同胞在新中国最困难时期所提供的帮助。

而更大的"代价"还在后头。港英政府从此在政治上打压他，所有港英政府的官方活动及公益捐款善举，霍英东都被排斥在外。上世纪60年代初，他顶住港英政府的压力和阻挠，积极支援内地经济建设，反映香港同胞的心声和诉求，成为祖国大陆与港澳联系的重要桥梁之一。

被誉为"改革开放的一个符号"

有传媒说，霍英东是改革开放的一个符号。

上世纪70年代末——国家改革开放伊始，他就着手筹划到内地投资。1979年，他投资兴建中山温泉宾馆，成为最早到内地投资的香港企业家之一。1983年，他与广东省有关部门合作兴建广州白天鹅宾馆。他投资的许多项目，都对广东乃至全国的经济发展有开创性的示范意义。如白天鹅宾馆不仅是我国第一家自行设计、自行建设、自行管理的现代大型酒店，同时还是中国第一个允许非住客参观游览的高级酒店。它让内地人民亲眼看到、亲身感受到现代化服务设施。

1990年2月20日，邓小平在北京人民大会堂会见霍英东。

他与邓小平同志相识多年，非常理解其提出的“一国两制”伟大构想，衷心拥护中央对港方针政策。在香港回归前，他担任了香港特别行政区基本法起草委员会委员、预备工作委员会副主任、筹备工作委员会副主任、推选委员会副主任，为确保香港平稳过渡、顺利回归和长期繁荣稳定，作出了突出贡献。香港回归祖国后，他运用自己的社会影响力，积极贯彻落实“一国两制、港人治港、高度自治”的方针，全力支持特别行政区行政长官和特区政府依照基本法施政，为维护香港繁荣稳定作出新的贡献。

霍英东将个人的命运与国家民族的兴衰融为一体。他长期担任全国政协副主席，积极参与国家大政方针和重要事务的协商。他利用自己在海内外的特殊影响，广泛宣传中国改革开放和现代化建设的伟大成就，积极介绍香港“一国两制、港人治港、高度自治”的成功实践。1997年7月，香港特别行政区政府授予他大紫荆勋章。

投资白天鹅时所穿衣服不到100港元

去年底，在广东省华人慈善南方盛典上，为祖国各项公益事业捐款总额逾150亿元的霍英东先生，获得“慈善风范”奖。他生前的一句肺腑之言是那样朴实，却那样打动人：“能为祖国作点贡献是我的平生夙愿。”

改革开放以来，他积极投身内地经济建设，先后投资或捐赠了番禺大石大桥、洛溪大桥、沙湾大桥和广珠公路上的四座大桥等多个重大项目；他为广州南沙的开发建设呕心沥血10多年，在滩涂上建起了广州南沙海滨新城；他倾力支持国家的教育、医疗和体育等事业，数不胜数。他创立的霍英东基金会、霍英东体育基金会、霍英东番禺建设基金会等机构，分别以独资、合资、捐赠、低息贷款等方式，在内地兴建了数百个项目，总支出90多亿港元。他的善举得到国家的充分肯定，荣获民政部、中华慈善总会颁发的“中华慈善奖”。他说：“我们在内地多方投资、捐赠，目的只有一个，就是希望国家兴旺、民族富强。”

不管是在内地还是香港，他对公益事业的支持都是不遗余力的。在他投资白天鹅的时期，他竟然穿着不到100港元的衣服，中华总商会的朋友们都劝他讲究一点。

连反对他的人都表示：我们政见不同，但我对他的人品表示钦佩。

中山温泉宾馆建设速度创世界纪录

广东在改革开放这30年取得辉煌成就，海外同胞及港澳同胞功不可没。尤其是在改革开放的关键时刻，霍英东先生这位关键人物发挥了关键作用。

1978年中共十一届三中全会开完，全会公报发表，提改革开放政策，包括吸收外资、技术和管理经验。仅仅在几天后，霍英东先生就与港澳一群朋友来到中山探路。当时中山根本没有什么宾馆，富豪们只能住招待所，晚上还见到老鼠乱窜。霍先生感慨地说：“这种环境如何对外开放？所以我就从建宾馆做起吧。”

于是，在当时广东省委和省政府的支持下，中山温泉宾馆作为全国第一个合资合作项目在1979年11月破土动工。由中山市出地皮，霍先生等投资近

5000万港元。

施工期间，霍英东抱着“只争朝夕，创建改革开放的样板工程”的想法，每个月都来工地几次。工程竣工后，几乎全部的装修材料和用品，甚至毛巾、厕纸、床单都靠进口，但在海关等各部门的协助下，仅仅用了一个月时间就完成了。

许多中山人永远记得这个日子——1980年12月28日，一个集中式园林和西式装饰于一体、现代化的中山温泉宾馆开业了。当日，上千位宾客来祝贺，令原先荒寂的罗三妹山热闹起来。连厨师都不够，于是中山几个镇各出一道菜，开成这个一镇一品的特色宴席。霍先生当时很受鼓舞，说：“外国人不相信中国的办事效率，对中国改革开放也信心不足。我们通过中山温泉宾馆的建成开业，说明外国人能做的中国人也能做，而且做得更好。仅仅是酒店的建设速度就创造了世界纪录。”这个宾馆也令国人开了眼界，当时每天从各地前来参观的旅客超过一万人。人们不仅排队来看看，还来买面包、凤爪回去。

在建设筹备阶段，他3次亲自乘坐小电船，冒雨在珠江上察看，最后确定了工程方案。他带头投资、捐资、捐物，折合两亿元，加上其他人和政府的投资，终于打通公路、建成大桥，又开通轮渡，从根本上改善了交通条件。

追忆

我的父亲霍英东

与邓小平相识于球场　邓小平给了我们发展的底气

“没有邓小平先生就没有港澳继续繁荣稳定的今天。”外形酷似其父的霍震寰说，“父亲最早见邓小平先生是在1977年，父亲率香港队参加亚非足球赛。当时，香港队打入了决赛。邓先生出现在看台上，那时候他刚刚复出，全场爆发出长久的掌声。从此，我父亲与他开始了20年的友谊。”

霍震寰说，基于对邓小平先生“一国两制”构想的深刻理解，父亲从来没有对香港的前途及其与内地的合作有过任何担心和犹豫。他先后担任过香港特别行政区基本法起草委员会委员、筹备工作委员会副主任、推选委员会副主任等职，并于1993年3月起任全国政协副主席。

霍英东曾经对孩子们回忆说，当时，基本法起草委员会的成员按照小平的思想精神，一个字一个字地推敲、讨论。在回归的交接仪式上，霍英东目睹五星红旗和紫荆花区旗冉冉升起，真切地感受到自己作为中国人的自豪。

霍震寰告诉记者：“我与父亲的感受是相似的。自己虽然在外国读书和生活了10年，但从未想过取得外国的居留权。如今，‘一国两制’、‘港人治港’已经变成了现实，香港人气旺盛，繁华稳定。我们明白，没有邓小平就没有港澳的今天。”

最记得“不走回头路”

霍震寰回忆说：“在上世纪80年代，我第一次见到邓小平。他接见我们父子与包玉刚先生等。他的四川话我大概能听懂一半，感到其思路很清晰，说话也铿锵有力。邓小平当时谈改革，说中国背着几个包袱，要轻装上阵，去实现现代化目标。中国当时还很困难，他的设想似乎很超前，而现在他的宏伟构思一一实现。这说明，他是很有远见，也符合现实的。”

谈到父亲与邓小平的交往，霍震寰说父亲记忆最深刻的，是在1984年与邓小平在中山温泉爬小山时，听到邓小平散步后说“不走回头路”。作为中国改革开放的总设计师，他这句话给了全中国，特别是霍先生一家人极大的信心，以及发展的底气。

如今，霍震寰接掌了霍英东集团，全力负责南沙的建设开发。他说：“南沙开发是父亲付出心血最多的一项事业，因此我们一定会做到最好最好。”

北京初次申奥失败我与父亲抱头痛哭

霍英东先生的长子霍震霆先生，继承了父亲最喜爱的体育事业。在香港大球场举行一场激烈的足球赛的同时，记者采访了香港奥委会主席、立法局委员霍震霆，听他回忆与父亲经历的中国申奥的日日夜夜。

他说："父亲虽然不是中国申奥委员会的成员，但却是北京申办奥运会最得力的幕后活动家。那段时间，他向不少国际奥委会执委游说，鼓励他们支持北京申办奥运会，还参与了中国申办奥运的策划工作。父亲与当时的国际奥委会主席萨马兰奇是多年的老朋友，父亲多次向萨马兰奇进行游说，另外还出资100万美元，以中国奥委会的名义捐给奥林匹克博物馆。"

他回忆说："1993年北京第一次申奥时，父亲以中国代表团顾问的身份前往摩洛哥蒙地卡罗。当时，中国仅以两票输给了澳大利亚悉尼，当时在现场的我与父亲抱头痛哭。到了2001年中国第二次申奥，父亲当时虽然年岁已高，无法亲赴莫斯科见证这一伟大时刻，但他依然让担任香港奥委会会长的我代为出力。当萨马兰奇宣布北京获胜时，我马上与在家中等候的父亲通电话。我们父子两人都十分兴奋，他在电话里反复地说：'我们赢了！我们赢了！'"

接着，在香港政府和他们父子的努力下，香港开始争取到承办北京奥运会马术比赛的机会。2005年7月5日，霍震霆在新加坡，目睹国际奥委会通过北京奥运会马术比赛在香港举行的那一时刻。这在香港历史上，是第一次举办如此级别的国际大赛。当时，百感交集的他相信，虽然为中国及香港体育事业付出一生心血的父亲看不到这一天，但父亲一定是带着必定成功的欣慰而去的。

（林亚茗　沈卫红）

10多年前，霍英东投放启动资金超25亿元建设南沙。

由霍英东、何贤、何添先生捐资建成的广州洛溪大桥。

2006年，许多香港市民到霍英东的追悼会场外，送别霍英东。

2006年，第二十九届省港杯足球赛首回合比赛前，球迷们举着霍英东的画像并默哀。

濠江半世风云　领袖父子传奇

自2009年12月20日起，崔世安将接替执掌澳门十年的何厚铧。这让澳门三大家族再次成为关注焦点。

濠江半世风云 领袖父子传奇

何贤：上世纪的"影子澳督"

何厚铧：十年高分特首

在澳门，首任澳门特首何厚铧的何家、建筑世家崔家，以及全国政协副主席马万祺的马家广为人知。三大世家在澳门根深叶茂，澳门的发展离不开这三大家族。这三大世家始终十分支持内地的发展，与内地不少政治经济界人士保持了良好关系。

其中，何家父子何贤和何厚铧在澳门不同的历史坐标中更是占据了不可磨灭的位置。一位被尊称为“影子澳督”，一位是十年高分的特首，何家父子在他们各自的年代里，树立起了精英华人的模范，特别是何厚铧在澳门回归的十年中，为澳门特区的发展带来了崭新气象。

解密

何贤：上世纪的“影子澳督”

1983年12月6日，何贤在香港与世长辞，享年75岁。港澳各界举行盛大的公祭仪式，在灵堂外有一个花圈特别引人注目，上面没有落款，只是写着淋漓恣意的一个墨字：“服”。

何贤

一个“服”字，精练了何贤从贫困潦倒的粮油学徒奋斗成为濠江大亨的人生历程，也表达了老百姓对这位“澳门黄大仙”为民请命、兼济天下的敬爱之情。

“如果澳门没有何贤，也许现当代史就会改写。”原《澳门日报》资深记者陈树荣如此评价何贤，“澳门老百姓称他‘影子澳督’和‘澳门黄大仙’，就足以说明他在澳门发展史上的重要地位。”

在澳门现当代发展史上，何厚铧之父何贤先生的地位举足轻重。从抗战时起到上世纪60年代，何贤为澳葡政府多次化解重大政治经济和社会危机。他接济过的澳门普通民众不计其数，所以老百姓称他“澳门黄大仙”。而澳葡当局，多年来都默认了他“影子澳督”和“澳门王”的地位。新中国成立后，他积极参与国家建设，曾受到毛主席和周总理的亲切接见。

从粮油学徒到濠江大亨

何贤1908年生于广州番禺，13岁的时候由于家境日蹙、维生艰苦，何贤被父亲送进一家粮油店当学徒。3年后，16岁的何贤已经成为顺德某粮油店的掌柜。

21岁时，何贤与好友集资在广州开办了汇隆银号，开始在金融界大展身手。1938年广州沦陷后，何贤逃到香港，重操旧业，继续做货币买卖。1941年冬太平洋战争爆发，战火蔓延至东南亚，香港沦陷。何贤二易阵地，迁居澳门。澳门，成了何贤之后发家致富并扬名立万的宝地。

初到澳门，举目萧条。战争带来的大起大落的金融行情让何贤看到了机遇。很快，何贤从事货币和有价证券买卖的才能让他在澳门金融界崭露头角。时任澳门中华总商会会长、全国政协副主席的马万祺对何贤也颇为赏识，聘请他到大丰担任司理，而大丰在何贤的带领下跻身同业中的翘楚。

从上世纪40年代中期起，何贤又陆续开办了印染厂、纸厂、酒店、地产公司、公共汽车公司、自来水公司、石油公司等，何贤从涉足单一的金融领域到发展为颇具规模的企业集团，实力已不容小觑。到了1971年，当大丰银号注册为大丰银行时，何贤掌握了控股权。此时的何贤已经稳稳立足于澳门，成为当仁不让的濠江大亨。同时，他与在澳门的中共人士有着良好的关系。

被称“澳门黄大仙”

1943年春节前夕，日军因驻澳门特务机关内讧而封锁澳门，由于粮食、副食品和御寒衣物等物资运不进来，有时一天之内菜价上涨20倍，大米谁也弄不清涨了多少倍，近40万居民眼看就要断炊，澳门居民饿死、冻死者不计其数，社会动荡随时可能发生。

生死攸关之际，何贤以华人代表身份出面与日军交涉，迫使日军解除封锁；同时，带人冒死到香山县购粮运回澳门救急，组织澳门失业的人到海南做劳工，挽救了大批底层贫民。这时，何贤开始被一些澳门民众称为“澳门黄大仙”。1966年，何贤为民请命，成为许多人眼中“真正的华人代表”。

如今的澳门人将何厚铧热心慈善事务视为秉承其父何贤的遗风。1955年，青州木屋区大火，2000多人无家可归。何贤任“救济青州火灾灾民酬募委员会”的会长，带头捐了55间铁皮屋，不到一个月就使灾民们有吃有住。隔年，何贤将澳门政府意欲拍卖的贫民房屋买下，让居民有屋可住。

何贤一直情牵桑梓。1955年，何贤途经广州专门见了老家的干部，听说村里经济发展缺少资金后，他当即捐出3000元给村里办信用社、20000元办养猪场。此后20年间，他给村、乡、县捐款捐物上千万元。

75年的荣辱人生，“影子澳督”的称呼，为何贤在澳门发展历史上的地位作了最好的注解。半个世纪之后，他的第五个儿子何厚铧成为澳门两任行政长官，再度引领濠江风云。

解密

何厚铧：十年高分特首

澳门回归后，何厚铧这位高票当选的澳门首位华人长官，在10年执政期间，始终坚持“一国两制”、“澳人治澳”、高度自治的方针，励精图治，创造了一个澳门奇迹。

名门之后崭露头角

何厚铧含着金钥匙出生，却未染半点骄奢之风。当年何贤13岁辞家去广州当伙计，闯荡江湖；多年以后，何厚铧也是在13岁时孤身离家远赴加拿大留学。两父子命运节点的惊人相似似乎预示了何厚铧的未来。

何厚铧出国读书，父亲给了数万元美金做生活费用。但他半工半读，自食其力，父亲给的那笔钱基本没有动过。1978年他在加拿大多伦多商科毕业，获学士学位。1982年，何厚铧考取了核数师、注册会计师资格，因不想被人说他靠父母吃饭，并未选择留在家族企业任职，而是只身来到香港一家会计师楼当核数师。一年后，父亲被检查出患肝癌，年仅28岁的何厚铧临危受命，赶返澳门，接下了庞大的家族生意。

作为何氏家族的主要产业，大丰银行由何贤一手创办，苦心经营数十年。何公病危，市场负面影响接踵而至，引发存户恐慌纷纷排队挤提现金。面对黑压压的排队提款人群，何厚铧镇定地指示：存户提多少给多少，态度要好，先稳住局面，然后再寻求外界资金的救援。在得到病危父亲的授意后，何厚铧向一直友好的中国银行澳门分行借资，并建议他们参股进来，共挽狂澜。

这件事迅速传到北京，中央领导连夜研究作出批示：何贤为国家办了这么多好事，且大丰是个老牌银行，一直信誉良好，不能因谣言毁掉。挤兑风波便很快风平浪静了。安然度过危机之后，中国人民银行又宣布大丰经营状况良好，后来中银成为了占大丰六成股份的股东，何厚铧被任命为该行常务董事兼总经理直至当选特首。今日“大丰”已成为全澳门盈利最高的银行，闯入了亚洲银行500强。

政坛杰青当选澳门特首

对澳门，何厚铧有一种深沉的热爱。他曾说：“从先父到我这一代，我们两代人在澳门服务了大半个世纪，我的一切都是澳门人给的。我深切地了解到，澳门的前途与全澳居民及我个人的前途息息相关，彼此融汇在一起。”他说“要把对澳门的感情进一步升华，变成无私的奉献”。

颇具先父当年风范，何厚铧同样热爱社会事务和公益事业。1993年成立的“澳门支持中国减灾扶贫行动委员会”，他是积极的组织者和参与者；为内地灾区募捐的“十元运动”，是由他和一群青年发起的，在澳门社会反响极大；1995年率团考察了湖南山区以后，他立即捐款资助当地教育事业，解决了1000名失学儿童小学六年的教育经费；他赠送给国家地震局价值300万元的5套便携式卫星电话系统，填补了当时中国便携式卫星电话的空白。

1986年，31岁的何厚铧当选为全国政协委员，政坛之路在何厚铧眼前越铺越开。直到1999年，他和澳门的命运紧紧重叠在一起，迎来了历史性的转折。

1999年5月15日，澳门旅游活动中心，澳门特别行政区第一届政府推选委员会进行的行政长官选举进行得如火如荼，何厚铧最终以163票的高票打败另一位候选人区宗杰。5月24日，朱镕基总理在北京颁发国务院令，任命何厚铧为中华人民共和国澳门特别行政区第一任行政长官。12月20日凌晨，澳门特区政府成立，代表着“澳人治澳”精神的澳门首任行政长官何厚铧正式就任。

大多数人都认为何厚铧出任特首，具备天时、地利、人和的优越条件：一方面，何厚铧承袭了何贤的事业和人脉，与澳门各界有着千丝万缕的两代关系，坦率敢言，很有亲和力；另一方面，葡萄牙在上世纪70年代初事实上已放弃对澳门主权的主张，并把军队从澳门撤走，良好的大环境让澳门的发展更添几分明朗。

为澳门创造经济奇迹

舞照跳、马照跑，在澳门平静的表面之下，何厚铧面对的挑战并不小。当时有台湾媒体列举了何厚铧上台后将面临的十大挑战，其中，澳门的治安、政制模式、博彩业和旅游业、文化融合等问题最受关注。

何厚铧上任时曾说：“我不会为自己订立很大的目标，要在5年任期内达到什么成就，可是治安却是我上任的首要事务。”“稳定压倒一切”这六字方针，贯穿于他此后的施政过程。

随后的5年里，何厚铧实现了自己的承诺，为澳门创造了一个又一个奇迹。最耀眼的要数经济的大幅增长。回归前，澳门经济已连续4年负增长。当时澳门居民最大的愿望就是吃饱饭、有工做。2000年，回归头一年，澳门经济就止住了多年下滑的局面，到了2001年更是取得4%的经济增长率，2002年和2003年经济分别增长10%和15%。

困扰市民多年的治安问题也得到解决。回归前，澳门黑社会势力猖獗，火拼事件不断，连总警司的座驾都被安放了炸弹，很多想来澳门的旅客只能望而却步。回归后，特区政府整顿司警队伍，强化社会治安管理，黑社会势力很快销声匿迹，暴力犯罪大幅度下降，社会日益稳定。而在“以旅游博彩业为龙头、服务业为主体、其他行业协调发展”的经济政策下，何厚铧将专营70多年的博彩经营权一分为三，引入两家世界著名企业参与竞争。

高分特首谦虚而诚恳

2004年12月20日，何厚铧再次就任澳门特别行政区行政长官。何厚铧回京述职时，时任国务院总理朱镕基高兴地给他打了101分，赞扬澳门在何厚铧的带领下取得了“了不起的成绩”。而在最近一个由澳门理工学院一国两制研究中心发表的民意调查中，何厚铧施政十年平均得分6.68分。调查机构认为该分数处于较佳水平，指出何厚铧在贯彻“一国两制”及摆平各方势力方面取得较高评分。这个评价，是何厚铧交给澳门民众的最好答卷，同时也为自己的十年特首生涯画下美好注脚。

面对赞誉，何厚铧表现谦虚而诚恳。“我始终相信一个行政长官，不可能因为他的一切而影响地方好坏。所以澳门好，肯定不是我的功劳，但我也不能说澳门不好，也绝对不是我的错。”

境外媒体曾作评论：虽然只是弹丸之地，澳门特区在21世纪的独特经验很值得全球关注，它对亚洲城市的发展前景带来重要的讯息，而且作为一个万众瞩目的“一国两制”示范焦点，对中国的统一大业有深远的含意。

回顾澳门回归十年历程，“一国两制”为澳门的发展和前进提供了可靠的政治保证和社会保证。澳门，这座“东方蒙地卡罗”经过系列改革，有着150多年经营史的博彩业，与旅游业共同成了澳门的经济支柱，与此同时，经济也开始朝多元方向发展。在“一国两制”的架构下，澳门依然是独立关税区和自由港，在数十个非政府间国际组织中保持着相对独立的地位，并可通过加入中央政府代表团的方式参加一些特定国际组织的活动，国际地位明显上升。

何厚铧办公室里，悬挂着一幅字幅，写着“岂能尽如人意，但求无愧我心”。在面朝大海的特首公馆里，何厚铧与澳门同呼吸、共命运，孜孜奉献，迎来了澳门回归十年的春暖花开。

链接

澳门十年风雨历程

1999年12月20日　葡萄牙结束对澳门的统治，政权移交中华人民共和国，澳门特区首任行政长官何厚铧宣誓就职。在“一国两制”的政策下，澳门享有“澳人治澳”、高度自治的权利。

2001年　澳门立法会正式通过了《娱乐场幸运博彩经营法律制度》（俗称“博彩法”），为澳门的“开放赌权”提供了法律依据。

2003年7月　内地多个城市陆续实施居民赴澳门自由行。

2003年10月29日　中央政府与澳门特区政府签署CEPA协议。

2004年8月29日　澳门特区第二任行政长官选举，何厚铧获连任。

2004年12月19日　国家主席胡锦涛亲莅澳门，出席澳门回归祖国5周年庆祝大会暨特区第二届政府主要官员就职典礼，并亲自为澳门西湾大桥落成纪念碑揭幕。

2008年11月　受全球性金融海啸影响，全球最大的博彩及娱乐集团、美国上市公司拉斯维加斯金沙传出财困危机，该集团在澳门拥有金沙赌场和威尼斯人度假村两大赌场，多个发展项目被迫停工。这一事件也引发了澳门社会对经济发展单一依赖博彩业的讨论和探索。

2008年　底港珠澳大桥澳门落脚点设计及各项研究完成。

2009年6月27日　十一届全国人大常委会第九次会议表决通过决定，授权澳门特别行政区对设在横琴岛的澳门大学新校区实施管辖，横琴岛澳门大学新校区与横琴岛其他区域实行隔离式管理。这意味着，横琴岛一部分将成为实施“一国两制”的新区域。

2009年　澳门特别行政区迎来回归10周年。

（洪奕宜　赵琦玉）

关山皓月国香颂 长留画魂在江山

关山月人如其画，高山流水、傲雪寒梅，正如他挥斥方遒的广阔胸怀。画如其名，以笔力雄厚、意境壮阔著称，他在其生命历程中激越豪迈，在其苦苦耕耘的艺术心田中融入自己全部的理想和情感、直至融入了自己整个生命，融入了他对民族的关爱与自豪。大胆创新的艺术精神、执着追求的艺术修为练就了他非凡的艺术造诣。

A22

关山皓月国香颂
长留画魂在江山

承前启后

胸怀家国

巨幅国画记载新中国艺术形象

在新中国成立60周年的阅兵盛典上，当来自全国各地的34辆彩车驶过天安门前时，一幅巨型国画在广场上徐徐展开，云开雪霁、旭日东升的画面，恢弘磅礴的气势，令人叹为观止。2009名战士、3000多块画布，2万平方米面积，3吨重量，动态展开的水墨卷轴，再现了祖国的大好河山。这幅国画正是关山月和傅抱石创作的名画《江山如此多娇》。

回顾《江山如此多娇》，重温故人轶事，不由得让人深刻感受到，在关山月这代广东画家身上，有一种“舍我其谁”的气魄。

1959年初，关山月和著名山水画家傅抱石先生开始创作巨幅国画，题材是由周恩来总理提出的，表现内容为毛主席的词《沁园春·雪》，画题定为《江山如此多娇》，准备悬挂在北京人民大会堂的大厅。人民大会堂是国家领导人经常接见外宾和国际友人的所在地，如果巨幅国画画得不好，将有失国家的声誉与尊严。接到任务之后，两位先生心理压力很大，他们的创作场地在故宫。他们的草图一稿、二稿、三稿都未能获得通过，陷入了苦思。

有人回忆说，傅抱石和关山月都好饮，在作画时由于没有美酒激发灵感，常感神采乏力，冥思无端……当时国家正值困难时期，物资供应紧张。于是傅抱石就试着给周总理写信，倾诉无酒之苦，请求总理能批一点酒喝。周总理看罢信，不禁为傅抱石的直率而笑了。他理解艺术家的苦衷，立即叮嘱工作人员，拿来茅台酒，管他们喝个够，直到完成画作。两位画家拿到茅台酒，不禁喜上眉梢。一打开瓶盖，一股醇香扑鼻而来，精神为之一振。美酒润笔，真情动心，灵感奇生。

画稿通过之后，关老和傅老开始着手作画。宣纸是用乾隆年间存下来的厚古宣，“足有铜钱那么厚”，荣宝斋特制了一米多长的大笔和排笔，他们用的笔最大的像笤帚那么大，并用五六个大号的脸盆作为调色盆，不久便完成了巨幅山水画《江山对此多娇》。

创作完成后的第三天，周总理陪伴毛主席来到故宫的创作厅。周总理在旁插话说：“主席呀，这是万事俱备，只欠东风啦！”毛主席站起来了，傅抱石把醮饱浓墨的笔，送到毛主席手中。毛主席稍一沉思，便挥毫题上“江山如此多娇”六个大字。

“笔墨当随时代”成岭南画派精髓

关山月生于广东阳江一个破落的书香门第之家，一次偶然的机会，他得到岭南画派主要创始人高剑父先生赏识，免费进入春睡画院正式学习中国画，高老还为其改名为关山月。

早在民国初年，高剑父就看到了当时中国画的因循守旧，立志于“艺术革命”，创立新国画。他主张写生，吸收外国笔意，“折衷中西”，即艺术家必须关注所处时代、社会、民生，还须承担起教育民众、提高大众素质、促进社会进步的重任。关山月全面领悟和把握了高剑父革新中国画的思想，与他后来一直坚持的“笔墨当随时代”的艺术理念是一脉相承的。

1943年的西北之行——临摹莫高窟的古代壁画，直接成为在建国后关山月承担许多国家重大绘画任务的铺垫，也成为确立关山月艺术地位的基石。1944年，关山月将大量的西北写生和敦煌临画整理完毕，于重庆举行“西北纪游画展”，共展出作品100余幅。除了上文所列作品之外，还展出了关山月根据速写和心得体会而创作的《塞外驼铃》、《鞭马图》、《蒙民游牧图》、《祁连放牧》等作品。这些作品笔力雄厚而不失秀逸，气象壮阔又意境苍凉，令人耳目一新。徐悲鸿观后赞其：“风格大变，造诣愈高。”郭沫若为《塞外驼铃》、《蒙民牧居》题诗六首，称其作品道：“纯以写生之法出之，力破陋习，国画之曙光吾于此喜见之。”

上世纪90年代以后，活跃繁荣的中国画坛逐渐出现了一些令人忧虑的现象。一些画家在“淡化生活”的口号下，不愿意从生活中去寻找艺术的激情和创作的灵感，而是闭门造车，通过模仿去“创作”。还有一些画家只盯着市场，只看画商的眼色，一味地满足收藏者的审美口味，大量生产缺乏艺术品位的行画。

面对画坛出现的种种不良现象，几十年来，坚持“笔墨当随时代”，提出用“作品服务于时代和人民”的思想，坚持在“一手伸向传统，一手伸向生活”的基础上不断进行艺术创新的关老，身体力行，足迹遍及中国神州大地及欧美、日本和东南亚许多国家。

1994年，他以82岁的高龄亲赴黄河壶口及秦岭写生，创作出《壶口观瀑》、《黄陵古桥》等作品，把黄河的矫健奔腾，两岸的绝壁险峰、奇石云海、苍树郁木尽收其中。直到2000年，关老仙游那一年的五一节，他还与家人不远千里到泰山写生，他一生笔耕不辍，殚精竭虑地寻找中国艺术的新路。

大气魄成为新中国画家代表

新中国画家有何气魄？关山月的从艺为人堪称代表。画家不再像旧社会那样为稻粱谋，而是胸怀家国天下；心中不再只有私己之利，而是为百姓和人民作画。由此，笔走龙蛇、气吞山河，新中国画家也展示出超越以往任何年代画家的气魄。

1958年11月，关山月被委派到欧洲举行中国近百年绘画展览。他带着齐白石等大师的名画，走出国门，为了向西方世界介绍何为中国画，他一呆就是半年。

上世纪50年代，中国所有的美术院校都没有中国画系，绘画系多以西洋画为主，国画得不到重视。当时，在北京文化部召开的文艺教学会议上，关山月率先提出在美术院校设置中国画系的建议，建议一提出来就得到大多数人的赞成，国画大师潘天寿更是大加赞许。后来，建议得到当时的文化部批准，从此，全国的美术院校都有了中国画系，沿用至今。

今昔对比，关山月思考的问题，远远超过今天的大部分画家，他心中不只关心艺术问题，更不关心画作能否卖大钱，而是广博地关注整个社会和民生问题。值得一提的是，解放后，关山月一直在美术学院当教授，极少卖画。有一次，一位商人上门求购几件关山月的画，出价不菲，关山月回答说：“我要这么多钱干吗？你两年前放在我的西服袋里的300元至今还没有用呢！我不卖画。”买画人只好悻悻而去。

记者观察

巨幅国画记载新中国艺术形象

“江山如此多娇，引无数英雄竞折腰。”

谁能将新中国舍我其谁、气吞万里的景象，赋于形，绘成象？当之无愧的应该算是，1959年岭南画派代表人物关山月与新金陵画派代表人物傅抱石的天作之合——《江山如此多娇》。

在中国艺术史的版图上，居于边缘地位的岭南，为何在新中国成立后，迅速崛起，涌现出新中国新美术的代表人——关山月、黎雄才等人。

解放前，大部分画家出身卑微，不少靠卖画求生。清末海派画家任伯年沉湎鸦片，画债如山。最有名的还有齐白石，解放前夕怕以后不能再卖画，曾考虑离开大陆。新中国成立后，为了安顿久负盛名的画家，周恩来批准设立了画院体制，一大批画家由此摆脱生计之忧，全心创作。摆脱了师徒传承、卖画为生的基本诉求，新中国的画家将展示出怎样的气度？

新中国成立后，画家们开始投入到这一使命之中：要构建展示新中国气象的艺术形象。1952年，董希文创作出《开国大典》，成为“共和国成立的艺术见证”。另外一幅标志性意义的画作，当属1959年，由关山月与傅抱石为人民大会堂合作的巨幅国画《江山如此多娇》。两幅刊载美术史册的作品交相辉映，前者掀起了新中国的“油画中国风”，后者成为新中国国画的美术形象代表。

这幅宽9米、高6.5米的墨卷，画面的近景是江南青山绿水、苍松翠石，远景是白雪皑皑的北国风光，中景是连接南北的原野，而长江和黄河则贯穿整个画面。画中的东侧，一轮红日照耀着祖国的锦绣大地，山河壮丽，气势磅礴。《江山如此多娇》遵照周总理的指示，这也是岭南画派与金陵画派画家的一次携手，南北派山水风格汇于一炉，画作完成后，毛主席欣然提笔，挥就“江山如此多娇”六个大字。

一甲子岁月，关山月为首的岭南画派，强调“写生”，心中不再只为稻粱谋，胸怀家国人民，笔下气象大开。岭南画派所强调的走入生活绘画，为百姓作画，与毛泽东延安文艺座谈会精神，神契貌合，终于成就了一大批新中国美术史上标志性意义的画家，成为新中国最有新意的一个画派。

新中国成立60周年大会上，组字方队展示巨幅国画《江山如此多娇》。

对话

对话关山月之女关怡
卖画捐资助学

记者： 关山月和傅抱石的画风分别属于岭南画派和金陵画派，但为什么两人在创作《江山如此多娇》的过程中始终能够相辅相成并尊重对方所长？

关怡： 在第四稿通过以后，我父亲就说这是集体的创作，是集体智慧的结晶。在创作过程中，很多人给予了意见。有一天，陈毅、郭沫若、吴晗和齐燕铭来了解他们创作的进度。郭老就对两位画家说：“一定要保持各自的风格，但又一定要使画面求得和谐统一。”

这幅画的题目是周总理定的，在最后审定的时候，周总理仔细地从各个角度进行观察，也提出了意见：“画幅挂在人民大会堂还是略显小了些，此外太阳也要加倍放大，并要用最好的朱砂上色，才能永葆光辉。”两位画家听取了总理的意见后，就立即动手修改了。

在4个多月的创作过程中，父亲曾说大家都是以全局出发，全力以赴的，取长补短，他也乐于做对方的配角。因为父亲以前在西北的时候，经常画祁连雪山，所以他就画前景的松树和远景的长城雪山，而流水瀑布则由傅抱石来画。正是由于他们这种互尊互让的作风，使画面保留了不同的个人风格，从而达到了最佳艺术效果。

记者： 关山月的作品几乎都捐出去了，你们当时支持他这样做吗？

关怡： 非常支持！我父亲一生大公无私，他热爱自己的祖国，几乎捐出了所有的作品。他常说，我是国家的，是党和人民养育了我，我的一切都要还给党和人民。他还说，我的作品留给后人世世代代看，比放在家更有意义。

他的老师高剑父在生前没有把作品集中在一起，都流散在海内外，后人连出一本他的画册都难，也不便于后人对中国画、岭南画派以及他一生的艺术道路进行研究。我父亲吸取了这个教训，把大部分的画都捐给美术馆和博物院，就可以集中在一块，后人就能看到。

父亲也是穷苦出身，但他一直很喜欢画画，那时候考上艺专也没钱去读，读了免费的师范学院。后来，他知道高剑父先生在中大开课，就借中大同学的学生证去听课，高先生发现他是苗子，让他到春睡画院学习，我父亲就说他没钱，但高先生说不用钱的，你来学就好了。所以，我父亲特别能体谅穷苦子弟求学的艰难，他的卖画所得都用来捐资助学。

记者：关山月那一辈画家，坚持的是艺术走向群众和生活，提倡写生，这一点是不是与岭南画派的精神契合？

关怡：父亲对艺术很执着，并用自己的作品为人民服务。他常说生活要有所积累。他的口袋里永远装着个小本子，没有条件做大的创作，他也要画点速写，随时随地对着周围的事物即兴写生。高剑父他们那辈人并没有把自己称作岭南画派，这是后来大家叫的，关、黎二老这一代的艺术家也是秉承了高老的艺术理念，岭南画派所体现的革命精神、时代精神、兼容精神以及创新精神等四大文化精神。

（莫杨冰　李培）

互联网创业催生『知本传奇』

精彩中国 喜迎天下

A13

互联网创业催生“知本传奇”

丁磊 即使跌倒了，也要抓一把沙子在手里

马化腾 聊天造就的事业

上世纪90年代末，比尔·盖茨成为中国年轻人的新偶像。

1997年，丁磊在广州创办网易。

1998年，马化腾在深圳创办腾讯。

这一对同是生于1971年的朋友，是中国第一代网民，曾一起在深圳街头喝啤酒。如今，10年过去了，各自成就了中国IT业的标杆企业。

他们的“知本传奇”，是“知识创造财富”在信息时代的最佳演绎，激励着一代年轻人的创业梦。

丁磊最近有点烦。

最近，新闻出版总署宣布终止《魔兽世界》审批，这是网易极具潜力的一款游戏。这场攸关网易前途的风暴还没结束。而他今年初引起极大关注的“养猪计划”，还在推进中，尚未真正实现。

不过，这点考验，对于这位中国第三大在线网络游戏运营商的掌门人、曾经的“中国首富”来说，算不了什么。最艰难的创业时光已经过去。

解密

丁磊：创办网易

三次跳槽，广州自立门户

1995年，24岁的宁波青年丁磊揣着几千块钱，孤单地站在广州繁华的街头。这里的电脑城一片欣欣向荣，很多年轻人都在寻找自己的创业机会。

此前，从成都电子科技大学毕业后，丁磊回到家乡，在宁波市电信局工作。电信局旱涝保收，待遇很不错，但丁磊感到一种难尽其才的苦恼。1995年，他从电信局辞职，遭到家人的强烈反对，但他去意已定。他这样描述："这是我第一次开除自己。人的一生总会面临很多机遇，但机遇是有代价的。有没有勇气迈出第一步，往往是人生的分水岭。"

他选择了广州。有朋友问他为什么去广州，不去北京和上海？他讲了一个笑话：广州人和上海人，其实就是南方人和北方人的比较，如果广州人和上海人的口袋里各有100块钱，然后去做生意，那上海人会留50块钱作家用，另外50块钱去开公司，而广东人会再向同学借100块钱去开公司。

凭着耐心和实力，丁磊终于在广州安定下来。1995年5月，他进入外企Sebyse工作。最初的日子是艰难的，他后来"精湛"的厨艺，就是那段日子"苦中作乐"的明证。

工作一年后，丁磊又一次萌发离开那里，和别人一起创立一家与Internet相关的公司的念头。在当时他可以熟练地使用Internet，而且成为国内最早的一批上网用户。1996年5月，丁磊当上了广州一家ISP的总经理技术助理。在这家ISP，他架设了Chinanet上第一个"火鸟"BBS，结识了很多网友。

1997年5月，已经三次跳槽的丁磊决定自立门户，创办网易公司。

"我根本不知道自己的公司未来该靠什么赚钱，只天真地以为只要写一些软件，做一些系统集成就可以了。"丁磊说，创业的50万元资金一部分是他几年来一行一行写程序积攒下来的，另一部分是向朋友借的。

不赚钱的服务，换来铁杆支持者

经营Internet业务，最好能有一台Internet服务器放在电信局里，怎样能不花钱就把自己的服务器架设到电信局机房里去？

丁磊向广州电信局呈上的一份"丰富Chinanet服务，吸引上网时间"的方案指出：网易提供的BBS服务能够吸引大批用户上网，让网民一泡就是几个小时。广州电信局领导觉得有理，于是就给了网易一个IP地址，让他们把服务器放到了电信局。这种做法后来被称为服务器托管业务。

网易架设在广州电信局的服务器是丁磊花两万元自己动手装的一台奔腾PRO，硬盘18G。这样大的硬盘仅用来放网易宣传公司的一个主页和BBS未免太浪费了，于是丁磊便决定免费向网友提供每人20兆的个人主页空间。

公司还没赚到钱，为什么要把钱花在不赚钱的个人主页上？丁磊的回答质朴得有些不合逻辑："如果我当初就考虑到做站点如何赚钱，可能就把路走错了。我只是想硬盘闲着也是闲着，不如拿出来给大家用，我的目的大概就是想让网易变得出名一些吧，但没想到后来会这么出名。"

1998年7月，中国互联网信息中心投票评选十佳中文网站，网易获得第一。听到这个消息，丁磊简直不敢信这是真的。很重要的原因是它往昔免费的回报。网易两万多个个人主页的用户首先都是网易最铁杆的支持者。

熬过停牌寒冬，成为首富

1997年5月，网易中文全文搜索引擎www.yeah.net投入服务；

1998年3月，网易独立开发的全中文免费电子邮件www.163.net开通，由广州数据分局经营；

2000年6月，网易在美国纳斯达克上市……

创业成功的喜悦尚未过去，寒冬很快就到来了。

丁磊最苦的日子是2001年9月4日。这一天，网易终因误报2000年收入，违反美国证券法而涉嫌财务欺诈，被纳斯达克股市宣布从即时起暂停交易。随后又出现人事震荡。

丁磊经历了无数个不眠之夜，也曾心灰意冷。但家人的鼓励起了很大的作用。父亲说：人生哪能不遇到挫折，挺一挺也就过去了，大不了从头再来，你还年轻，有点失败的经验未必是坏事。

苦难终于没有把他压倒。2002年1月2日，网易复牌。

2002年8月，推出"大话西游2.0"，成为中国最火爆的网络游戏之一。2003年10月10日，网易股价升至70.27美元的历史高点，比2001年的历史低点攀升了108倍。丁磊成为第一个靠做互联网做成富豪的国内创业者。

"2003年福布斯中国富豪榜"，丁磊成为首富。"人生是个积累的过程，你总会摔倒，即使跌倒了，你也要懂得抓一把沙子在手里。"

但丁磊依然过着简朴的生活，每天都在关心新技术，他的邮箱每天都会收到上百封电子邮件。

一个经典故事是：某电视台的几个记者去网易采访，想找一间靠窗有阳光的办公室架机位，网易的接待人员就推荐了丁磊的办公室。扛着机器的摄影师说，好呀，顺便可以参观一下中国互联网行业最豪华的办公室了。但故事的结局使他大跌眼镜：那只不过是一个小小的三角形空间，和所有员工一样的桌椅，一些唱片，一台普通的桌面音响。如此而已。

当人大代表，不再低调

《福布斯》杂志称，丁磊因1997年创立网易而成为中国互联网先驱之一。目前身家22.5亿美元，在中国财富榜上排名第23位。“丁磊鼓励了整整一代年轻人渴望进入互联网行业。”

对于财富，丁磊认为，钱超过一定数量以后就是数字，在中国，一两千万元人民币可能就能活得很潇洒。过了一个限度后，那些钱都不是你的了。所以他给浙江大学一次性捐了1000万美元，为东南亚海啸捐了120万美元，在斯坦福大学专门给中国留学生捐了100万美元。不过，都没有用他的名字。

这两年，丁磊不再那么低调了。原因很简单——他当上了广东省人大代表。他说，广州是第二故乡，既然当了代表，就得说说话，这是履职。所以，他率真地问广州市领导“珠江真的能游泳吗”，挑刺食品安全并萌生养猪想法……

他认为，虽然每个人的天赋有差别，但作为一个年轻人首先要有理想和目标。尤其是年轻人，无论工作单位怎么变动，重要的是要怀抱理想，而且决不放弃努力。

马化腾：聊天造就的事业

谁敢梦想过一款产品能为三分之一的中国人口所使用甚至是依赖？但马化腾的QQ却做到了。

这个颇有书生气的潮汕人，把美国的网聊工具拿到中国，改变了中国人的沟通和生活方式。如今，QQ的注册用户数已达5亿。这是陈天桥的《传奇》、马云的阿里巴巴都无法比拟的群体。

基于这个人群的社区更有朝气，在马化腾的计划中，QQ社区将全面覆盖通讯、娱乐、媒体、商务4个平台，总之“网民要什么就有什么”。

一句话，拉来220万美元投资

11年前，大学毕业5年的马化腾是深圳润迅公司的一名软件工程师。工作之余，他最大的爱好就是上网，由此结识了很多“网虫”朋友。其中就有网易的丁磊。

1998年11月，马化腾和他的大学同学张志东等5人，凑了50万元人民币，注册了自己的公司，这就是腾讯的雏形。

腾讯的最初业务是为一些寻呼台做系统集成，几个合伙人既当销售员，又做工程师，忙得不亦乐乎。一个偶然的机会，马化腾看到了基于windows系统的ICQ演示，ICQ在当年已经席卷全球，却没有中文版。由此，马化腾开始思考，是否可以在中国推出一种类似ICQ的集寻呼、聊天、电子邮件于一身的软件？就是这么简单的一个想法，马化腾和他的同事们开始模仿ICQ的功能和特性，开发出了中文界面的即时通讯工具——“网上中文寻呼机”，简称“OICQ”。

1999年初，他抱着试试看的心态，把OICQ放到互联网上，由原来的定向赠送改为免费下载方式。这一举动一下子应了学生所需，免费下载的OICQ在当时的大学校园里风靡一时。

这个一度不被人看好的软件，在不到一年时间里发展了500万用户。用户量增加的同时，也意味着要不断扩充服务器。当时，一两千元的服务器托管费，让小作坊式的腾讯公司不堪重负。

1999年10月，也就是公司运营后一年，腾讯开始正式融资。当时，一个企业融资，要么有核心技术，要么有好的项目。但对于腾讯来说，融资的唯一优势就是“用户”。那时，OICQ用户已经是百万级了，但没有任何收入。风投的人问马化腾，你的核心价值是什么？马化腾说：“以色列的ICQ卖了几千万美元，它才有多少用户？我们现在的用户比他们多，所以，我们也值这么多钱。”就凭这句话，腾讯幸运地拉来了IDG和李泽楷旗下盈科数码220万美元的投资。

据一位当年腾讯的员工回忆，就在那次融资过程中，马化腾做了两次腰椎手术。第二次手术后，他是平躺在床上，举着笔记本电脑办公的。

赢者通吃，建立自己的网络帝国

11年来，马化腾一直没有停止过“拷贝”与创新，以至于在腾讯的每一款产品中，都能找到国内外知名互联网产品的影子。

据说，马化腾在经营腾讯的时候，总是小心翼翼地追问自己三个问题。

一问：这个新的领域你是不是擅长？二问：如果你不做，用户会损失什么吗？三问：如果做了，在这个新的项目中自己能保持多大的竞争优势？

做软件工程师的经历使马化腾明白，开发软件的意义就在于实用，而不是写作者的自娱自乐：“其实我只是个很爱网络生活的人，知道网迷最需要什么，所以为自己和他们开发最有用的东西，如此而已。”

如果说微软、谷歌、雅虎、阿里巴巴、百度等企业主要服务于年长的网络用户，那么马化腾的贡献在于，QQ发掘了一个更年轻的用户群，而且不乏购买力。每年新增的3000万网民中绝大多数都是青少年。

“现在我们以QQ客户端软件为纵轴，以腾讯网为横轴，同时参考互动社区和媒体这两种盈利模式，希望能逐渐向外扩张成为一个同心圆，争取到更多的高端用户。”马化腾规划着腾讯的蓝图。

面对业界对全球金融危机背景下互联网行业的质疑，马化腾在第七届网博会上说：“中国网络文化产业作为创意产业的代表，其持久的繁荣发展还需要业界不断地进行包括技术、商业模式、人才培养方式等诸多方面的创新，担当起在国家繁荣、民族进步进程中所扮演的重要角色。”

数以亿计的QQ用户是腾讯最大的资本，通过QQ的马太效应，腾讯旗下许多业务只要与QQ捆绑便获得绝佳的成长机会，马化腾善于将这种优势转化为胜势。

赢者通吃。马化腾正一步步建立自己的网络帝国，成为新一代企业家中面向全球的中国符号。

（陈枫）

1949 1959 1969 1979 1989 1999 2009
精彩中国 喜传天下

第肆篇

高端外眼话崛起

1949 1959 1969 1979 1989 1999 2009

中国史诗般现代化征程已达“三分之二”

中国媒体当叫板国际强势媒体

中国可从自身文化中提炼惠泽人类的智慧精华

无论成败，广东改革都关系到国家未来

中国史诗般现代化征程已达『三分之二』

是『被中国魅力「毒化」的天真外国人』，还是客观记录『中国模式』的观察家？《江泽民传》作者库恩博士大洋彼岸接受本报专访，畅谈新中国六十年——

他与中国

库恩

A08

中国史诗般现代化征程
已达“三分之二”

罗伯特·劳伦斯·库恩这个名字引起中国民众的广泛关注，可能来自一本名叫《他改变了中国：江泽民传》的书。

这是中国国内首次为在世的领导人出版传记，而它的作者，却是一位来访中国一百多次、来中国犹如回家的美国人。

罗伯特·劳伦斯·库恩，现在的身份是美国库恩基金会主席、著名作家、企业战略家。

更早前，他是约翰·霍普金斯大学人体生物学学士，麻省理工学院管理学硕士，加州大学洛杉矶分校脑研究所大脑解剖学博士。

这位美国犹太人一直以其独特的视角在观察中国，对这个崛起中的东方古国一直保持着热切的关注。因为遇到中国“贵人”，他与这个国家结下了不解之缘。在中国改革开放30周年之际，库恩提笔为中国改革30年历程作传。

这本名为《中国30年——人类社会的一次伟大变迁》的书已于去年出版。而现在，库恩博士的新书《中国领导人是如何思考的》（*How China's Leaders Think*）又即将全球发行。

精读中国

库恩解读新中国60年关键词

美国的年轻人，不了解中国近现代史，就永远不会理解，为什么在中国“稳定压倒一切”。

——罗伯特·劳伦斯·库恩

新中国60年

中国最大的变化是改革带给民众精神上的改变

记者：您能再次接受本报的专访，非常感谢。

库恩：上次能参观贵报社并拜会杨兴锋社长，我感到非常荣幸。在此，我向杨社长、贵报工作者以及贵报读者送上新中国成立60周年的祝福。

我已经来过中国不下百余次了，到中国就像回家一样。每次来中国，我总是要提醒自己带上护照，因为我总觉得去中国就是一件如回家一样简单的事情，像从洛杉矶飞到纽约一样，用不着带护照。

记者：今年是新中国成立60周年，60年一甲子，在这片土地上行走，您的内心会有何独特的感受？

库恩：中国的改革带来了经济上的巨变，但我认为，中国最大的变化不在于经济，而在于改革所带来的中国民众精神上的改变——他们思考方式的变化以及他们自身感觉的改变——中国人对自己的国家和未来越来越充满信心，这些改变总是出乎西方读者的意料。

我认为，伴随着由邓小平先生提出的具有显著成果的30年改革开放，新中国成立60周年标志着中国史诗般的现代化征程已经到达了“三分之二里程碑”，而新中国的第三个30年将是最有活力，又饱含未知的时期，这将设定今后几代人的前进轨迹，使这个地球上人口最多的国家继续着历史上最伟大的转变。

金融危机动摇了世界格局中国时代提前来临了

记者：您怎么评价中国这30年来国际形象的变迁？关于未来，您对中国融入现代世界有何建言？

库恩：中国顺利地完成了转型，从一个举国贫穷落后、与世界脱节、饱受歧视的边缘国家转变成一个在国际事务中发挥着越来越重要作用的大国，这不仅让中国自身感到意外，也震撼了世界。

毫无疑问，金融危机动摇了世界以往的格局，并且强化了中国相对于美国、欧洲以及日本的地位。尽管中国也深受金融危机的影响，尤其在失业率方面，但中国经济复苏得十分迅速，并在全球经济复苏中发挥了巨大作用。尽管人们已经意识到，“中国时代”总会到来，但让他们没想到的是，这个时代提前来临了。

我很高兴地看到，中国领导者敏锐地意识到这一点并且积极参与到国际事务中。尤其是近几年，他们更为重视。一位高级官员对我说：“过去我们只读《人民日报》以及其他党内出版物，如今，我们不但要细读全球的报章杂志，也会通过网络了解世界。没有全球化的视野和知识，我们是无法很好地完成工作的。”这也是我对中国融入现代世界的建言。

记者：那您如何评价这次中美战略经济对话？这将对未来世界格局带来什么样的影响？

库恩：可以肯定的是，中美对话越多，不但对中美关系的发展有益，对世界的和平繁荣也有不可忽视的意义。全球金融危机改变了美国对中国的看法——在过去，中国总属于问题的一部分，如今，中国属于解决方案的一部分。现在看来，奥巴马政府似乎开始采取正确的对华策略，尽管这个起步并不十分稳固。

未来，中美关系必须是一种这样的关系：相互尊重，相互学习，共同构建一个和平与繁荣的未来。

中国模式

和谐使“中国威胁”变得空洞　为“中国模式”注入活力

记者：国际社会一直在关注思考新中国这60年神奇的发展之路，无论是“中国模式”还是“和平崛起”，您心中更认同哪种表达？您最想告诉世界一个什么样的中国？

库恩：多年来，我总会被问到，作为一个脑科学博士和并购专家，我为什么要去如此关注中国。

我的回答是这样的：我觉得让国际读者了解中国及其领导人的真实故事极为重要。

我向西方受众解释胡锦涛主席的观点时，会用“中国模式”来描述——这是一种全新的、系统性极强的国家发展模式，包括持续的经济增长、强有力的中央政府和强势的央企（支柱产业）、活跃的私营（非国有）企业推进的自由市场等。

但我们也必须认识到，东西方观念分歧的鸿沟可能会越来越深——这使双方相互了解对方意图显得尤为重要。可能一些中国人认为，美国一直在试图“遏制中国”，在阻挠中华民族的伟大复兴。与此同时，在一些美国人眼中，中国不光是一个经济上的竞争者，也是美国政治和军事上潜在的竞争对手，这个新兴的超级大国意图总是不甚明确，却具威胁。

而且许多西方媒体带着内在偏见对中国领导人的动机进行了倾向性的报道。西方媒体在很大程度上强调实际问题，却忽视了现实成就。这种对现实的歪曲，不仅不利于中国的发展和世界的稳定，而且会引起所谓的“中国威胁论”综合征。

这些都是误会，我想减少误会和曲解的一个方法是，外国人要充分去理解中国领导人的想法。因此，在我即将在全球出版的新书《中国领导人是如何思考的》（*How China's Leaders Think*）中，不仅关注中国的高层领导者，同时也关注形成当代中国主流思想的群体，比如行政官员和知识分子。

记者：您访问过不少中国领导人，对于他们，您有何评价？

库恩：中国新一代的领导人受过良好的高等教育，他们都很年轻，有智慧，务实，灵活，宽容，有在主要省份执政的经验（其中很多省份的面积都比世界上大部分国家要大），他们了解业务以及百姓关心的各种复杂问题——这就是以人为本。我曾经说过，在培育精英的政党人才选拔和培训系统中脱颖而出的中国领导层，在世界上任何公众领袖群体中都处于很高的水准。他们可能会为中国最高领导层带来新想法、见解和更为丰富广泛的经验。

记者：您的这种观点在西方世界可能会遭遇到阻力吧？

库恩：我想告诉你们的是，西方的一些中国批评家认为中国领导人告诉我的并不是他们真正所想的，与之相反，这是他们希望我这个“被中国魅力‘毒化’的天真的外国人”不断聆听并且重复的内容。

对此，我只能用我的经历作为辩护：20年来多次往返中国，我与很多中国领导人之间的谈话是第一手的、内容针对性极强的——这些谈话如此不同，也不可能事先彩排。因此，即便是我的谈话对象在潜意识上对谈话内容有所调整，这些谈话也能够提供一种不同的思维方式，因此对于评价中国这个现在极为重要的国家具有重要的意义。

事实上，我只是说实话，说我所看到的真实情况。我力求使中国领导者在世界上的形象更为透明，让他们的想法和态度更容易被外国读者接受，从而帮助外国读者理解中国领导者所面临的挑战和他们所做的决策。

是“中国威胁”还是“中国模式”？我告诉西方人，中国的答案是“和谐”。和谐使“中国威胁”变得空洞，为“中国模式”注入活力。同时这种理念已延伸到中国的外交领域，中国已将“和谐世界”作为其外交政策的核心。

科学发展

科学发展观是整体解决中国问题方案也是考核高级官员重要标准

记者：梳理新中国30年改革开放，现在中国最为重要的一个理念就是科学发展观。你怎么解读中国当下这一战略？

库恩：2005年到2006年，我对中国35个城市（22个省、自治区和直辖市）进行了一次广泛的国情调研，并与当地的地方领袖（党、政、工商界和学术界）和普通老百姓（农民、学生、士兵、工人、民工、下岗职工、退休人员、记者、警察）等交流。驾车穿梭于城市与城市间，给予我大量的关于科学发展观的原则和重要性等方面的第一手体验的机会。我了解了不同省份存在不同的问题，并采取了不同的解决措施。中国的真实状况比许多外国人的简单看法要复杂多样得多，而传达中国的这种复杂性、多样性是我的主要目标之一。

在调研过程中，我见证了中国在多层面地付出努力以应对一些严重的和系统性的问题，比如不断加大的贫富差距、失业、农民工、腐败、犯罪、脆弱的金融体系、能源短缺、非可持续性发展、环境污染、意识形态不稳定、道德和家庭伦理滑坡等问题。

我向西方和国际读者解释，胡锦涛主席关于中国国内的执政理念可总结为三个方针：和谐社会、科学发展观和以人为本；就国际事务而言，有两个方针：和平发展和和谐世界。

就科学发展观来说，它是实现构建和谐社会这一目标的战略。尽管保持经济发展仍是第一要务，但科学发展观是整体解决经济、社会、政治和文化等问题的方案；它寻求解决经济发展不平衡（城—乡，沿海—内地）的方法，这也包括可持续发展、环境保护等。这是一种多级目标优化的战略，以解决过去的单一发展经济而造成对社会其他方面的损害的问题。

胡锦涛主席的科学发展观是他最根本的政策导向口号，也是考核高级官员的重要标准。当你和这些官员，特别是省一级官员谈话时，你会清楚地发现他们对待这些十分严肃认真。

中国现阶段的许多问题，是经济快速发展过程中不可避免的，这些副作用必然会以一种不平衡的方式出现。这是包括美国在内的西方发达国家耗费了上百年的时间才完成的，西方的经验对中国而言是有益的参考，但不是绝对的标准。

解读广东

汪洋书记与我相约十年后珠江边喝咖啡

记者：上次您与广东省委书记汪洋会面时谈到当前广东面临着三个挑

战。现在广东正在全力实施《珠江三角洲地区改革发展规划纲要》，作为中国第一经济大省，改革开放30年的排头兵，面对这三大挑战，广东应该从何发力？

库恩：确实如此！在未来，广东将引领中国的改革，正如它过去的角色一样。广东的经历无论对全省乃至全国、全世界都具有重要意义。这是一个值得鼓励的宏伟计划，尽管在它实施过程中会有这样那样的问题，甚至某些部分会遭遇失败。问题是无法避免的，然而，拥有一个总揽全局的战略方向是无比重要的。

到广东与汪书记见面前后，我在任何地方都能深切感受到广东将面临的挑战以及广东对变革的激情与渴望。

“怎么样提高自主创新能力，仍然是摆在我们面前的一个困难。我们现在仍在摸索，但是这是我们下决心要去做的事情，”汪洋书记告诉我，“不然的话我们在整个世界的产业分工中，可能要永远处于‘打工仔’的水平上。”

我请他预计广东未来10年或20年的发展情况，汪洋短暂地思考了一下，说：“这是一个比较难回答和难判断的问题，因为这个世界变化得太快。我希望，我们也在为此努力，在10年以后的广东，产业结构会发生根本性的变化。服务业会成为广东经济的主体，制造业的先进水平能够接近或者达到世界上较好水平。那个时候的广东，天比现在蓝，水比现在清，空气比现在好。生活在这儿的人民，能够比现在更悠闲。我希望10年以后，如果你再来的话，能够在珠江边上的某一个地方请你喝咖啡，而那里肯定不会有粉尘、水的臭味。总之，10年以后的广东，我们将在科学发展的道路上走得更远，并且做得更好。”他的这席话给我留下非常深刻的印象。

（梅志清　曹斯）

中国媒体当叫板国际强势媒体

——凤凰卫视总裁、香港太平绅士刘长乐先生解读复兴大国的富与贵

精读中国

和谐世界从心开始

A08

中国媒体当叫板国际强势媒体

和谐世界从心开始。要想对世界了解得更多，洞察真相，就需要空出自己的心来。

作为传媒人，我理解的爱国，首先得有良知，这是从业的基本和根本。良知就是知耻、知愧、知恩。有羞耻心，人就知道什么该做，什么不该做；能知愧，知过即改，善莫大焉；知恩，则能“滴水之恩，涌泉相报”，是一种品性的证明。良知决定你走的方向，还会决定你走多远。

——刘长乐

他与中国

刘长乐

1951年出生于上海的刘长乐先生是凤凰卫视有限公司董事局主席兼行政总裁，香港太平绅士，全国政协教科文卫体委员会副主任。

这是刘长乐先生现在的社会符号。

当然，他还是当今华文媒体当之无愧的领军人物，一如他一米九的身高、近两百斤的体重，在人群中总显示出一言九鼎的厚重与影响力。

这是随着新中国的成长而成长起来的新一代中国传媒大

鳄。当这个国家刚刚启动改革开放序幕时，他还是东北野战军的一名工兵，放炸药、搞爆破是那时的职业。在北京广播学院深造后，他步入社会精英阶层，顺理成章地成了国家广播电台的记者、编辑、评论员，直至高层管理人员。

命运的轨迹在1988年移居海外时开始转变。据悉，那段时间，刘长乐先生在中国本土和海外的投资项目中全面出击，包括石油、道路建设、房地产等领域，赚下人生第一桶金。

8年后，命运再次发生逆转。1996年，香港回归祖国怀抱的前夜，金融危机爆发之时，刘长乐突地杀回中国，重操旧业，几间陋室，数丁人马，赤手空拳在香港创立了凤凰卫视。

如今，凤凰卫视虽历经两次大的金融危机，却凭借巨大的环球市场、成功的拓展策略涅槃重生，告别了挤在小小办公室直播的起步时代，拥有了现代化的办公大楼、世界一流的传播设备，凤凰，已是“向华人报道世界的资讯，向世界发出华人的声音”的中国传奇。

随着中华民族复兴之梦日益可触，“凤凰”的奇迹一发不可收拾。矢志做“全球华人CNN”的刘长乐开始有了更大的雄心、更重的责任，为了让世界聆听更多中国的声音，他期望叫板世界一流传媒帝国，而我们也有充分的理由相信，一位传媒大亨已在中国诞生。

对话

感受巨变

记者：无可否认，现在凤凰卫视已是世界看中国的重要平台，更是中国看世界的前沿窗口。作为曾经的野战军工兵、内地电台记者，现在“拉近全球华人距离”的传媒领军人物，您对新中国这60年的历程特别是最近30年的变革，有何评价？

刘长乐：我看目前公布的一些数据，中国已超过德国成为世界第三大经济体，美国《华盛顿邮报》称，这是中国“惊人的经济发展中的又一个里程碑”。

我还看到过海外媒体的几个报告认为，20年后，中国在经济上的重要性将超过美国，成为世界第一。这些都能说明，我们60年的经济成就和国际影响力的不断提升。

作为一个媒体人，作为一个与中国一起走过半个世纪的人，作为一个工农兵学商什么行业都干过的人，我亲身经历、亲眼看到了中国的每一个变化，对中国的变化体验得也比较细，能体会到这些进步和发展的沉甸甸的分量。中国人曾经经历过太多的苦难，曾经经历过那些让人透不过气来的窒息，现在中国不仅在经济成就上令世人惊叹，目前社会形态的开明和开放也同样前所未有。凤凰卫视在中国的生存和发展就是中国社会飞速进步的一个有力证明。

中国模式

记者：新中国60年华诞之际，国际社会对于中国模式的论争升温，新一期《时代》周刊甚至评价，这是“准国家资本主义”的混合发展模式。您怎么看这个问题？

刘长乐：金融危机发生后，世界各国寄希望于美国等西方国家在经济复苏过程中扮演重要角色。但很大程度上，金融危机考验了中国的发展模式，而中国在应付危机中的表现又提升了中国模式的影响力。最近很多迹象表明，外在世界对中国作为大国的期望快速提升和对“中国模式”认同感的增加。

中国的经济表现令世界对中国刮目相看，但我认为，在中国崛起过程中也面临着诸多问题和挑战，中国在发展过程中这种模式最终是否成功，还有待检验。

记者：作为媒体人，在中国复兴之路上，您怎么看有些西方媒体对于中国的负面报道？

刘长乐：曾有人对来自西方媒体的对于中国的负面报道进行了深层的分

析，认为其主要根源有四点：一是大国恐惧说，认为一个拥有13亿人口的快速崛起的大国是可怕的；二是文化冲突说，认为东西方不同文化和价值观必然导致文化冲突；三是政治制度说，中西方政治制度截然不同，西方对此有较深的敌意；四是新闻沟通说，认为中国舆论界相对封闭，缺乏舆论独立性、世界性、前瞻性和合作性常识。

随着中国的崛起，各国对中国要在国际政治舞台上干什么非常关心。因为表达和传播的问题，国际社会对中国了解不够，也是所谓的“中国威胁论”的一个重要根源。人们常说，恐惧是对未知事物而言的。

但是，面对近几年一系列的问题，我们也应该欣慰地看到，中国政府、社会和华语媒体快速地向着更高的透明度、更大的开放性、更强的公信力转变，赢得了国际赞誉，甚至使那些抱有偏见的西方媒体也转变了态度。因此，我认为坚持更加开放的态度，会使我们更好地融入世界。

大国风范

记者：您在很多场合强调大中华、大国民的观念，希望中国在国际舞台上要有大国风范，您说的这“大国风范”最核心的内容是什么？而目前的中国离这个“大国风范”有多大差距？

刘长乐：什么是“大国风范”，还没有一个完整和确切的定义，在国际关系中，可以理解为一个大国应有的气质和风范，它主要表现在对国与国之间事务处理的负责任的态度和全面兼顾的方针。印度洋发生海啸我们出手相助，中国海军赴亚丁湾护航体现了中国作为一个负责任的大国履行维护世界和平的国际义务，缅甸发生战乱，我们接纳、照顾逃亡的边民，我认为，这都是奉行和平的、儒雅的大国风范的表现。

我们凤凰卫视有个《风范大国民》栏目，我们认为，虽然中国还算不上真正意义上的大国，但是在更多局部和更多领域，领军和超前已经在潜移默化中实现。经济的崛起，国力的强盛，需要文化道德的如影随形。但是在一些地方，陋习和陋形依然藏纳于我们生活中的诸多角落。未来的大国，家富民强的大国，需要道德的诉求，需要品行的规范，需要风范的大国民。这个栏目就是要树世之风范，铸国之脊梁，把镜头对准那些闪耀着人性光辉的大人物、小人物——他们致力于推进国家和民族的前进脚步，他们试图在这个大时代发出自己的声音，他们为捍卫“人”的权利与尊严东奔西走，他们时常为现实的荆棘所缚，却于点滴处做起，秉持呐喊的勇气，坚守批判的信念，用良知守望着我们的国家、我们的社会。

我想，某种意义上公民的风范代表着国家的风范，个体的心态凝聚为民族的气度。我们每个中国人与“风范大国民”的距离就是中国与“大国风范”的距离。

东方智慧

记者： 拜读过您与星云大师的对话录《包容的智慧》，受益颇深，您是不是希望通过这种文化传播方式，把“和谐”、“包容”、“平和”等东方智慧传递给世界？

刘长乐： 我们把中国传统文化的精髓归结为“东方智慧”，我认为，文化包容就是一种东方智慧。

中国的历史表明，中国文化对外部文化的输入采取了一种包容的态度。公元纪年的前后，印度佛教文化的传入，因为一心向善，和平传播，佛教的东行没有遇到大的抵抗，没有发生大的战乱，佛教在看似不经意处调整自己，从而成功地融入中国文化，深刻影响中国文化，中国的文化对佛教也给予了同样的包容，如今佛教在中国的地位和影响，已经清楚地说明了中华文化对佛教的包容。

迄今为止的人类文明，一直都是多种多样的。世界从来没有、今后也不会被某一种文化所统一，它永远都呈现出一种多元、交流、互动、融合的走势。俗语说“有容乃大”，世界上任何一个国家要想雍容华贵，就要有“泰山不让土壤，大海不择细流”的胸襟，愈是多种文化的融合，国家愈是伟大。我想包容是达到世界和谐的一个有效途径吧。

软实力

记者： 中华民族真正崛起之时，应是经济实力与文化影响力同步被世界所瞩目之日，面对目前严重滞后的文化软实力，您认为当今中国传媒应有何作为？

刘长乐：中国文化软实力的问题我一直比较关注，这也是作为一个媒体人所应关注的问题。记得季羡林先生曾说过，“文化软实力是非常重要的国力，是民族的生命力”。应该说，在取得令世界瞩目的经济腾飞的同时对于国家文化软实力的提升已经成为我们的共识。

今年7月，中国政府推出了《文化产业振兴规划》，已将文化产业的建设和中华文化软实力的建设提升到国家战略的高度，我想我们在最近一个时期是能够有所作为的。

美国一位学者认为：在信息时代，软实力不仅依赖于文化和理念的普适性，还依赖于一国拥有的传播渠道，因为它能够对如何解释问题拥有影响力。这即是说，要增强一国软实力，就要提高其文化的“全球普及”程度，这就有赖于文化的“扩散”和“广泛传播”，只有当这个国家的文化与价值观念在国际社会广为流行并得到普遍认同的时候，软实力才算是真正提升了，而这正是我们媒体的重要职责。

中国传媒一定要始终坚持品牌发展战略，不断提高自身市场占有率、品牌忠诚度和全球领导力，打造出更多世界级的传播品牌，能够在世界传播舞台上发出中国的声音，从而改变西方国家一统世界传播领域的格局。

全球视野

记者：很喜欢阮次山先生主持的《风云对话》，展示了你们的国际视野和世界眼光。您认为，凤凰卫视“成为华人世界的CNN”这个梦想还远吗？

刘长乐：凤凰卫视的国际视野和世界眼光是凤凰传媒品牌内涵中的重要内容，贯穿在凤凰的新闻节目和栏目当中，《风云对话》就是一个比较有代表性的栏目。

“成为华人世界的CNN”我想是所有华语媒体的一个共同的努力方向，当然，我们不赞同“做人不能太CNN”事件中的那个CNN。国际强势媒体的优势在于媒体的知名品牌、强大的影响力和很强的盈利能力。从以前的了解世界变为熟知世界，从局外人到入行、入流。中国媒体应该敢于叫板世界一流媒体，并瞄准它们设立自己的考核指标。现在已到时候了！

与西方媒体相比，中国媒体的实力和声音相对弱小，但如果拥有强烈的进取心，照样可在重大新闻事件中有上佳表现。凤凰卫视在莫斯科和别斯兰人质事件、泰国红衫示威冲突、墨西哥甲型H1N1流感事件报道以及近期对缅甸果敢地区发生的兵变事件的报道，均在第一时间赶到现场，发回独家新闻，国际媒体也采用了凤凰的新闻画面。

我想，缩短与国际强势媒体的距离，首先要有这样的文化自信，在大事发生时敢于出手并能在第一时间到达，发出华语媒体的声音。这样脚踏实地地一件一件去做，有这份自信和执着，到达目标的日子也就不远了。

文化坚守

记者：看凤凰卫视的节目，的确感觉在很多节目中有一种天然的使命感，这种感觉是来自于您这位当家人对国家民族的深思，还是为了走差异化路线的一种商业操作？

刘长乐：凤凰节目的差异性来自凤凰的高端定位，我也谈过这是在文化坚守和创新之间的平衡，由于这不是所有媒体都能一以贯之的原则，所以表面上看是凤凰的差异化商业操作，其实是凤凰的文化坚守的结果。

假如把中国经济的迅速腾飞比作是硬实力，中国硬实力的发展就是富，但富不等于贵，富了还有可能为富不仁。如果说要发展软实力，那就是贵。所以我觉得凤凰恰恰是在这个“贵”字上做了很多文章。“贵”在凤凰的这种理念，强调了华人收视群体对“贵”的追求。所以中国未来的富与贵，是凤凰可以呼唤和推进的一个空间，这也是我们讲凤凰文化坚持和道德观的坚持，在高端品牌的坚守上，凤凰是要坚持到底的。在竞争越来越激烈的情况下，我们越要清醒地认识到凤凰的品牌，跟其他媒体的不同之处，首先就在高端文化的不懈追求上。

中国可从自身文化中提炼惠泽人类的智慧精华

东南亚最有影响的华文报纸掌门人、《联合早报》总编辑林任君接受本报专访，细谈对中国的观察与情缘，与南方报业结盟美好愿景——

中华文化的传承萃取

中国可从自身文化中
提炼惠泽人类的智慧精华

在国际传媒大整合声中呼唤亚洲的媒体巨人。希望全世界的受众可以看到、听到或读到更多“用亚洲特有的方式向世人表达，以亚洲的方式和语言报道的”新闻。

——林任君

林任君（Lim Jim Koon），新加坡《联合早报》总编辑。

这是一位在新加坡土地上成长起来的华文媒体掌门人，其人生轨迹也是标准报人的成长路线。

1949年新中国成立之年出生，1973年毕业自当时东南亚最高华文学府——南洋大学的政府与公共行政学系，获得文学学士荣誉学位。1977年加入胡文虎先生及胡文豹先生创办于1929年的《星洲日报》，担任电讯翻译员。1983年，该报与陈嘉庚先生创办于1923年的《南洋商报》合并，出版《联合早报》和《联合晚报》。

随后，林任君在报社各个部门担纲，步步高升，先后担任《联合晚报》国际新闻副主任，《联合早报》国际新闻主任、本地新闻主任、执行编辑、副总编辑、代总编辑，1995年正式出任《联合早报》总编辑。

虽远在狮城，却不影响林任君和他的报纸用自己的眼睛和对文化的理解来客观解读中国的变革。

现在，林任君执掌下的《联合早报》不仅是新加坡报业控股（Singapore Press Holdings）的旗舰华文报，也是东南亚首屈一指、影响力最大的华文报，更是中国看世界、世界看中国的窗口，电子版“早报网”（www.zaobao.com）深受全球华文读者的欢迎，在中国更拥有庞大的读者群。

理解中国

用自己的独特视角，不戴“有色眼镜”地解读中国变革进程。

记者：非常高兴您能接受我们的专访。《联合早报》现在已是东南亚最有影响力的华文报纸，也是一直在尝试理解中国的媒体。您认为这种立场是来自同根同脉的理解，还是有其政治或商业的考量呢？

林任君：《联合早报》对中国的关注，有历史渊源的文化理解，也有现实需要的实际关注。目前，《联合早报》在北京、上海、广州和重庆都有派驻记者，成为世界媒体中在中国大陆驻点最多的一家；在香港和台北也派驻了记者。这确保《联合早报》可以用自己的眼睛来看世界、看中国，及时而准确地解读中国变革进程。

《联合早报》在对中国新闻的报道上投入大量资源，首先是为了满足新加坡人对中国知识和信息不断增长的巨大需求。要追求新闻报道的快捷、准确、可信、专业；评论的公正、客观、严肃、深刻，最关键的是我们坚持从新加坡以及东南亚的独特视角看世界、看中国——尤其是以不戴“有色眼镜”的客观态度看中国，这些都形成了《联合早报》独有的报道和评论特色，吸引了大量的高素质读者。

中国渊源

《联合早报》前身虽远在东南亚一隅，却和中国有着文化、政治、人事上的千丝万缕的联系。

记者：贵报扎根狮城，放眼世界，在强大的西方媒体主导世界舆论的格局中独树一帜。回溯历史，您觉得《联合早报》的八十多年与其文化母体——中国有何关联？

林任君：我们刚在去年庆祝创刊85周年。《联合早报》的前身是陈嘉庚于1923年创立的《南洋商报》和胡文虎在1929年创立的《星洲日报》。这两份报纸与中国渊源深厚，除了内容具有强烈的中国色彩之外，它们和中国一些重要的政治人物也有着密切的关系，并通过他们聘请中国著名报人和文人，直接参与创办、管理和编务工作，包括胡愈之、张楚琨、傅无闷、关楚璞、郁达夫等。《联合早报》的前身虽然是远在东南亚一隅的报纸，却和中国有着文化、政治、人事上的千丝万缕的联系。

当然，在新加坡于上世纪50年代、60年代逐渐迈向自治、建国道路后，华文报的方针和内容开始转向，以维护独立自主、建设新国家为主轴，中国新闻不再当“祖国”新闻处理，也不再有专版，而是成为国际新闻的一部分。

记者：《联合早报》之所以能成为在中国公开发行的外国华文报，是不是正得益于中国的改革开放？

林任君：《联合早报》是在1993年3月1日获准在中国登陆的，对《联合早报》来说，这是开拓海外市场的一个重要里程碑，也可以说是中国开放的象征之一，显示她有更强的自信和气度。另一方面，借助互联网的力量，《联合早报》在中国拥有庞大的读者群，受欢迎程度超乎很多人的想象，成为中国各级政府、知识界及商界精英每日必读的报章，这让我们感到惊喜不已。

近年来，我们一项重要的革新就是在2003年3月开辟《早报中国》专版，“中国因素”可以说是《联合早报》革新的主要原因和动力。对《联合早报》来说，中国的改革开放更具有特殊的意义，因为它使《联合早报》在中断了将近40年后，又与这个文化母体重新衔接，与中国的媒体、报人和文化人恢复了联系，中国新闻也再度成为《联合早报》重点报道的内容，而《联合早报》也成为中国了解新加坡及外在世

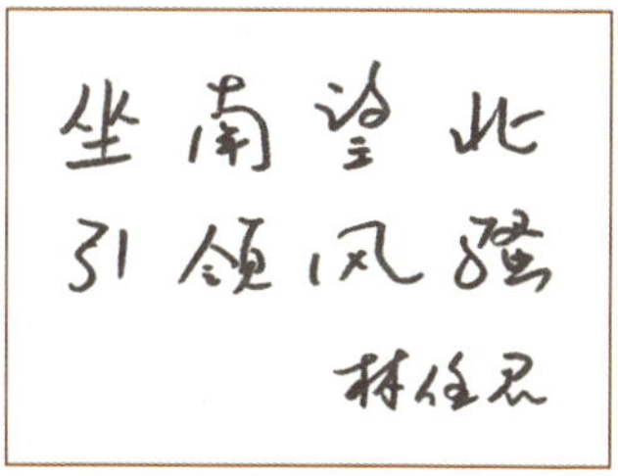

林任君为南方日报社庆题词祝贺

界的一个窗口。

可以说，“中国因素”正以全新的姿态，再度对《联合早报》发挥了重大的影响。在历史的巧妙安排下，经过数十年的中断，《联合早报》又在全新的时空背景下与中国“重续前缘”。

观察中国

改革开放是中国近代史上最深远的现代化运动，但十多亿人集体参与和感受的转变之错综复杂，显然不容易被单一的概念所涵盖。

记者：地处新加坡，您怎么观察新中国这60年的变革？“中国模式”、“和平崛起”，您心中更认同哪种表达？

林任君：1978年开始的改革开放，可说是近代史上中国第一次在没有内乱外患之下，以和平渐进的方式展开的最全面、最深远的现代化运动。这个波澜壮阔的历史进程改变了十多亿人的命运和生活，极大程度地消除了百多年来盘踞在神州大地的贫穷积弱，更新了一个古老民族的精神面貌。

十多亿人集体参与和感受的转变之错综复杂，显然不容易被单一的概念所涵盖。我只能比喻说这两种表述方式类似照明灯，固然可以照亮特定的角落，甚至大片的场景，却还无法让人看到全貌。中国的改革开放还是个持续中的进程，是一个发展中的命题，有成就、有困难，更有未来已知未知的诸种挑战，我相信随着发展的深入，将会有新的说法来做出解释。以中国资讯科技之发达及媒体讨论的深刻，我相信中国人对于国家面对的各种主要问题都有清楚的认知，不应该还有潜在而不被发现的问题。

中国需要一个稳定的环境继续发展，这已经是一个共识；至于如何继续保持社会稳定，前提应该是让更多人能分享发展的成果，唯有越来越多的人认为保持稳定以便继续发展对自己有利，改革开放才能累积前进的动力。

记者：现在中国日益注意自己的外交形象，从您的角度来看，中国改革开放30年来国际形象经营得如何？您对中国融入世界有何“直言”？

林任君：所谓“得道多助”，中国改革开放30年来不但提高了大部分中国人的生活水准，周边乃至世界其他地方也从中受惠。比如中国大量出口价廉物美的制造品，在丰富了全球消费者生活水准的同时也避免了通货膨胀。

中国已然融入世界，只是世界至今还不完全了解中国将要扮演怎么样的角色。北京奥运会结合传统与现代，展现了中国的活力和自信，成为其国际形象的一大亮点。如何把这股活力贡献于世界今后的发展，是中国必须自己作答的一道问题。个人认为，中国若能在马不停蹄发展硬实力的同时，不断努力从本身丰富的文化资源中提炼适用于现代并能惠泽全人类的智慧精华，加以发扬光大，必将能发挥巨大的软力量，成为各国人民钦慕向往的对象。

中新合作

中国当年向新加坡学习，是为寻找一个重回国际世界的指引，今后中国越对外开放，新加坡民众对中国的兴趣也就越大，要向中国学习的地方相信也会很多。

记者：这30年来中国一直在向新加坡学习，那么，未来30年甚至更长远的时间，您认为中国与新加坡会以何种方式合作共存呢？

林任君：中国当年向新加坡学习，主要是多年闭关自守后需要一个与世界接轨的桥梁。由于文化心理和地理上的亲近，新加坡的发展经验为中国提供了一个重回国际世界的指引。如今的中国已经具备同世界直接对话和接轨的能力，而且这种能力在未来只会继续加强，新中两国的合作方式自然也需要与时俱进。

未来30年，中国肯定将成为全球第二大经济体，甚至可能超越美国位居全球之冠，而伴随着经济实力强大而来的是社会、科技、文化等的全方位发展。作为一个毫无天然资源、高度全球化的小国，新加坡对中国市场和资金、技术等的依赖必将与日俱增，可以向中国学习的地方相信也会很多。在国际事务中，由于能提供巨大的利益和大量的增值，新加坡成为国际社会和跨国企业争取合作的对象，也成为一些大国的重要伙伴。因此，未来更为强大的中国，相信仍将会看到和新加坡合作的价值。

记者：现在新加坡与中国的合作非常紧密，不仅合作办了苏州工业园、天津生态城，眼下正与广东合作开办知识城。新加坡一般民众对与中国的合作一般是持什么看法？

林任君：中国越对外开放，新加坡民众对中国的兴趣也就越大。虽然新加坡是一个多元种族和文化的国家，毋庸讳言的是很多新加坡人具有中国文化背景，这种文化心理上的亲近感，加上实际地理上的近邻关系，让大部分新加坡人都对中国改革开放所提供的广泛合作机会抱着欢迎的态度。

在全球化的大环境里，资本、技术、人才这些生产要素都是高速流动的，新中的合作没有生产要素外流的问题，反而是为这些要素发挥更大作用提供了新的空间。除了中国之外，新加坡也积极与印度、中东等邻近地区进行类似的合作。

应对西方媒体

对于西方媒体，新加坡的游戏规则是：你可以针对新加坡事务发表看法，但是应该给予新加坡政府同样的回复权利。《联合早报》信奉新闻或言论自由及读者的知情权应受社会伦理道德约束。

记者：新加坡是一个非常有意思的岛国，对于西方媒体所认可的那一套价值观不仅不趋同，而且还进行了强烈的回击，所以在西方媒体的笔下，新加坡的形象不少是负面的。您认为，亚洲国家在发展中应该如何坚定自己的发展道路，而不受制于西方社会呢？

林任君：对于西方媒体的批评和负面报道不必过激反应、受其左右。西方媒体也不完全等同于西方世界的观点，比如政治人物、知识分子与媒体的观点未必一致。因此，必须了解西方媒体观点的多元性。

对于西方媒体，新加坡采取的不是完全禁止或封锁的政策，双方已经建立起一套游戏规则。在允许西方媒体进入新加坡社会的同时，新加坡政府也要求西方媒体给予针对报道和评论进行回复的权利。这一点和对本地媒体的要求是一样的。你可以针对新加坡事务发表看法，但是应该给予新加坡政府同样的回复权利，发出自己的声音。如果没有这样的彼此尊重，政府可以按照法律规定，限制西方媒体在新加坡的发行量。

记者：新加坡的媒体国家意识很强，尊重权威，但高度自律。你们信奉的新闻理念是什么？

林任君：我们信奉的新闻理念是“负责任的新闻自由”，认为新闻或言论自由及读者的知情权应受社会伦理道德约束；这与西方普遍奉行以及在西方强势影响下出现于许多发展中国家和地区的一味挑战权威、制造对抗和争端的“敌对新闻学”（Adversarial Journalism）大相径庭。

新加坡报章在营造人民共识、促进社会和谐，从而协助政府贯彻政策、推动国家发展方面，扮演积极配合的建设性角色。重要的是，我们也照实报道负面新闻，从不回避或淡化；并如实反映舆情，对政策提出批评，反馈民意、下情上达，帮助政府掌握社会脉搏，了解民间的不满或情绪，以便及时调整，及时在政策或措施方面作出回应，改善对国家的治理。我们新闻的处理原则是基于事实、有原则、有主见，不耸动、不盲从。

记者：广东是中国报业最为发达的地区，且与新加坡联系密切，贵报有没有考虑与广东传媒进行合作？华文媒体如要抗衡西方媒体，关键点在哪？

林任君：广东不仅是中国报业最为发达的地区，也是中国报业体制创新的大本营，南方报业传媒集团则是其中重要的旗舰。因此，作为同行，我们非常关注广东媒体的变革与努力；作为中国的观察者，广东媒体也是我们了解、观察中国的重要窗口之一。如果未来有合作的机会，我们非常乐意。

中国媒体从经营规模和经济实力上已经不容小觑，但是要在国际上与西方媒体竞争，还需要建立首先是基于国内基础的最广泛的公信力。目前中国在国际上引起的瞩目是华文媒体崛起的契机，中国媒体必然在其中扮演最为重要的角色，有了公信力的保驾护航，才有与西方媒体抗衡的基础。

（梅志清）

无论成败，广东改革都关系到国家未来

国际知名学者、中国问题专家、新加坡国立大学东亚研究所所长郑永年接受南方日报专访，把脉广东发展，解读深圳、顺德行政改革——

精读中国

“忧患意识”与改革动力

无论成败，广东改革都关系到国家未来

尽管中国的经济崛起和在世界上的影响力的确使人感到骄傲，但更为重要的是必须保持冷静的头脑，看到“中国模式”正在经历着巨大的挑战。只有看到了隐藏在中国发展模式中的诸多问题时，只有当找到了解决这些问题的方法时，这个模式才可以持续。

如何把“忧患意识”转化成为改革的动力？这是今天的中国所面临的最大问题。从历史上看，从忧患意识到改革，尤其是富有成效的改革，每次都需要有深刻的思想大解放。实际上，一部中国近现代史就是一部从忧患意识到改革到革命的历史。

——郑永年

他与中国

郑永年

“一个国家外部的崛起，实际上是它内部力量的一个外延。内部制度还没有健全的情况下，很难成为一个大国，即使成为一个大国，也不是可持续的。”

前两年，伴随政论片《大国崛起》热播荧屏，末尾一集中的这句话不胫而走，广为传播。说这话的人，叫郑永年，时任英国诺丁汉大学中国政策研究所教授、研究主任。

从遥远山村到世界讲坛，郑永年的人生轨迹，暗合中国改革开放激荡30年。个人命运与国家激荡，如此风云际会。1962年郑永年出生在浙江余姚农村，1977年高中毕业后务农四年，1981年考入北京大学国际政治系，获取学士、硕士学位并留校任教，1990年求学于世界顶尖学府——普林斯顿大学，先后获政治科学硕士、博士学位，主要从事中国内部转型及外部关系研究。

除了在国际学术界极其活跃外，郑还经常在报刊及其他媒体发表自己的评论，曾担任香港《信报》的专栏作家，2004年开始在新加坡《联合早报》撰写专栏。近年来，凭着对中国问题独立而深入的研究，郑永年日益为国际学术界及中国政府决策部门所重视。“对中国时局非常清醒”，无论是学术界还是普通读者，不少人都如此评价他。

对话

从乡村少年到中国时局的观察者

时代见证：我并不是为了维护中国形象而维护

记者：从一位完全不懂国际政治学的乡村少年，到今天活跃于国际学术界的中国研究者和中国时局的清醒观察者，您的时代与中国的改革开放基本同步，您认为您个人的这一跨越与中国这个国家深切的关联在哪里？

郑永年：我1981年在北大读的是国际共产主义运动史（专业方向）。学政治首先要懂得中国国情。上世纪80年代确实是很重要，整个中国改革开放刚刚开始。整个80年代，国家与社会，政府与群众对改革有高度的共识，领导层讲改革开放，上下都非常赞同，非常支持。最重要的是80年代人是非常理想的一代，因为有“文革”的教训。还有就是那时改革动力非常足，因为大家都很穷，国家很穷，人民很穷，穷则思变嘛。

置身于这种社会环境中，坚定了我将来要从事政治科学方面的研究。

记者：从东方到西方再到东方，在国际社会，您的角色似乎更多的是中国形象的维护者，而一回到中国内地，您的很多观点又常遭到不少人的批判、不认同，这个问题您怎么看？

郑永年：中国形象维护者要看怎么说。我觉得理性交流很重要，偏见要不得。先要把中国的经验告诉人家，不要老是停留在一种简单的价值模式上。所以，我强调中国经验的同时，很反感把中国的经验限制为一种“北京共识”，或是一种价值。如果把中国丰富的改革经验说成像“北京共识”那样的东西，推荐给人家，这就是教条主义，和西方的华盛顿共识一样，会产生很负面的效果。

维护中国，就是针对一些人用西方价值观来评判中国。他们这样做是对中国的一种误解。我并不是为了维护而维护。要批评中国的，我自己还是照常批评。中国内地的一些人对中国也有一些偏见，他们也是抱着一些价值判断不放。假如有人说民主是好的，民主像上帝一样，只能去接受它，不能去质问它，不可以去挑战。那这种民主是一种教条主义。

中国模式：中国的改革要依靠一线政府，县（市）一级政府

记者：您怎么看待“中国模式”？

郑永年：说一个模式的好坏，只是一个价值判断，对认识模式的本质并没有帮助。很多人讲中国模式，只讲经济模式，但是我一直强调如果不讲中国的政治模式，中国的经济模式就根本解释不通。现在包括林毅夫在内的很多研究中国的经济学家认识到，西方的经济理论无法解释中国经济行为。不提政治模式，很难提中国的经济模式。

几十年前，美国哈佛大学教授亨廷顿提出，经济发展需要一个稳定的社会政治环境，那稳定的结构哪里来？这就是政治制度。中国离开了这个政治制度的话，稳定从哪里来？如果社会和政治动荡的话，正常的经济活动就很难展开，投资（尤其是外资）从哪里来？政治稳定也是“亚洲四小龙”和之前的日本模式的经验。

但和日本、“亚洲四小龙”不一样的是，中国几千年历史上，永远有一

个很强大的国有部门，这从汉代《盐铁论》的讨论中可以看到。就是说，除了政治制度，国有部门也是“中国模式”的内容。

记者：您说的中国集权式的政治模式的优势，就是集中力量办大事吧？

郑永年：可以这样说。所以这个模式很重要。国有部门的强大，一是可以集中力量办大事，二是在对付危机时有效。

当然还有一个问题中国需要特别小心，即国有与非国有的边界在哪里？如果国有部门过分扩张，私有部门没有空间的话，也会出现很多问题。所以，一方面要意识到“民营化”的思路对国企不切合实际，另一方面也要思考怎么改造国有部门，给国有部门划定一个合理的边界。

记者：您曾提出，一个国家外部的崛起，是因为它内部的制度健全。对照中国的现实来看，您认为中国现在内部的制度，在哪些方面最需要健全呢？

郑永年：改革开放30多年了，我觉得基本经济制度大体上都建立起来了。当然，上面提到的，国有部门的边界在哪里？各种所有制经济怎么平衡？不同所有制经济之间如何竞争？市场如何完善？还有好多事情要做。那社会制度呢？这么多年了，社会制度建设很慢，社会保障、医疗卫生、教育制度、环保，很多的基本社会制度都没有到位。这些制度不到位，影响社会公平和可持续经济发展。建立这些制度需要钱，但中国现在不是没钱。钱为什么用不到这些制度的建立上？因为既得利益太多。

记者：中国现在改革既得利益太多，您觉得当如何限制？

郑永年：这是我最担心的问题。因为既得利益太多，改革就非常困难。在非政治强人的时代，新一辈领导人要推动改革，需要利用社会力量。以前有这样的说法，“皇帝、大户、民”嘛。当遇到强大的既得利益阻碍的时候，你就要利用民的力量。因为像现在这样的社会改革，是民众受益的。改革不依靠老百姓的力量，还能怎么弄。

所以我一直在说，中国的改革要依靠一线政府，县（市）一级政府，这个非常重要。

广东经验：“深圳模式”、“顺德模式”是中央在全国推行大部制改革的两个标本

记者：说到改革，您如何看待改革开放中的“广东经验”？

郑永年：广东历来被视为是中国改革开放的“排头兵”。在很多方面，广东总是“先行一步”，广东的各方面改革因此往往具有全国性意义。广东成功了，就可以成为全国的典范。反之，如果不成功，那么就要寻找新的改革出路。因为广东的这个特殊定位，中央政府往往把一些改革的试点放在广东，而广东的历届领导人也有很大的动力来寻求新的改革思路。对外界来说，从考察广东所发生的入手往往就可以看到中国的未来发展方向。

在很大程度上说，广东目前正在进行的经济和行政改革方面的意义已经超越了它们各自的领域，而具有了非常重大的政治意义。无论成败，广东的改革都关系到国家的未来。

记者：那您如何看待广东目前正在进行的行政体制改革？

郑永年：必须从创新的视角来审视广东的此次改革。广东这次进行的行政改革的意义并不仅在于它是否配合中央的改革路线，而在于它是否有意义的创新。

广东的这次行政改革实际上有两种不同的模式，即“深圳模式”和“顺德模式”。不管怎么样，中央要在全国推动大部制改革，都是需要先做试点的。深圳与顺德就是其中的两个标本。无论是“深圳模式”还是“顺德模式”，都是符合中央大部制改革精神的。

这两种模式有共通性，也有不同点。深圳为副省级城市，深圳成功了，就可以为副省级城市和省级城市的改革提供经验。

深圳改革的核心是行政三分，行政三分无疑是为了决策的合理化和权力的制约，从制度上防止腐败。这一改革主要想借鉴香港和新加坡的经验，建立行政主导的体制，既有效率，又不腐败。

记者：那么，顺德模式呢？您怎么解读？

郑永年：从上世纪80年代中期以来，党政关系可以说一直是中国政治改革的核心问题。顺德这次改革不仅没有回避这个问题，而且有了新的做法。顺德的做法是逐步走向一个党政合一的制度。

在现在的体制下，不同的行政层级，党政关系一个模式。实际上，不同层级可以有不同的模式。中央层面现在比较明确，即党政分工。顺德是县级市，属于基层。县级政府是一级政府，是政府和社会的直接关联点。这一级政府必须具有实际上的权力，也必须具有行政效率。

顺德改革使其从上一级（佛山）政府取得了实质性的权力之后，再行党政合一，提高和强化其行政效率。党政合一在提高效率的同时可以把这一级政府的“行政责任制”（政府方面）和“政治责任制”（党方面）有效统一起来。从长远来看，这种体制比较有利于一个对社会负责的清廉政府出现。

走出国门：我挺汪洋是挺他的政策，广东不转型，不仅排头兵当不了，广东模式也会消失

记者：您对广东一直非常关注，今年7月在广东发表的“‘双转移’这一步要坚定地走下去”的言论，被网友誉为“挺汪派”。当时有这方面的考虑吗？

郑永年：我挺汪洋是挺他的政策，与他个人无关。因为广东改革开放30年，尤其是珠江三角洲是我的重点观察对象，每年都要去很多次。亚洲四小龙在产业升级方面有很多成功的经验。尤其是新加坡，从立国到现在，44年经过三次重大产业调整，现在正在进行第四次产业升级了。但我到珠江三角洲，一到东莞，发现过了30年还有大量农民工，还是没有产业升级。加上去年施行新《劳动合同法》后，（企业）土地成本上涨受不了，工资上涨受不了，那这样的经济能持续吗？

产业升级的问题不仅仅是广东的问题，中国所有经济区域迟早会面临这个问题。从这个角度来说，广东的产业升级不仅仅是要为广东找到未来，而且也是要为整个国家找个未来。

汪洋说不要保护落后的产业，这个很好呀。现在面临金融危机，如果现在不调整的话，以后总体的危机会来，到那时，整个珠三角经济就会在世界经济体中变得毫不相关了。

记者：广东提出“双转移”、“腾笼换鸟”，但是刚好碰上金融危机，

这些举措会遇到失业等其他一些问题，怎样把这个政策的阵痛降到最低呢？

郑永年：金融危机是实际上帮助了“腾笼换鸟”的过程。我觉得中国的很多政策不对称，温家宝总理明明强调中国本身没有金融危机，是受了金融危机影响，但金融危机一来，大家变得一阵慌乱，很多地方都把以前已经淘汰了的产业又重新弄回来，为了就业而就业，为了稳定而稳定。

产业升级不是说现在的员工就不要用了。为什么新加坡政府那么重视劳动力的培训，因为这非常重要。我上次去广东，看报纸，发现培训的学校很多，但是培训一两周时间就够了，这个时间可能短了点。

广东“腾笼换鸟”还是要根据自己的特点。广东的特点就是中小企业，中小企业比较灵活，“笼子”也是为它们准备的。这次金融危机后，西方的中小企业受到一片打击，如果广东可以结合民间的融资力量，把注意力集中在西方那些技术含量很高但受金融危机影响而要倒闭的中小企业，把它们请到广东来，那广东的产业就能升一大步。西方的中小企业很多是家族企业，它们的技术含量非常高，之所以生存不下去并不是技术不行或者产品销量不行，主要是资金链断链问题。更为重要的是，中国到西方搞大型企业的并购，容易政治化和意识形态化。但中小企业没有这个问题。

记者：如果广东想继续领跑中国经济，您认为关键应该在什么地方布局呢？

郑永年：广东一定要解放思想，要走出去，现在看这方面的努力还不够。广东要从国家整体利益出发，就要和香港一起“走出去”，不能只盯着大陆。同时要利用好香港这个金融支点。香港不仅可以为珠三角的实体经济服务，而且也可以成为中国服务世界虚拟经济的中心。如果中国没有自己的华尔街，很难成为一个金融大国。香港要扮演这个角色，没有珠三角不行。香港要为珠三角的实体经济服务，同时也要为中国的虚拟经济服务。香港和珠三角整合的意义的核心就在此。

广东如果不转型，不仅排头兵当不了，广东模式也会逐渐消失。现在长江三角洲、京津唐地区拼命地提升经济附加值。广东要加快转型，就要定位好自己在中国经济区域化、世界经济全球化中需要扮演的角色。

记者：说到走出去，您认为在中国的东盟战略中，广东应该扮演什么角色，广东可以做哪些别的省份无法做到的事情？

郑永年：这个问题提得很好。广东的地位非常重要，一个省的进出口贸易量比印度还大。如果广东的定位定得对，能扮演很大的角色。

但现在的问题就是定位不清楚。是内地化还是国际化？在过去，广东一直带着香港、澳门往内地走。但现在力量大了，我认为其实应该调整方向，要往外走，走出去。中国的国际化、区域化是不可避免的，越发展，走出去的速度会越快。广东怎么样来利用这个大趋势呢？如果广东带着整个华南地区进行区域化、国际化，这种成就是非常了不起的。走出去当然包括走向东南亚。也很清楚，走出去也包括香港。香港在这方面也可扮演一个重要角色。

记者手记

南洋彼岸的咏叹

改革开放后，国门打开，出国潮方兴未艾。一批批学子也先后负笈海外，探寻真知。

生于斯、长于斯的这批人，大多经历“文革”、上山下乡、恢复高考，他们对泱泱华夏的苦难与希冀感触很深；他们浸淫海外多年，少数人更是通过自身奋斗到达社会上层，谙熟一整套西方的政治、经济、社会、文化运行规则；而文化认同、乡情、亲情等不变的烙印，让他们关注中国，研究中国，对中国保持着更为深刻的洞察。

若干年后，他们中的许多人学有所成，著书立说，蜚声国际。

郑永年教授即是其中之一。

在约定的采访时间，几句英语寒暄后，细细的电话线那头，传来了浓郁的江浙口音。

客居海外20年，这位国际知名学者“乡音不改”，而让记者印象深刻的是，谈及中国，郑永年教授一直保持清醒观察与忧患意识。

在肯定“中国模式”的同时，郑永年十分不认同近来国内外过分赞誉的说法，“中国的问题在内部，还有很长的路要走”；国内有些人称中国要追求国际领导权，他不惜提高调门，直斥他们是头脑发热，“现在追求国际领导权，是没用的，只能满足空虚的民族主义感觉”……

仰观宇宙之大，俯察品类之盛。以学术为业的郑永年，十分注重实证经验。他曾用自己扎实研究，从学理上驳斥“中国威胁论”。他亦频繁回国，细致探究中国的转型经验。

走过60年的新中国，而今迈步从头越。在下一个甲子，中国需要什么样的思想解放？在记者截稿之际，郑永年教授的专栏提出了如是命题。显然，这是经历深沉思考后，来自南洋彼岸的又一咏叹……

（雷雨　黄应来　谢思佳　邓文忠）

1949 1959 1969 1979 1989 1999 2009
精彩中国 喜传天下

第伍篇

群星璀璨耀神州

1949　1959　1969　1979　1989　1999　2009

周南解密新中国外交史三大事件

麦贤得：永远的“钢铁战士”

“铁人”是这样炼成的

聂卫平：没拿过世界冠军的“棋圣”

经济学家　星光熠熠

太空“神舞”“神溜”　中国“神气”起来

“青春中国”载满了奇迹

周南解密新中国外交史三大事件

他曾是我国一位叱咤风云的外交家，曾令对手既害怕又敬佩。他就是前外交部副部长、新华社香港分社社长周南。他亲身经历了新中国外交史的三大胜利——中国重返联合国、香港回归和澳门回归。

周南解密新中国外交史三大事件

周南档案

生于1927年12月。祖籍山东曲阜，曾入读于北京大学和燕京大学，1946年5月加入中国共产党，后任燕京大学地下党负责人。

新中国成立后，曾驻巴基斯坦和坦桑尼亚大使馆，并历任外交部西亚北非司科长、外交部副部长，并作为中国代表团团长参与中英、中葡关于香港、澳门问题谈判。1990年1月任新华社香港分社社长。是中共第十四届中央委员，中共十五大代表，第七、八届全国人大常委。

精彩语录

我20年前可以在海里连续游上两个小时，现在只能游一小时。人老了，腿脚不得力了。

志愿军战士装备简陋，许多人不是中弹，而是手腿严重冻伤，不得不截肢。而美军已经是装备了鸭绒睡袋。

小布什当时还是个孩子。老布什到北京任职时，他们父子俩经常骑自行车逛胡同。甚至参加外交宴会时，老布什也骑着插了美国国旗的自行车前去。

我们仨一边喝酒抽烟，一边出点子，一直聊到深更半夜，一瓶茅台酒也喝完了，大概形成了稿子的纲目。

在野的撒切尔夫人访港，我们像老朋友一样吃饭饮酒，但我避谈政事。其实我心里明白，她是想替彭定康进行游说。

对话

刚结婚即奔赴抗美援朝战场

记者：这屋里整面墙都是线装书，您经常读吗？

周南：读的。如今有时间了，可以从容地读书。现在这些书不容易找，幸亏还有企业愿意印。

记者：您从风云变幻的外交战线退下来，过着闲云野鹤的清静日子。听说，您刚刚从海南岛休假回来？

周南：那里很不错。我每天在海里游一个小时，非常惬意。不过，我20年前可以在海里连续游上两个小时，现在只能游一小时。人老了，腿脚不得力了。

记者：您已经是82岁，有这样的体力已经非常强了，许多年轻人也比不上。

周南：可小平同志视察南方时已经是88岁，比我精神呀。

（周南家中客厅的墙上，有一幅他陪邓小平同志会见外宾的照片。照片中所有的人都在开怀大笑，包括荷兰首相、周南和现中国驻英大使傅莹。原来这就是那张得过新闻奖的著名照片。当时，小平同志介绍说自己已经84岁了，但翻译却译成了“48岁”，于是在场的人都笑了起来。）

记者：您从年轻时进入外交部跟随周总理、陈毅外长出访亚非国家，到成为中国重返联合国的第一个代表团成员，到中英、中葡关于香港、澳门问题谈判的中国代表团团长，再到就任新华社香港分社社长。这样的外交生涯实在丰富多彩。你的诗词中，有“高丽烽火起，投笔事戎行。结缡甫一日，慷慨赴疆场”。这样说，你刚结婚就作为志愿军上战场了。

周南：抗美援朝一开始，我们就报名参加。我被分配到九兵团，担任美军俘虏的管理工作。记得在鸭绿江边等待过江时，见到美军飞机越过中国国境，前来扫射。我们后来是踏着冰封的江面进入朝鲜的。

记者：那时，最严酷的是敌我实力悬殊吗？

周南：我们所面对的是美国最精锐的部队，像海军陆战第一师等。但更可怕的是零下30摄氏度的气候。志愿军战士装备简陋，许多人不是中弹，而是手腿严重冻伤，不得不截肢。而美军已经是装备了鸭绒睡袋。

记者：美军俘虏好管吗？

周南：这些少爷兵的国家观念淡薄，审问起来很顺利。我们还鼓励他们写家信，办墙报。我们总是将最好的食物给他们吃，比美军后来对待伊拉克战俘人道多了。

对话

毛主席紧急部署组团赴联合国

记者：1971年10月25日，第26届联大以压倒多数通过了决议，恢复了中华人民共和国在联合国的合法席位，确立了中国在国际舞台的重要地位。您1971年—1981年在中国驻联合国代表团工作，是中国重返联合国的第一批人员。其间，您最难忘的经历是什么？

周南：这个消息一传来，毛泽东主席就说，今年我们有两件大喜事，一个是林彪自我毁灭，一个是恢复我在联大席位。

当时，那一届的联合国大会已开了一半，我们还派不派代表团参会？有人说，我们在精神上和物质上都没有做好准备，讨论什么问题也不清楚，提案也没有，等明年再去吧。毛主席却果断地决定，马上组团去。他说，这是非洲兄弟将我们抬进去的，不去就脱离群众了。于是，中国很快组成了出席第26届联大的代表团，乔冠华为团长，黄华为副团长兼中国常驻安理会代表。我作为代表团一等秘书也随团前往，并在会后留在中国常驻联合国代表团工作了十年零一天，先后任参赞、大使等职。

记者：毛主席给你们什么任务？

周南： 在我们启程前的那天晚上，毛主席在中南海接见了代表团成员。他说，你们一定要以高屋建瓴、势如破竹的姿态，很好地宣传中国的外交政策。他说，中美还没有建交，你们是深入到帝国主义心脏去，处在别人的包围之中，是孤军深入。“我送你们两句话，一句是古人讲的，叫做‘不入虎穴，焉得虎子’。另一句是阿庆嫂讲的，叫做‘胆大心细，遇事不慌’。”出发那天，周恩来总理和政治局主要成员亲自到机场为我们送行。

记者： 虽然社会主义的中国进入联合国，但当时的形势对你们应该是蛮险要的。

周南： 是的。中国代表团参加联大立刻成了各国媒体报道的焦点。那时，中美没有直达航线，代表团要在巴黎等地转机。在巴黎转机后，一些消息灵通的外国记者打探到了我们的航班，就同机搭乘，随机采访。

老布什顺应大势主动酬客

记者： 你们抵达后，一贯在联合国当惯老大的美国是什么态度？

周南： 当时，美国驻联合国的代表是乔治·布什，即后来任美国总统的小布什的父亲。以前，他一直极力阻挠我们参加联大，眼看中国进入联合国已成事实，也不得不改变态度。11月15日，我们正式出席联大会议。布什事先打听到了中国代表团抵达的时间。那天，他早早就站在通往联大会场的走廊上，假装与人闲聊。看见中国代表团一行到来，他扮成不经意间碰到，主动走上前来与中国代表团成员握手，表示欢迎。

记者： 他的外交手段也是灵活变通的？

周南： 为表示友好，老布什还特意邀请我们到他在康涅狄格州的别墅做客。此后，他经常邀请我们去，我们也邀请他们一家来吃饭。我们常来常往，直到两年后布什到中国担任美国驻华联络处主任。

记者： 那您早就认识小布什了？

周南： 他当时还是个孩子。老布什到北京任职时，他们父子俩经常骑自行车逛胡同。甚至参加外交宴会时，老布什也骑着插了美国国旗的自行车前去。

记者： 中国代表团一到联大，出现什么情况？

周南：我们一到，联大原定的议题就停止了，几乎所有国家的代表都上台致欢迎辞，有的说，你们早就应该来了；有的说，联合国没有中国的参加就没有代表性，解决不了世界上任何重大的问题；还有的说，中国的参加使联合国变成了真正意义上的联合国……接着，乔冠华发表了讲话，全面阐述了我国独立自主的和平外交政策，台下反应非常热烈，掌声持续了好几分钟。乔冠华讲话后，各国代表排着很长的队伍一个个上前与乔冠华握手，表示祝贺。这一天后来成了联合国的“中国日”。

记者：听说当时美国媒体也掀起了一股“中国热”，是吗？

周南：报纸甚至还刊登了代表团成员穿中山装的照片，说中国代表团的某人是“美男子”，等等。美国各界寄给代表团的友好信件也很多，有一批盐湖城的大学生还找到我，说他们学校里在模拟联合国的辩论，希望我讲一讲中国在一些重大国际问题上的立场。

乔冠华舌战超级大国代表

记者：好像现在的联合国比较沉闷，为什么20世纪70年代会那么热闹？

周南：是的。当时联合国的形势非常复杂，超级大国想控制联合国，而第三世界国家要反控制，而我们旗帜鲜明地支持第三世界国家的正义主张。在那个年代里，第三世界的民族解放运动风起云涌，形成了一股强大的历史潮流。他们敢于仗义执言，不畏强权，把恢复中国在联合国合法席位视为自己的事。他们表现的这股浩然正气，就是世界走向进步的反映。

中国加入联合国后，与不结盟运动、非统组织和77国集团等相互呼应配合，开展了一系列有声有色的斗争，打破了超级大国对联合国的操纵。有的国家代表说，中国进入联合国之后的那些年，是联合国历史上最活跃的时期，也是办好事最多的时期。

记者：美苏两个大国既是对立的，也是勾结的，在联合国生出一些事端来。

周南：最精彩的一次斗争是在1973年10月23日，联合国安理会讨论美苏两国提出的关于监督中东停火的决议草案。美苏与联合国秘书长达成协议，不经过各国发言就表决，企图阻挡其他国家表达意见。

我们觉得决议草案并不完全符合中国的立场，表示要发言。苏联代表马立克却立即要求表决。这时，乔冠华敲了敲面前的水杯，马立克说："我们（指苏联、美国）不是事先商量好了吗？这次会议不安排发言！"

记者：在联合国这么蛮横，现在不可想象。

周南：乔冠华非常恼火地说："你们怎么能随意剥夺我们的发言权呢？"他又敲敲水杯，高声说："中国也是联合国常任理事国。没有人能够剥夺我们的发言权！"马立克也敲起水杯，气急败坏地说："讨论可以在表决后进行。""马立克先生的话完全没有道理"，乔冠华大声地发出抗议。这时，会场充满火药味，会议主席只得宣布休会。

记者：这种场面好像很有戏剧性，如同赫鲁晓夫敲皮鞋一样。

周南：休会期间，会议主席同意乔冠华在下午的会上第一个发言。

乔冠华强调："中国坚决反对把联合国安理会当作两个超级大国任意玩弄的工具的恶劣做法。我们认为，这是对安理会其他成员国家极大的不尊

左一为中国外交部副部长乔冠华，右一为中国常驻联合国代表黄华。在决议通过时，他们开怀大笑。

重。”这件事在当时引起了轰动。第二天，美国各大报纸都登出了“乔冠华大战马立克”的消息。

一瓶茅台催出联大发言稿

记者：您年轻时很有酒量，与乔冠华有得一比吧？

周南：我在1997年之前，一次差不多可以喝一瓶茅台酒。我和他有时边饮酒边谈辛稼轩、苏东坡，但最难忘的一次是为邓小平同志1974年出席联大会议做准备的那次。

我记得那时我回国休假。当时，周总理的身体已经很弱了。于是，毛主席点名邓小平同志率团出席联大第六届特别会议。虽然江青跳出来反对，主席仍然坚持。

小平同志找乔冠华来写发言稿，乔冠华又拉上我和另一位同志。小平同志指示说：这次会议除了讲经济问题外，我们还要宣传毛主席的“三个世界”思想。会后，乔冠华就拉我们到他家去。我们仨一边喝酒抽烟，一边出点子，一直聊到深更半夜，一瓶茅台酒也喝完了，大概形成了稿子的纲目。在宣传“三个世界”时，重点是要团结一切可以团结的力量，反对霸权主义。

记者：你们喝着茅台，通宵为邓小平赴联合国演讲拟稿。那段经历好潇洒！结果，小平同志那次在联大发言的效果很好。像他斩钉截铁地表示：“中国不是超级大国，也永远不做超级大国。”这对不太了解中国的第三世界国家，起到积极的作用。

周南：是的，中国重返联合国可以说是新中国外交的转折点。一方面，西方国家过去除法国之外，其他的都极少与我国来往。这之后，连美国也不得不承认中国的地位，其他国家就不必说了。另一方面，中国利用这个舞台，与第三世界国家团结到一起，特别是过去不敢与我国来往的拉美国家。所以说，中国入联后就迎来了与世界各国建交的高峰期。

双手合十回避与彭定康握手

记者：您还曾任职中国驻巴基斯坦和坦桑尼亚大使馆10年之久，您的诗词《六十述怀》中说：“持节走四方，幸未辱国命。”后来，您在中英关于香港问题的谈判过程中，肩负主帅重任。你这首诗中说：“湔雪百年耻，港澳当其首。谈判任首席，折冲供趋走。”

周南：中英谈判严峻复杂。在谈判台之外，英国人打“民意牌”，还打“经济牌”，有意地在社会上制造恐慌。

记者：中英谈判与中葡谈判截然不同，前者似乎历经艰难险阻，后者除了在关于澳门回归时间上有一点争议，基本上较为平静。

周南：是的，英国老谋深算，步步为营；葡萄牙则随意多了。具体对手也是如此。

记者：特别是彭定康，你们斗争得很激烈。每天从电视上，都见到您和他说些针锋相对的话。

周南：他因为之前在本国政坛失意了，来香港要积累政治资本。中英在谈判过程中风云变幻，到第17轮谈判就完全破裂了。本来，立法会可以坐上直通车，一直到回归之后，但结果形势逼得我方另起炉灶，建立了临时立法会。

记者：那您与彭定康个人如何相处？

周南：到后期，我与他已经无话可谈。除了在国庆酒会上，我们按礼仪碰杯外，完全不会有来往。那段时间，已经在野的撒切尔夫人访港，我们像老朋友一样吃饭饮酒，但我避谈政事。其实我心里明白，她是想替彭进行游说。当时的港英政府也有人想宴请我和彭，以创造机会让我们聊聊，但我一口回绝说：“不必了。”

记者：你们有一次在香港大屿山碰过面吧？

周南：那是1993年香港大屿山天坛大佛开光典礼活动，有赵朴初先生出席，我与彭在那里相遇了。之前，彭定康先对在场记者肆意攻击中国政府，并为他所推行的“三违反”政改方案进行诡辩。他伸出手来表示“友好”，我却没领彭定康的情，以佛家的双手合十来代替握手。他只得收回手去，同样双手合十。当记者要我对彭定康的讲话作出评论时，我临场发挥地说：“谁搞‘三违反’定会‘苦海无边’，罪过罪过；谁搞‘三符合’自是‘功德无量’，善哉善哉。”

记者：您这一辈子，去过许多国家。最喜欢的是哪里？

周南：我一生几乎有一半时间在国外及香港，算算大概超过30多年。我最享受是在意大利和希腊的日子，既有美丽的风景又有古老的文明。

记者：那您还想去哪里？

周南：我现在年龄大了，别的地方不想去了，只是想去宝岛台湾看看。如果可以成行的话，首选地点就是台北故宫，可以搬把小凳仔细看上个两三天（他家墙上，挂着南宋书法家宋琚的条幅和一幅明代文征明的绘画。这是台北故宫的复制品，是他女儿去台湾开学术研讨会时买回来的）。

（朱正红　林亚茗）

麦贤得：永远的『钢铁战士』

1965年东山岛海战中他头部中弹、脑组织外露仍坚持作战3个多小时

向阳的书桌上，麦贤得缓缓提笔挥毫，尽管负伤的右手还有些不灵活，落笔却很有力。一片静默过后，“心无旁骛”四个大字跃然宣纸之上，落款是“己丑年夏”。

44年后，那场曾被毛主席赞誉为“蚂蚁啃骨头，打了一个漂亮的歼灭战”的“八六”海战仿佛已湮没在时光的薄雾里，只是玄关处摆满的和国家领导人的合照以及满柜的革命书籍还在提醒着，往事并不如烟。

20世纪60年代的全民英雄“钢铁战士”麦贤得，在新中国成立60周年之际，重拾40多年来的峥嵘岁月，历史，恍若眼前。

A15

麦贤得，永远的“钢铁战士”

“这是中国领海 请你们离开!”

“我们没有埋怨，只有幸福”

共和国的丰碑 由他们铸就

解密

战斗英雄

麦贤得，广东饶平人，1964年入伍。1965年8月“八六”海战中，轮机兵麦贤得在头部中弹、脑组织外露的情况下坚持作战3个多小时，被誉为“钢铁战士”，成为全国学习的模范。1966年2月，国防部授予他“战斗英雄”的荣誉称号。2007年，麦贤得从海军广州某基地副司令员岗位上退休。

机电兵苦练“夜老虎”

1945年，麦贤得出生在南海汫洲湾一户普通渔家里。汫洲湾人家，世代以捕鱼打蚝为生，岸边的红头船，既是商贾的载货之舟，也是沿海渔村抵御外敌的工具。到抗日战争前夕，汫洲湾的红头船已经有300多艘。

麦贤得就是在这样一种勤劳善良的民风和骁勇善战的历史村落里长大，打小接触的都是常年日晒雨淋的渔民，听的都是家乡人捍卫祖国的英雄事迹。加入军队，保家卫国的愿望在他心里一天比一天强烈。1964年，年方18岁的麦贤得入伍参军，成为虎门沙角的人民海军南海舰队联合学校的一名新兵，毕业后被分配到离汫洲湾不远的汕头海警区，驻527艇当机电兵。

海上作战常常在深夜，那时的大海漆黑如墨，不见一丝微光，全队的新兵老兵们都苦练出一手绝活——“夜老虎”。“夜老虎”要求士兵们在完全看不见的情况下仍然能够熟练操作舰艇机舱里的装备。麦贤得蒙住自己双眼，在轮机舱里一个螺丝、一个接口地揣摩着，苦练四五个月，最后将机舱里的几百条管道、几千颗螺丝都摸得滚瓜烂熟。

谁也没有想到，麦贤得这一手“夜老虎”在不久之后的“八六”海战中，派上重要用场。

“钢铁战士”死守3小时

1965年8月6日，新中国成立后规模最大的一次海战在我国东山岛附近的渔场打响。麦贤得所在的南海舰队接获情报后，将正在岸上种菜的士兵紧急召回。

战斗中，611舰左主机负荷过重，意外停下，前机舱轮机兵麦贤得立即跑去帮助启动机器。就在此时，两颗子弹在轮机班炸响了，一块弹片打进麦贤得的右前额，插到左侧靠近太阳穴的额叶里。脑脊液随即流了出来，鲜血喷涌而出，麦贤得昏迷过去。战友立即对麦贤得进行简单包扎，并将他抬放到后机舱的角落里。可是战友刚一走开，麦贤得又挣扎着爬到了操纵台。

眼前一片漆黑的麦贤得听到主机的轰鸣声减弱了，判定是气阀或油阀的螺丝松动了，凭着之前练就的一手“夜老虎”功夫，开始一颗一颗螺丝地检查。最后，在几十条管路、上千颗螺丝里麦贤得检查出一颗拇指大的被震松了的油阀螺丝，顽强地用扳手将螺丝拧紧，并且用身子顶住移位了的波箱，使损坏了的推进器复原。油阀供上气，机器终于再次启动！

就这样，麦贤得死死坚持了3个多小时，直至战斗胜利，等到返航还未靠岸的时候，麦贤得陷入了昏迷。此时的他，头上绷带浸渍着鲜血，眼角和睫毛被脑脊液和血浆粘住了，双手仍然紧握着操纵杆。

“其实中弹后的麦贤得已经神志不清了。但是他还能爬起来将螺丝钉拧紧，可见所有精力都集中在战斗上面。这是英雄的本色，我很佩服！”当时611舰前机舱班长许睦华也身负重伤，全身30多处弹片，受伤70多处，讲起昔日同舰战友，敬佩之情溢于言表。

坐在一旁静静听战友讲述的麦贤得，偶尔望向战友，笑容复杂。

战斗英雄麦贤得画册在20世纪60年代流传甚广。

见到脑中取出的弹片，他笑了

就在8月17日毛主席、周总理等国家领导人接见“八六”海战有功人员时，麦贤得仍然躺在医院昏迷不醒。海战后，得知麦贤得的伤情，毛主席和周总理指示要组织全国最精干的医护力量全力抢救，周总理更是亲任麦贤得抢救指挥小组组长，专辟了由汕头到广州的空中救护通道。经过多方抢救，麦贤得脑颅中的弹片被取出，并且植入两块有机玻璃片代替部分头盖骨。

住进广州军区医院昏迷了三天三夜的麦贤得在18日的清晨苏醒过来。当时医院屋顶的喇叭正播放着歌曲《东方红》，麦贤得嘴唇微翕，跟着旋律轻声哼起来。父母见了也不认得，但是给他看毛主席像，他就会咧嘴一笑。麦贤得的医院特护小组护士长萧小俏在日记里记录道：“他们（医护人员）拥到麦贤得的床前，见着这眨巴着大眼睛、抿着嘴角微笑的可爱的人，大家无不涌出热泪：太好了，麦贤得，你终于醒来了！”

英雄醒来，全国各地学习麦贤得的热潮不断高涨。他的事迹被登上各大报纸的头版头条，创作成宣传画、连环画、快板、歌曲、话剧，还被编进小学课本。毛泽东、朱德、董必武、贺龙、叶剑英、徐向前等当时党和军队领导人专门接见这名英雄的水兵。1966年，麦贤得被国防部授予“战斗英雄”荣誉称号。

在此之后，麦贤得又经历了四次大手术，病情日渐好转。但是脑部受重伤带来的后遗症仍然明显。现在麦贤得的右半身仍有些瘫痪，几个月就要一次密集的理疗；语言表达有一定障碍，但是理解和听力没有问题。麦贤得的情绪有时候也会不稳定，每天都要吃一定量的安定药和抗后遗症药。

经过精心护理，麦贤得重新走上工作岗位。两年前以大校军衔从海军某基地副司令员的职位退休。

2007年建军80周年，62岁的麦贤得出席了全军英模代表大会。在参观中国革命军事博物馆时，麦贤得见到了当年从他脑中取出的两大块弹片，他笑了。当笔者问起这一个细节的时候，麦贤得咧着嘴，连声道：“记得，我记得。”他说，“心情很复杂，高兴、兴奋，因为党和人民给了我第二次生命；复杂，是因为伤害……”麦贤得望着笔者，陷入沉思。

麦贤得妻子李玉枝——“我们没有埋怨，只有幸福”

“战斗英雄好妻子”李玉枝对麦贤得的好，在军队老战友们圈中是出了名的。但凡有麦贤得的地方，总能见到李玉枝相伴左右。回首往事，李玉枝对麦贤得不离不弃，搀扶着他走过38个春秋里的伤痛、低谷，共同分享着荣耀与喜悦。

每次麦贤得接受采访时，老伴李玉枝总要端来一个小板凳，坐在旁边，静静注视着丈夫的一举一动。麦贤得表达不出来，就会习惯性地望向李玉枝，他已经习惯了李玉枝会接过他的话，帮他说出心里头的话。

“我和老麦结婚都快40年了。”李玉枝望一眼在书房里练字的麦贤得，将功夫茶缓缓泡来，她和麦贤得的故事便在氤氲茶汤中娓娓道来。她和麦贤得深情相系的40年，刚好是一盏功夫茶煮开的时间。

李玉枝告诉笔者，前些年央视播出了麦贤得专题之后，他们就收到了全国人民雪花般的来信。一家人围着信，一封一封地读。儿女们念着信，已是泪流满面。这么多年了，他们对父亲的不理解终于在那个时候彻底地消除了。在那些真挚的字里行间，他们明白了原来自己的父亲是那么伟大。

如今，麦贤得的儿女已经成家。一儿一女先后参军，儿媳妇是军人，女婿是警察，李玉枝笑称“一家人是‘军、警、民’，十分热闹”。“我和老麦虽然经历了一些波折，但我们一家人感受到了党的恩情，我们没有埋怨，只有幸福。”

戎马生涯复归于葱茏花草间

这座复式的二楼民居坐落在汕头海军家属院一条深巷子底。推开门，撞进眼里的尽是郁郁葱葱。早晨的阳光很好，透过茂密的树叶洒落一地斑驳，偶尔有小鸟落脚，倏忽飞走，蝴蝶停在舞兰上，静美如画。

这是麦贤得和老伴的家。麦贤得，这位“八六”海战里的“钢铁战士”，这个为上世纪60年代的中国刻下记忆的老英雄，挥别戎马生涯，复归于恬淡的日子。

毛主席接见的照片悬挂在麦贤得家中最显眼的位置。

麦老喜花草，“你看，要开花了。”麦贤得指着君子兰新冒的花蕊，神情犹如发现了新奇玩意的小孩。“这里有芒果、石榴、榕树，还有一些，说不出名字”。

麦老喜书画。书桌上的墨砚基本就没有干过，桌上一角堆着的名家画作是他临摹的样本。麦老的花鸟画在汕头已是小有名气。

麦老有时也爱翻看回忆。从花园进入大厅是一大幅镶着玻璃的照片墙，上面贴满了过去的流金岁月。

今年是新中国60周年大庆，天安门广场将举行盛大的阅兵仪式，麦老也可能应邀到现场参观。一提及此，麦老咧开嘴，笑得很开心。他说：“去到天安门广场，我最想看国家最新的武器装备和军队建设。”

辞别时，笔者再次瞥见了麦家入门玄关处随意的摆设，柜子的上格陈列一艘053H2导弹护卫舰的小模型，小孙子的玩具喜羊羊在军舰模型下面笑得灿烂。这也许就是麦贤得现在生活的最好写照，逝去的海战和绕膝的亲情，交融在一起，丰满了他的人生。

延伸

共和国的丰碑由他们铸就

军队百战为和平。60年一个甲子，日夜为共和国守望和平安宁的人民军队，刻下了忠诚履行历史使命的60道深深年轮。

共和国不会忘记，新中国成立之初，我军进行了大规模剿匪作战、平息武装叛乱的斗争，巩固了新生的人民民主政权；当美国侵略朝鲜并威胁我国安全时，志愿军雄赳赳、气昂昂跨过鸭绿江，赢得了抗美援朝战争的胜利；我军胜利实施了多次边境自卫防御作战，捍卫了领土主权完整和国家尊严……

在建国初期的各条战线上，人民军队扛起了铁镐和钻机，奔赴戍边屯垦、交通水利等建设一线。

洪灾震灾，火情疫情，和平年代的每一次灾难，都是人民子弟兵出征的命令。在这些抢险救灾前沿阵地上，人民军队永远都是最关键时刻的“菩萨兵”、最危难关头的“保护神”。

在这些没有硝烟的战场上，“簰洲湾19勇士”、李向群、李晓红、李大为、“邱光华机组”、陈大桂等年轻的名字，永远镌刻在烈士纪念碑上。

就在不久前，中央有关部门联合启动“100位为新中国成立作出突出贡献的英雄模范人物和100位新中国成立以来感动中国人物”评选活动，300位候选人名单中，军人占到了相当比例。除了这些闪亮的名字，还有众多默默的无名英雄。共和国的丰碑，由他们所铸就！

（洪奕宜　赵琦玉　苏稻香　杨少松　周冬华）

『铁人』是这样炼成的

王进喜：
石油工人的传奇人生

A08

“铁人”是这样炼成的

宁肯一人臭
换来万户香

纺织战线
一面红旗

粤韩经贸交流会首尔举行

他不远千里从玉门油矿率队奔往大庆参加石油大会战，苦干五天五夜，打出了大庆第一口喷油井；

他不顾腿伤率先跳进泥浆池，挥动双臂用自己的身体搅拌泥浆压住井喷；

他用40年代的“老爷”钻机，创出了年进尺10万米的世界钻井最高纪录；

他用瘦小的肩膀支撑起辉煌的石油和铿锵的人生。他是我国第一代钻井工人、共和国的脊梁，他是当之无愧的“铁人”王进喜。

1959年9月，在松嫩平原的一个小镇，黑色的石油从“松基三井”喷涌而出，这里就是大庆油田的发源。大庆油田的发现瞬即传遍了大江南北，这一发现改写了新中国石油工业的历史。一次轰轰烈烈的石油大会战由此开始。

次年3月，来自全国各地约5万人的队伍浩浩荡荡开进了荒凉的东北平原，拉开了大庆石油大会战的序幕。王进喜也从西北的玉门油田率领1205钻井队赶来，加入了这场石油大会战。

在这年五一的誓师大会上，王进喜第一次喊出了“宁肯少活20年，拼命也要拿下大油田”的口号。在王进喜47年短暂的一生中，这句话成为他人生的真实写照。

从油矿苦力到钻井工人

去年12月，本报记者沿着我国首条跨国天然气管道西气东输二线的走向跑遍了从新疆到甘肃、宁夏广袤的大西北油田，第一次如此亲密地与众多石油工人接触，所过之处，一股浓得化不开的精神屹立不倒，那就是“铁人”精神。

1923年10月8日出生于甘肃省玉门县赤金堡一户农民家庭、乳名“十斤娃”的王进喜，他的成长与中国石油成长、共和国的成长紧紧相随。由于家境贫寒，幼年的王进喜早早地就靠讨饭、放牛承担起家庭的重担。15岁那一年，王进喜开始到玉门油矿做苦工，性情耿直、脾性刚烈的他自然不时受到矿主的打骂。

从玉门油矿苦力到新中国第一代钻井工人，王进喜的幸运来自于解放战争的胜利——1949年玉门解放，油矿由中国人民解放军正式接管，王进喜被选中了。

靠着苦干、勤学，1956年，王进喜任玉门1205钻井队队长，也一直成为1205队的标杆和旗帜。在他的带领下，1205队头一个月就旗开得胜，一改往日的不振表现。王进喜上任后，在一次动员会上说：“不怨天，不怨地，只怪自己不争气！”有人抱怨打井条件艰苦，王进喜马上反驳道：“天不怕，地不怕，就怕碰到困难就躺下！”王进喜不经意间流露出的语言智慧，毋宁说是这个为石油事业满腔热情的西北汉子最朴素的情感表达。

千里奔赴大庆油田开井

大庆油田发现之际正值三年自然灾害最严重的时期，甘肃是重灾区，全家人的吃饭问题都依靠王进喜解决。当王进喜向老母亲提出要离家参加松辽会战时，他跪在地上磕了三个响头，就此告别母亲登上东去列车。

油田初创，工人们头顶蓝天，脚踏荒原，吃住都很困难。可是王进喜头一句话就问：“井位设在哪里？”恨不得马上抱出个大金娃娃。

钻机到了，吊车不够用，几十吨的设备怎么从车上卸下来？王进喜带着钻井队的30多个棒小伙绳拉杠撬，靠双手和肩膀，迎着寒风奋战三天三夜，把38米高、22吨重的井架竖立在荒原上。这就是会战史上著名的“人拉肩扛运钻机”。

要开钻了，可水管还没有接通。王进喜振臂一呼，带领工人到附近水泡子里破冰取水，硬是用脸盆、水桶，一盆盆、一桶桶地往井场端了50吨水。经过五天零四小时的艰苦奋战，大庆油田第一口油井完工，创造了一个新纪录。

轰轰烈烈的石油大会战很快取得了显著成果。1960年，王进喜带领1205钻井队连续创出了月“四开四完”、“五开五完”的好成绩。到年底，共打井19口，完成进尺21258米，接连创造了6项高纪录。该年6月1日，大庆油田首车原油外运，年底时大庆油田生产原油达97万吨。

十年奋战让中国摘掉贫油帽子

作为一个石油工人，王进喜时刻为祖国的“贫油落后”面貌着急，他说：“恨不能一拳头砸出一口井来，把石油落后的帽子甩到太平洋里去。”从1960年6月1日大庆运出第一批原油，到3年之后大庆油田会战结束，中国石油结束了用“洋油”的时代，基本实现自给。

“文革”开始后，大庆油田生产也受到严重干扰和破坏，眼看油田已经无法维持正常生产，王进喜心急如焚。1966年12月31日，王进喜毅然到北京向周总理汇报大庆油田生产的严峻形势。返回大庆后，他走遍油田，贯彻总理的指示精神，大声疾呼“大庆生产一天也不能停！”

从1960到1970年，王进喜在大庆整整奋战了十年。他像一面旗帜彰显着大庆精神的精髓。王进喜不但带领大庆五万多会战大军让中国摘掉了贫油落后的帽子，在最困难的“文化大革命”时期，也是因为他力挽狂澜，才成就了大庆在“文革”十年中的飞速发展。十年间，大庆油田以每年20%以上的速度递增，产油量从1000万吨猛增到5000万吨。

1970年4月，王进喜去玉门参加全国石油工业现场会。在归途中胃病发作，到北京医院确诊为晚期胃癌。11月初癌症病情恶化，于15日与世长辞。

解密

时传祥：
宁肯一人臭换来万户香

上世纪五六十年代，在偌大的北京城，人们经常会看到一个略微驼背的掏粪工走街串巷义务为各家各户清理粪池的场景。这个人就是时传祥。

时传祥1915年出生在山东省齐河县赵官镇大胡庄，15岁逃荒流落到北京城郊，受生活所迫当了掏粪工，从此在粪霸手下干了20年，受尽了欺凌。在旧社会的“下九流”里，掏粪工是生活在最底层的。时传祥没有一天不盼望着能跳出这污黑的粪坑。新中国成立后，时传祥被选为崇文区粪业工人工会委员，于1952年加入了北京市崇文区清洁队。

时传祥为了干好掏粪工作，动了不少脑筋，也付出了比常人多的辛劳。老北京平房很多，老四合院里人口密度非常大，茅坑浅，粪便常常溢出来，气味非常难闻。他遇到这种情况，总是不声不响地找来砖头，把茅坑砌得高一些。有人不理解时传祥的工作，时传祥说：“屎嘛，哪有不脏的？可咱要人嫌脏，就会千人受脏，咱一人嫌臭，就会白家闻臭。俺脏脏一人，俺怕脏就得脏一街呀。想想这个，就不怕脏啦。”

1958年，北京市人民政府为了体现对清洁工人劳动的尊重，规定他们的工资高于别的行业，还把过去送粪的轱辘车全部换成汽车。时传祥说：“咱要人不等车，车不等人，加快周转，分秒必争。”在他的带动下，原来每人每天平均背粪50桶，一下子增加到93桶。刮风下雨也是一样。

赵梦桃：
纺织战线一面红旗

赵梦桃是全国著名劳动模范，纺织战线的一面红旗。赵梦桃作为中国20世纪50年代纺织行业的代表，创造了一套先进的清洁检查操作法，并在陕西省全面推广。

赵梦桃1936年出生在河南洛阳的一个贫苦家庭，早年随母住在河南中牟县。1951年底，她考上了国营棉纺厂的学徒工，不久被选为培训班的小组长。

1952年5月，西北国棉一厂正式开工，赵梦桃当上了细纱挡车工。一种当家做主人的自豪感，促使她一进车间，就像上足了发条的钟表。“好好地干！下苦干！老实干！”成了她的口头禅。别人一个巡回3至5分钟，她只用2分50秒，连上厕所都是小跑。她进厂不到两年，就创造了千锭小时断头只有55根、皮辊花率1.89%的好成绩，她第一个响应厂党委“扩台扩锭”的号召，看车能力从200锭扩大到600锭，生产效率提高了2倍。

赵梦桃刻苦钻研技术，1962年，在吸取其他纺织能手经验的基础上，摸索出了一套科学的巡回清洁检查操作法。按这种操作法，细纱车的清洁可得100分，断头减少三分之二，粗细节坏纱比过去减少70%，大大充实了“郝建秀工作法”的内容，对提高棉纱条干均匀度和棉布的质量起了重要作用。

1963年4月27日，陕西省召开表彰赵梦桃及赵梦桃小组先进事迹大会，授予赵梦桃“优秀的共产党员、模范的共产党员、先进工人的典范”光荣称号。会后不久，即同年6月23日，这位把自己的青春年华全部献给祖国社会主义建设的细纱女工，不幸过早地被病魔夺去了年轻的生命，年仅28岁。

（苏稻香　刘艳美）

聂卫平：没拿过世界冠军的『棋圣』

说到“聂卫平”这个名字，大家都会想到“棋圣”这个称号。他从来没有拿过世界冠军，却是中国围棋历史上唯一被授予“棋圣”称号的棋手。

在20世纪80年代，最具人气、最鼓舞人心、最受人尊敬和崇拜的，一是中国女排，再就是聂卫平。聂卫平和中国女排不仅仅是当时中国体育的荣誉典型，更是那个年代中国的一个符号。他们共同激发了一代人的民族自豪感，他们也是中国体育事业在改革开放以来取得辉煌成就的一个缩影。

到陈毅家下围棋被汽水“灌醉”

聂卫平生于1952年。由于患有先天性心脏病，聂卫平不能进行激烈运动，所以从小学到初中都不参加体育课，取而代之的是智力型项目。也正是这个原因，聂卫平对一切智力型游戏都感兴趣，围棋、桥牌、拱猪、斗地主乃至飞行棋，可以说是无一不精。

1962年，10岁的聂卫平经常到少年宫去看别人下棋。终于有一次，在好胜心的驱使下，聂卫平与这些比他大的学员孩子进行了一次“挑战赛”。结果，他横扫了所有学员，甚至包括一些已经入段的。这件事引起了围棋爱好者陈毅的关注，他托李立三将小聂卫平带到了家里，一起切磋。

第一次到陈毅家下棋，聂卫平就闹出被汽水“灌醉”的笑话。“我记得好像是冰镇的北冰洋汽水。我喝了一口觉得好喝，就不停地喝。喝完一杯，服务员就马上给我倒满。”聂卫平回忆说，“那个时候，汽水可是高级饮料了，很少有机会喝呀。所以，我一边下棋一边不停地喝，喝着喝着就晕了。我保守估计，那次起码喝了十几瓶！”

陈毅之所以喜欢和聂卫平下棋，估计和聂卫平直爽的性格有很大关系，同时也和聂卫平极其认真的态度有很大关系。有一次下棋，陈毅刚落子之后觉得不妥，伸手就要将棋子拿回来。结果，聂卫平一把拉住陈毅的手腕，大叫“落子不悔”，硬是没让陈毅悔成棋。

“那个时候，陈毅老总很喜欢我较真的这股劲，常常鼓励我好好学棋，将来战胜日本九段，为国争光。”聂卫平说，“也许就是从那时起，我心中便埋下了打败日本九段的种子。”

“文革”期间，聂卫平被下放到黑龙江插队六年。那段时期，聂卫平很少下棋，但是他却认为正是在北大荒农场的时期，磨炼出自己坚韧不拔的意志，也从生活和工作中悟出了更高的围棋境界。

1973年，国家围棋集训队重新组建，聂卫平被选入集训队。在国家队中，聂卫平是最认真的队员之一，也是棋力提高最快的队员。不久，聂卫平的水平就在国家队中名列前茅。从1975年到1979年，聂卫平连夺全国围棋比赛冠军。“在我印象中，1978年我几乎没有输过棋，感觉特别好。”聂卫平回忆说，“获得的成绩好了，我也获得了很多例如‘全国劳动模范’的荣誉，工资也飞速涨到了100块（聂卫平在1976年的工资为32块）。100块的工资在那个时候可是属于高收入了。所以那个时候，我就有了手表和收录机这些在当时令人羡慕的高档商品。”

到乒乓球队借队服参加擂台赛

1984年10月6日，首届中日围棋擂台赛在东京揭幕。正是这次大赛，令聂卫平的名字一下传遍全中国。

20世纪80年代初，日本棋手在世界围棋界是鹤立鸡群，一枝独秀。“在1961年，一位日本老太太到中国来进行比赛，包括我的老师在内的很多中国高手都去和她比赛，结果全被人家横扫，一盘都没赢。”聂卫平叙述说，“所以当时日本的《围棋俱乐部》杂志进行读者调查，91%的读者认为日方必胜，甚至有人认为只需依田纪基一人，就可以横扫所有中国棋手。”

由于当时国内的国际赛事很少，而且改革开放开始不久，所以中日围棋擂台赛成为国内举世瞩目的赛事。在这种背景下，中国棋手的压力可想而知。不过，第一位出场的中国棋手江铸久就先声夺人，连续战胜依田纪基、小林觉、淡路修三、片冈聪和石田章，给了日本棋手一个下马威。但是随后出场的日本棋手小林光一，也回敬了中国队一个六连胜，淘汰了江铸久、邵震中、钱宇平、曹大元、刘小光和马晓春，只剩下聂卫平这个“光杆司令”！

“我知道我不能输，也输不起。所以，我戒了酒，全力备战，带着氧气瓶上场比赛。”1985年8月27日，聂卫平一改之前比赛时西装革履的装束，换上一件印着“中国”字样的粉色运动服进入了赛场，“我之所以选择这么一套打扮，就是要告诉大家，也告诉自己，我是代表中国来比赛，我身上带着中国的气势。”据说这件运动服，是聂卫平匆忙之中跑到实力强大、战绩辉煌的国家乒乓球队去借来的，而且由于男队员的衣服不合穿，只能借来一件女队员的粉色队服。

那天，聂卫平将日本超一流棋手小林光一九段挑落马下，在日本棋坛引起轰动。随后，聂卫平又击败加藤正夫九段，并在1985年11月20日战胜日本主帅藤泽秀行九段，帮助中国队获得首届擂台赛的胜利。聂卫平的胜利，令赛前夸下海口的藤泽秀行、小林光一、加藤正夫三人不得不用剃光头的方式向日本棋迷谢罪。而聂卫平也因此名声大振，成为老百姓心中的民族英雄。

1986年的第二届中日围棋擂台赛，聂卫平再次面临一人独对日方五员大将的局面。这次，聂卫平再显英雄本色，一口气将片冈聪、山城宏、酒井猛、武宫正树和大竹英雄五名日本九段棋手全部拿下，又一次创造了奇迹！第三届中日围棋擂台赛，聂卫平带领队友获得了“三连胜”，同时也书写了自己在擂台赛中的11连胜纪录，成为当之无愧的“擂台英雄”。

那个时候的聂卫平，可以说是家喻户晓，成为一个时代的英雄和偶像。因为聂卫平的超凡实力和杰出贡献，国家体委和中国围棋协会在1988年授予他“棋圣”的称号。

对话

聂卫平获授“棋圣”称号
邓小平说：圣人不好当

出战前邓老赠言“哀兵”

记者： 你被封为“棋圣”时，听说你的忘年之交邓小平就找你去谈话了？

聂卫平： 国家体委授予我“棋圣”称号的第二天，邓老就叫我拿那个证书到他那儿去。他看了之后说：“圣人不好当，还是普通老百姓好。”当时我一直都不理解他这句话的含义，但时间长了觉得邓老讲得非常有道理。圣人也是人，圣人虽然在责任感上要超于普通人，但决不能将自己的位置放到普通人之上。和邓老交往，我受益良多。

记者： 当你在擂台赛被围剿的时候，邓老有没有向你交代什么以作鼓励呢？

聂卫平： 在第二届的时候，我一个人要单挑五名日本棋手。邓老说了一句令我难忘也十分精彩的话，就两个字：哀兵！没有后面的“必胜”两个字。我心里就想，他老人家是什么意思呀。我当时没弄明白，就权当是鼓励我吧。毕竟，哀兵也还是可以战斗的嘛。后来我赢了，说明邓老爷子当时对我已经很有信心。

记者： 邓老喜欢桥牌，他也喜欢围棋吗？

聂卫平： 我从来没和他下过围棋，也没见他下过围棋。但是，他确实很关心围棋的比赛。中日围棋擂台赛，他一直都很关心。不仅前三届，之后的也关心。

围棋入奥运短期难实现

记者：围棋项目已经成为广州亚运会的正式项目，您认为围棋项目何时能进入奥运会？

聂卫平：围棋进入奥运会，是所有围棋人的梦想。但是，我感觉短时间内还难以实现。因为，围棋运动在中、日、韩三国比较普及，但在欧美国家却普及不高。我们现在正在进行工作，将围棋运动带入欧美。现在，围棋项目已经是明年广州亚运会的正式项目，也预示着围棋离奥运会的距离更近了。

那个时代国家需要激情

记者：之前采访你的时候，你用了“最有激情”来描述你20世纪80年代最辉煌的时期。我们也发现，那个时代的体育人和老百姓都特别有激情，特别有精神。你有没有这种感觉？

聂卫平：我觉得是这样。中国改革开放从1978年开始，80年代进入了高速发展的时候。那时候国家很多地方都需要某种精神来鼓舞士气，推动改革开放进一步发展。当时的中国女排精神、中日围棋擂台赛的英雄情结，正好顺应了那时的政治气候，调动起了民族精神和士气。

中国足球已经没有底裤了

记者：你也是一位铁杆足球迷。最近，公安部在打击假球赌球，你怎么看？

聂卫平：中国足球就是因为这些蛀虫在，所以才一直上不去。公安部打假抓赌，就要彻底、深入地进行，千万不要半途而废，否则就是白搭。我个人观点是，不管是俱乐部的人也好，球员也好，只要作奸犯科，都应该将他们送上法庭。现在的中国足球已经没有底裤了，不在乎多扒一层皮，先把环境搞好了，从青少年运动员开始抓起，才能真正地发展。

群星

中国体坛第一人

容国团

容国团

新中国第一个世界冠军获得者

1957年，20岁的容国团从香港回到广州，入广州体育学院学习，1958年选入广东省乒乓球队，同年参加全国乒乓球锦标赛，获男子单打冠军。随后，他被选入国家队。容国团的直拍快攻打法，球路广，变化多，尤精于发球，推、拉、削、搓和正反手攻球技术均佳。他创造了发转与不转球，搓转与不转球的新技术。在1959年的第25届世界乒乓球锦标赛上，容国团为中国队夺得了第一个乒乓球男子单打世界冠军，也是新中国第一个世界冠军获得者。

许海峰

许海峰

中国第一块奥运金牌获得者

1957年8月1日出生在福建省龙海县，籍贯是安徽省和县。在第23届奥运会上，许海峰获男子手枪60发慢射冠军，成为那届奥运会首枚金牌得主，同时也是中国奥运会历史上的首位奥运冠军得主，打破了中国奥运史上金牌“零”的纪录。1995年，许海峰出任国家射击队女子手枪组教练，带领弟子获得两枚奥运会金牌。2001年初，他担任国家射击队的总教练兼女子手枪组主教练，成为中国射击队唯一身兼二职的教练。2003年5月，许海峰被任命为国家体育总局射击射箭运动管理中心副主任。

陈镜开

陈镜开

我国第一个打破世界纪录的运动员

1935年出生于广东省东莞县石龙镇。1956年6月7日在上海举行的“中、苏举重友谊赛”中，陈镜开以133公斤的成绩，打破美国运动员温奇保特的56公斤级挺举世界纪录。这是中国运动员创造的第一个世界纪录。1956—1964年，陈镜开在国内外重大举重比赛中先后9次打破最轻量级和次轻量级挺举世界纪录。陈镜开退役后出任过国家举重队教练，曾任中国举重协会主席，广东省体委副主任，全国人民代表大会代表。1959年起五次获国家体委颁发的体育运动荣誉奖章。

林莉

林莉

首个奥运会上破世界纪录的中国选手

林莉曾参加1988、1992和1996年奥运会，是唯一一位连续参加三届奥运会的中国游泳选手。在1992年巴塞罗那奥运会上，林莉成为中国泳坛五朵金花的领军人物，获得200米混合泳金牌，成为中国第一位在奥运会上打破世界纪录的选手。同时，她还成为中国获得奖牌最多的游泳运动员。1996年亚特兰大奥运会，当时26岁的林莉在退役担任教练之后，再次出现在奥运赛场上，并夺得了女子200米个人混合泳的铜牌，创下了中国游泳队中年龄最大的游泳选手纪录。

（邱江剑）

经济学家　星光熠熠

新中国成立60年以来，无论是在改革开放前学习介绍马克思及苏联经济理论、逐步构建中国化的政治经济学方面，还是在改革开放后继续发展马克思经济理论体系，系统介绍现代西方经济理论等方面，中国经济学界都可说是群星璀璨，涌现了一大批有影响力的经济学家。从孙冶方、薛暮桥、于光远、蒋学模、董辅礽等，到吴敬琏、周叔莲、吴树青、卫兴华、厉以宁等，再到林毅夫、温铁军、樊纲、张维迎等，星光熠熠，传承不断。

经济理论破冰的开路先锋

让中国步入“好的市场经济”

吴敬琏与广东再出发

中国走出的世界经济大腕

如果以60年的历史跨度，将众多经济学家划为三代的话，我们选择了与孔孟先贤一起跻身中华世纪坛的孙冶方作为第一代经济学人的代表，选择被称为中国经济学家的良心的吴敬琏作为第二代经济学人的代表，中国走向世界的林毅夫则作为第三代经济学人的代表，让中国经济学家的群体风采跃然纸上。

解密

孙冶方：经济理论破冰的开路先锋

这是一个稍显陌生的名字。

然而，孙冶方曾是中国经济学界最著名的人物。在中华世纪坛的大型浮雕像上，孙的雕像与燧人、伏羲、孔子、孟子、李白、杜甫、郑成功、康有为等百十余位中华名人相伴而立。目前，以其名字命名的经济学奖——孙冶方经济学奖，为中国经济学界的最高荣誉。

这位“文革”期间饱受牢狱之苦的牛虻式人物，曾在出狱当日即表明立场："我一不改志，二不改行，三不改变自己的观点。"

"风声，从没研究过那玩意儿！"

20世纪60年代初和"文革"中，孙冶方被扣上一顶大帽子——"中国经济学界最大的反革命修正主义分子"。

在当时的语境里，许多经济学家都认为：在社会主义社会，价值规律将随着资本主义商品经济的消灭而失去作用。而向来追求真理的孙冶方坚持认为，价值规律不但在社会主义时期发生作用，就是到了共产主义，只要存在社会化大生产，存在商品流通，价值规律就仍要起作用。

"千规律，万规律，价值规律第一条！"孙冶方在一次针对他的批判大会中脱口而出。此言一出，在座者无不震惊。

此时，批判修正主义的浪潮滚滚而来，孙冶方关于利润是"牛鼻子"的观点，被斥之为"利润挂帅"和"否定政治挂帅"。这时，敢于逆潮流而进的孙冶方，仍在到处写文章，作报告，大讲特讲按经济规律办事。

1963年底，他在哲学社会科学部一次扩大会议上，发表了关于利润问题的演说。有人劝他说："风声很紧，还是不要再讲利润问题。"他一甩袖子说："我是经济学家，不是气象学家。风声，对不起，从没研究过那玩意儿！"

面对批判，孙冶方大义凛然地摆出"我应战，我就喜欢赤膊上阵"的态度。1964年10月，孙冶方被撤销党内外一切职务。"文化大革命"一开始，孙冶方就被打成"中国经济学界最大的反革命修正主义分子"。

1968年3月，孙冶方锒铛入狱，外界再也听不到他斗士般的言论。

无纸无笔狱中85遍腹稿成书

早在上世纪50年代末，孙冶方就一直谋划编写一本《社会主义经济论》。他说："我们现在的书干巴巴的，要么就是政策汇编，要么就是规律汇编，只是下定义。"他决定重写，写一本有血有肉的书。

入狱后孙冶方更是全心投入这项工作。没有笔，没有纸，没有书可以读，孙冶方只能打腹稿。古人记事尚靠结绳，孙冶方却把经济学领域内浩瀚无边的事与理，一字一句地刻写在脑子里。一章有分析、有见解、有情趣的腹稿写完了，再去构思下一章，引用前面的某个结论时常常会发现，已经做好的文章全部不翼而飞了。怎么办呢？只能再来第二遍、第三遍……直到1975年4月获释，7年里，孙冶方共打了85遍腹稿，毅力惊人！

出狱后，孙冶方就将狱中的腹稿追忆下来，进入又一个拼命工作的高峰。1979年9月，高负荷运转的孙冶方因患肝癌住进了医院。社科院和经济所的人首先想到了要抢救他在狱中为《社会主义经济论》所打的腹稿。当时，由吴敬琏、张卓元、冒天启等七人组成的编写小组，到医院来工作。孙冶方躺在病床上口授，由助手们记录和录音。

病房成了一个思想抢救室，室内回荡着孙冶方喜欢的贝多芬交响乐。经过一个冬春，1980年夏，写作组起草出了15万字的《社会主义经济论》大纲，共20多章。

具有英雄特征的学者

1982年2月，孙冶方因肝癌扩散，又住进北京医院。他知道时间不多了，便更加发奋地工作，《光明日报》总编辑杜导正亲自部署了有史以来最大规模的对他的宣传。1983年1—3月，《光明日报》以“孙冶方颂”为总标题，发表了二十几篇约7万字的文章和几组照片。

1983年2月22日，孙冶方逝世。其养子李昭这样评价他：“虽然是个马克思主义经济学家，但是他的性格中更多的是艺术家的激情，他像一个‘牛虻’，总是在与旧社会、旧体制对垒中开辟一个个新战场，呼啸着屡败屡战，用他清癯的身体为其他后来人撕开对方的防线。”

时人感慨：“英雄成为学者的很少，而学者具有英雄特征的，带有堂·吉诃德特征的，孙冶方是一个。”

解密

吴敬琏：
让中国步入“好的市场经济”

“您把嘴唇贴在领导的耳边，您的双脚却站在群众的中间。”

这是一位普通观众对吴敬琏的评价。

“中国经济学界的泰斗和良心。”

这是传媒精英们对吴敬琏的赞誉。

“争取建立一个好的市场经济，并不只是为了我们自己，甚至不只是为了我们这一代人，说到底，是为了解答一个困扰了好几代中国知识分子的问题——怎样才能振兴百年积弱的中国。”

这是吴敬琏内心孜孜以求的使命。

吴敬琏，不仅是新中国成立60年的见证者，更是鼓吹市场经济改革的旗手式人物。他的命运，与中国改革紧紧地连在一起。

自1954年从复旦大学经济系毕业，吴敬琏一直在我国最高智囊机构——中国社科院中任职。“居庙堂之高则忧其民”，吴敬琏身上有一种罕见的危机感，他时刻忧心着改革大业，无数次直陈社会弊端。

为让中国走向“好的市场经济”，年近80的吴老仍在忘我工作，坚守使命。

生命不息，改革不止。

脱胎计划经济体制的“吴市场”

吴敬琏有一个人所共知的称号：“吴市场”。这个称号出自一次中央召开的经济问题座谈会。

在1990年召开的这一经济问题座谈会上，十几位经济学家应邀参加。首位发言者的矛头直指1984年以来的改革方向，他说，1988年的通货膨胀等问题，都是因为市场取向这一错误的改革路线所致，经济改革必须坚持计划取向、坚持计划经济为主体，市场调节为补充。发言结束后，会场出现了片刻的沉默。大家都知道，近一年来，要计划还是要市场已经成了一个“姓‘社’还是姓‘资’”的问题。

第一个打破沉默的是吴敬琏。他针锋相对地回应说，出问题的原因不是改革的市场取向不对，而是市场取向的改革不够坚决、不够彻底。计划经济与市场调节相结合这个口号不妥，改革的方向应该明确为市场经济。

吴敬琏的发言几次被反对者打断。有人说，中央从来就没有讲过市场经济，还有人说，计划经济与市场调节相结合，我们只能讨论如何结合。

几天之后，吴敬琏接到一个老朋友的电话，说已经有人把他称作不与中央保持一致的“吴市场”。

此时吴敬琏已是花甲之年，脱胎于计划经济体制的他，清楚地认识到自己在做什么：经历了这么多风风雨雨，中国经济的出路只能依赖市场取向的改革。

1992年初，邓小平发表南方谈话，“姓‘社’姓‘资’”的争论尘埃落定。当年10月，中共十四大召开，江泽民总书记向全世界宣布，中国经济改革的目标是建立社会主义市场经济体制。

“吴市场”从贬义变为赞誉。后来吴敬琏回顾起那段“黑云压城”的日子，他说：“顾准临死也没有看见曙光，孙冶方还在改革道路的探索时期就辞世了，薛暮桥也只参与了市场经济蓝图的制定和开始阶段的施工。我比他们幸运得多，因而责任更大。我现在不是为自己的主张被采纳而欣喜，而是为正确决定执行得不够快和不够好而惋惜。”

市场经济的守夜人

吴对中国经济改革的独特价值，还在于他能“与时俱进”。

20年前，吴敬琏以为只要建立了市场经济就能够经济昌盛、人民幸福。然而，公法不彰、社会失范的现实，促使他思考改革的前途。

从1998年开始，吴敬琏开始告诫人们：市场经济是有好坏之分的。所谓“坏的市场经济”，简单地说，就是一个官商勾结的市场经济。目前世界上实行市场经济的国家占了绝大多数，但是“好的市场经济”并不多，大部分国家仍然在“坏的市场经济”中挣扎。中国要力争推行“好的市场经济”。

吴敬琏还指出，中国的市场取向改革面临着来自两个方面的危险：一个是开倒车，不同程度地回到计划经济；另一个是借改革之名掠夺大众以肥私。这两种力量互相以对方作为自己存在的依据，公众看不明白时，就容易由于受到蒙蔽蛊惑而发生错觉。

这一问题的提出，为当下坚定市场改革厘清了基本形势。吴敬琏也试图给出救治之方：要想遏制“坏的市场经济”的苗头，唯有在经济上发展独立的民间企业，在政治上实现法治。

吴敬琏像一个“守夜人”，倾力以自己的光芒烛照市场经济的阴暗角落。多年以来，他持之以恒地反对国有资本垄断证券市场、反对审批制的股票发行制度、抨击操控股票二级市场的幕后黑手、揭露既得利益者通过制造股市泡沫侵吞公众财富的险恶用心。

解密

林毅夫：中国走出的世界经济大腕

林毅夫最近的一番言论是关于复苏：在全球不景气中，中国将最先复苏。林是以世界银行首席经济学家兼高级副行长的身份说这番话的，这是目前中国人在世界级经济组织中获得的最高职位。

回溯林毅夫的人生经历，充满了传奇色彩。30年前，他还是台湾颇有前途的军官林正义（林毅夫原名），驻防在金门，后从台湾游回祖国大陆；22年前，赴美深造的他突然回国，成为我国改革开放后首位从海外归国的经济学博士；一年多前，他离开北京大学中国经济研究中心，前往世界银行赴任。

金门马山连长“失踪”

27岁时，身在台湾的林正义做了一生最重要的决定。

1979年5月16日傍晚，金门马山连长林正义“假传演习命令”，下达宵禁令，由连传令兵通知沿海岗哨，不准驻防马山播音站的官兵在夜晚点名后走出营房；若发现有人下海游泳，严禁开枪射杀；即使听到枪声，也不准一探究竟。

“游泳者”不是别人，正是下达宵禁令的林正义。他游过两千多米的台湾海峡，抵达对岸的厦门，更名为“林毅夫”。

此前，林毅夫曾是军中宠儿。是什么使他抛妻离子，放弃前程，冒着生命危险前往大陆？一位北大学生回忆，林毅夫有一次谈及当年时曾说：“当时有一种强烈的感觉——祖国的统一和民族复兴的希望在对岸。再待在台湾，内心不安。”

师从诺贝尔经济学奖得主

回到大陆不久，林毅夫便进入北京大学经济系学习政治经济学专业。林毅夫以其既谙熟西方经济学理论、英语口语又非常流畅的优势，很快即在同学中脱颖而出。

1980年，刚刚获得诺贝尔经济学奖的芝加哥大学荣誉教授舒尔茨造访北大，林毅夫做他的翻译。这个意外的机会，为他打开了通往世界经济学最高殿堂的大门。

一天，舒尔茨问林毅夫：“你想到美国读博士吗？”林毅夫不假思索地说：“想呀。”舒尔茨回美国后不久，正式将林毅夫推荐到了美国芝加哥大学。1982年，林毅夫怀揣梦想远渡重洋，来到了现代经济学的大本营芝加哥大学，师从舒尔茨，学习农业经济。

芝加哥大学是有名的“宽进严出”，每年都有1/3攻读博士的人拿不到学位证书。林毅夫是他那一届30多名学生中唯一四年即拿到博士学位的学生。1986年，林毅夫进入美国耶鲁大学经济发展中心，做博士后研究。

1987年，林毅夫放弃在耶鲁的职位，突然回到了中国，成为我国改革开放后第一个从海外归国的经济学博士。

通往世行之路

“我一直认为，真正要奉献的地方是中国而不是美国。大陆处于一个快速变动的社会中，我们能研究的东西，比在美国相对稳态的社会要多得多。”在林毅夫眼里，中国错综复杂的社会经济现象，是经济学家的金矿。

扎根于中国经济领域研究的林毅夫，开始在世界舞台上崭露头角。1994年，林毅夫与他人合著了《中国的奇迹》一书，被译成多国文字，从那时开始，在国际上，他被视为中国经验最主要的解释者、热情而坚定的辩护者之一。

“军人的理想是马革裹尸还，我最大的愿望就是累死在书桌上。”林毅夫每天早晨7点起床，凌晨12点之后离开办公室，20多年来不休星期天。即便从国外回来，也不倒时差，会直接到办公室。许多知名的研究者都异常佩服他的“苦行僧”般的研究精神。

林毅夫说：“我从来不感到累，我想主要是因为心情一直很愉悦。中国现在发展很快，有那么多事情可以做；现在做的每一件事情，在历史上可能都会留下一个脚印。”

2008年5月31日，林毅夫离开北京，前往世界银行赴任，开始登上新的人生舞台。

记者手记

让人肃然起敬的“倔老头”

作为一名记者，特别是跑经济新闻的记者，对吴敬琏老人，是早已心神往之。但没有正式接触之前，很多采访过吴老的同行都会郑而重之地告诫：

采访吴老之前，要做足功夫，不要问一些外行的问题。最好是搬吴老的几本著作先啃一啃。

这的确是经验之谈。近十年八年，很多跑过全国“两会”，在全国政协经济界别蹲过会、堵过名人采访的记者都曾碰过吴老的“软钉子”。据闻，有不少年轻的同行，平时对经济问题就甚少关注，常在会议的间隙中堵到很多著名的经济学家。不管问题专业与否、深刻不深刻，至少能得到几句话，整理一下，也可写条短稿交差。但如果碰上吴老，抛出的是这些不专业乃至有点幼稚的问题的话，吴老会认真地纠正你提问的表述，然后诚恳地推荐几本书让你回去参详参详，琢磨清楚了再找机会来提问。

真是一位看似有点不近人情、细细寻思一下又令人肃然起敬的“倔老头”！

我想，吴老的“倔”，是其认真较劲的性格使然，更是因为其在经济学上浸淫了数十年的专业精神已经深入骨髓的缘故吧。

吴老出生在一个著名的报人家庭，其继父陈铭德与其母亲邓季惺在上世纪30年代共同创办上海《新民报》（现《新民晚报》），后到北京创办《新民报》（现《北京日报》）。吴敬琏从小就在报人的包围之下成长，他对记者的“苛求”，或许正是“知其深，责之切”的缘故吧。

这种“责之切”的滋味，记者终于在2008年得以品尝。这一年9月，吴老应邀做客南方报业，与集团100多名管理人员及财经记者面对面交流。笔者经过精心准备，有幸向吴老提问。本以为当可顺利过关，谁知还是未能幸免。吴老在详尽地回答了我其他问题之后，针对提问里的“当前推动自主创新和产业升级是知易行难”一说，提出了“知难行易”的反论，说得有理有据，难以反驳，一番高论，让我恍然大悟：自己原来对产业升级和自主创新的所谓“知”是知之甚浅的“知”，离“真知灼见”的“知”还远着呢！通过这件事，笔者对吴老之“倔”劲有了更深切的理解，乃至于肃然起敬了。

（张启　邓红辉）

太空『神舞』『神溜』
中国『神气』起来

2003年对于中国航天来说是值得纪念的一年，那一年中国首位航天员杨利伟搭乘“神舟”五号进入太空，中国从此迈入载人航天国家行列。今年是新中国成立60周年，此时此刻回顾飞船升空的刹那，激动的感觉依然还在。

太空“神舞”“神溜” 中国“神气”起来

中央有关部门组织在全国范围内评选了“百位感动中国人物”，航天英雄杨利伟不出意料地名列其中。杨利伟在返回后接受采访时曾经动情地说：“这是祖国历史上辉煌的一页，也是我生命中最伟大的一天。”之所以辉煌，是因为载人航天的高速发展是中国国力大幅提升的体现，之所以伟大是因为航天精神在新的时期有了新的延续。

6年前，飞天梦圆

10月14日，“神五”发射前一天，杨利伟得知自己被确定为首飞航天员。历史的剧目从这一刻开始进入高潮。“我们三个人都做好了准备。我只是感到自己比较幸运，同时也感到责任重大。”杨利伟说。

晚上8点钟睡着，次日凌晨2点起床，5点28分出征仪式，5点30分乘专车驶向发射塔。上午9点，“神舟”五号发射，杨利伟在全国人民的注视中顶着超重的负载向太空驶去。

“我一定努力工作，把后续工作完成好，向祖国和人民交一份满意的答卷。”——在与中央军委副主席、国务委员兼国防部长曹刚川进行“天地对话”时，杨利伟庄严保证。

“景色非常美！”——与家人的“天地对话”中，杨利伟对妻子张玉梅介绍太空景色。

“我看到咱们美丽的家了，非常好！”——从太空中看地球的感受，杨利伟向家人表达自己的惊叹。

“味道好极了！”——杨利伟对8岁的儿子杨宁康推荐自己的航天食品。

“我很有力！”——“神舟”五号飞船顺利返回着陆

后，杨利伟向温家宝总理通话介绍自己的身体情况。

“这是祖国历史上辉煌的一页，也是我生命中最伟大一天。”——走出舱门后，杨利伟的第一句话难掩他那时的激动。

这些话不长，不多，也不复杂，却真实展现了中国人第一次进入太空的勇敢与欣喜。后来，杨利伟回忆说，那时，除了感到我们家园的美丽之外，更感觉到人类的伟大——这么几吨重的东西会通过我们自己的力量在这么高的地方围着地球飞行！当我从从太空向地面返航时，总感到在太空的时间很短，很值得珍惜，又不由得看了一眼美丽的地球。

与后来的“神六”、“神七”相比，杨利伟的太空经历时间最短，活动最单一，但给中国人牵肠挂肚的感觉却最为强烈。毕竟这是第一次，太空中从此有了中国人的足迹，神秘的领域已向中国人揭开了一角。

6年来，成了科普宣传员

从太空返回的杨利伟必然会成为英雄、成为明星，他曾与成龙一起出现，赢得了比成龙更多的掌声；他曾参与科普讲座，人头涌涌，提问不断。但对于一位曾经的航天员来说，本职的工作还是要为航天事业做点什么。

6年来，杨利伟经历了从航天员到航天英雄、公众人物再到载人航天副总指挥的转变。杨利伟说，从我个人的角度，我希望更科学地提高航天员的训练质量，造就更多适合飞行的航天员，包括现在经常提到的女航天员，更好地完善这支队伍，更好地去推动这份事业。从整个系统的建设来讲，也希望我们的航天员中心走向国际化，能够有其他国家的航天员到我们这儿来进行培训。现在很多航天员都到俄罗斯的加加林中心、美国的休斯敦中心去进行训练，我们也希望中国能够有能力来训练这些航天员。

在中国载人航天已经成为一种精神，杨利伟成为英雄就是这种精神达到一定高度的集中代表。对于这种精神，杨利伟说，我会选择公益性的社会活动，从航天科普的角度，让更多的人来了解我们航天工程，让更多人来弘扬我们载人航天精神。

“希望通过公益活动，让更多的青少年朋友对航天感兴趣，或者说造就出更多的航天员来，这样才真正对我们整个事业的发展有意义。”杨利伟如是说。

今天，已是航天精神的符号

时至今日，无论我们在何时何地提起中国航天，都能想起杨利伟，反之亦然。还有费俊龙、聂海胜、翟志刚、刘伯明、景海鹏……这些名字已经成为这个时代举国关注航天的一个符号。这个符号不仅代表了航天员自己，还代表了他们之后的一代又一代航天人，代表了他们之前为了载人航天不懈努力的先辈们，更代表了全国上下千千万万关注航天、热爱航天、为航天事业默默奉献的中华儿女。

杨利伟在天上说："地球景色非常美丽，但是我没有看到我们的长城。"虽然可能很多听惯了伟大长城故事的中国人会感到失望，但看没看到长城已不重要，重要的是我们有了上去看的资格。

就像曾经的"两弹一星"，新中国成立60年后的中国人再次拥有了足以在世界挺直脊梁的资本。杨利伟说，航天精神其实就是"两弹一星"精神在新时期的发扬和光大。

这种精神，是一个航天群体的象征，更是中华民族的象征。于是乎，杨利伟当选"百位感动中国人物"，翟志刚在新中国成立60周年庆典上现场展示"太空行走"。这些已经不单纯是荣誉，而是航天精神的凝聚，是万众的期待。

延伸

首批女飞天或无缘"神九"

2009年9月17日，新中国成立60周年庆典前夕，中国预备航天员第二批初次选拔结束，共有30名男性和15名女性通过选拔，他们年龄最大的34岁，最小的27岁，平均年龄30.4岁。这意味着，新中国将第一次拥有自己的女航天员。

据了解，到目前为止国外已经有50多名女航天员进入过太空。按照航天界的传统观点，之所以要选拔女航天员，是因为女性耐久力比男性强，心理素质稳定性高于男性，耐寂寞能力也高于男性。女性的先天条件如力量小等不适宜担任飞船的驾驶工作，但却适合在空间站长期工作。

很多人都愿意将女航天员称作“嫦娥”，实际上，当个“嫦娥”实在太不容易了。目前，预备“嫦娥”们已经参加选拔复选，进行生理功能和心理等全面检查。从初选、复选再到后面的定选，选拔范围从几万人缩小到几千人，再到几十人，最后仅两人能真正当上女航天员。

女航天员的体检是非常严苛的，她们的初选包括内科、神经精神科、眼科、耳鼻喉科、辅诊科等100多个大项目上千个小项目的航空医学健康鉴定，并进行智力、注意力、分配能力、手脚协调能力、耐力和爆发力等心理素质初级测试。

经过了初选和复选的女航天员候选人还要经过最后的定选才能确定两个名额。而在定选后，女预备航天员还要培训3至5年。因此，她们无法参加预计2011年发射的“神舟”九号。更多的是为我国预计在2015年前发射的短期有人照料的空间实验室，以及以后建立永久性的空间试验室准备的。

链接

登天的58级阶梯

每当看到或想到航天员在太空翱翔的时候，总免不了对他们生活和训练感到好奇。魔鬼训练、严酷选拔一直都是我们的粗略印象。事实上，是否真的那么魔鬼和严酷？

从训练项目上看，航天员要经历8大类58个专业的痛苦折磨，这被很多航天员笑称“登天的58个阶梯”。在具体的训练器械中，最恐怖的还是离心机，“神七”航天员所使用的载人离心机号称亚洲规模最大，椭圆形的封闭吊舱被连接在长达8米的旋转臂上。真正转起来时，航天员在里边被甩得“脸部变形、泪水横飞”是非常正常的。

整个训练是贯穿到航天员的日常生活中的。为了适应长时间的太空失重状态，航天员要接受头低位卧床训练，有时时间长达五天五夜，也就是俗称的“倒着睡”。在这种状态下，航天员要正常吃饭、饮水、清洁个人卫生，还要进行摄像等操作训练，“头部肿胀”是要经历也要克服的。

（徐林　雷辉　张胜波）

2003年10月16日6时23分，“神舟”五号载人飞船在内蒙古主着陆场成功着陆，返回舱完好无损，杨利伟自主出舱。

『青春中国』载满了奇迹

上世纪70年代的改革开放前夕，曾有初次进入中国内地的外国记者，如此描绘北京街头的景象给他们带来的震撼：排山倒海的自行车洪流，摩肩接踵的路人，单调统一的着装和表情……中国人“蓝蚂蚁”的称号不胫而走。

“青春中国”载满了奇迹

“中国队”NBA首位外籍状元秀

刘翔和丁俊晖“与时俱进”的超级巨星

郎朗和李云迪 中国琴坛“一时瑜亮”

广东中烟工业有限责任公司贺新中国成立60周年

所幸，在这个全面开放、机遇涌现的时代，新一代人代表着一个年轻气盛、焕然一新的青春中国，如长江初发之源，乳虎出谷之啸，改变着外国人对中国的印象。我们见证了一批集天赋与勤奋于一身、融实力与气魄于一体的年轻人，在艺术、体育等领域史无前例地写下登顶之奇迹。他们跃上汇聚全世界星光和掌声的舞台，满怀自信和希望地向各个国家和民族展示青春中国的魅力：在NBA赛场上挥洒汗水、积极拼抢的姚明，成为其所效力的火箭队的绝对核心，标志着中国人在世界篮坛最高竞技场上已不满足于泛泛“亮相”，而是真正站稳脚跟、赢得信赖和尊重；在奥运会和世锦赛直道短距离项目上实现历史性突破的刘翔，不仅是中国一国之骄傲，更是打破了人们对亚洲人种身体素质的传统推断，掀开了竞技体育史上的新篇章。如果说姚明和刘翔的横空出世，还是托举国体制之福，那么走“非常规路线”的草莽小子丁俊晖，则让中国人发现了除“国球”——乒乓之外又一个大有可为的新领域，以及蕴藏在体制之外的普通百姓身上，隐而未发的广阔潜力。

抛开彪炳的成就，姚明的传奇还昭示着中国新生代在投身另一种文化形态时所具备的可塑性、变通性、适应性和学习能力，而这一点恰恰是前一辈中国体育人的软肋之一。中外许多媒体都提到，姚明融入美国主流社会速度之快令人惊异，他非但没有被英语和生活习惯的差异所难倒，反而乐此不疲——无论是参加美国脱口秀节目的录制，还是和美国记者耍嘴皮子开玩笑。比如主持人问：火箭什么位置最薄弱？答：从身体上看我们教练的位置最薄弱。问：业余时间你喜欢打游戏，是否会影响视力？答：至少篮球场28米的范围内还是能看得清楚的。

至于郎朗和李云迪，则从艺术的角度体现了中国人对于外来文化精华的独到赏鉴力和由衷赞美，证明了中国人海纳百川、兼蓄并收的博大气度。不仅如此，所有这些年轻人都在热心公益等价值观上积极与世界接轨，证明了年轻一代前所未有的开阔视野和浓厚的责任担当意识。这也正是中国未来继续与世界开展平等对话和交流的底气所在——在求同存异基础上珍视自我，吐故纳新，以独立之判断、进取之心态、智慧之洞见、分享之胸襟，共谋人类幸福之大业，共襄文明繁荣之盛世。

他们说

中国新生代语录

我不在乎起点有多高，最重要是终点。

——当被问到害不害怕被新人超过时，姚明回答道。

因为篮球比高尔夫球大嘛！

——有媒体提到，姚明的受关注程度已经超过了老虎伍兹，他如是解释。

如果他不选我，我就会成为最让他头痛的敌人。

——尼克斯队的总经理曾经问姚明，一支球队总经理为什么要选他。他作了上述回应。

我没有注意到其他选手的表现，我只是感觉到他们一直在我身后追赶着。

——有记者问刘翔比赛时是否会留心观察对手，他的回答充满豪气。

只有我自己可以打败我自己！今后争取击败他们更多次，让他们知道什么是亚洲速度！

——2007年柏林世锦赛上，刘翔以12秒95夺冠，实现奥运会、世锦赛冠军和世界纪录大满贯。赛后激动的刘翔发表了上述胜利宣言。

这场球我们打得非常认真，不想给对手机会。有一种苦尽甘来的感觉，三年多了，自己终于拼出来了。

——2009年12月丁俊晖力克墨菲、马奎尔、希金斯等劲敌，第二次加冕英锦赛桂冠，一扫三年多低潮期的阴霾。

我要一辈子做一个中国人。我要用我的音乐、我的黄色皮肤告诉人们，中国人是出色的。我要利用自己的一切条件，去宣传中国，弘扬中国文化。

我成名生涯是不可复制的，对音乐的热爱和不懈的艰苦练习才是成功的必要因素。

——郎朗语录

解密

他们代表中国“80后”

“中国姚”：NBA首位外籍状元秀

当姚明带着在汶川地震中幸存的孩子林浩，走进2008年北京奥运会开幕式现场时，人们仿佛看到了当代中国的两个影子：一个表达着生长成熟的伟岸壮盛，一个预示着劫后重生的美好未来。

姚明率领中国篮球队杀入北京奥运会八强。这位NBA球星以出色的球技和人格魅力打动了来自各国的球迷。

这种历史的厚重和意味深长，肯定是2002年的姚明没能想象和体会到的，尽管他在那年的夏天，和家人一道坐在电视机前，亲眼看着远隔万里重洋的一个简称作“NBA”的职业篮球联赛，把自己选作第一顺位新秀。这是NBA历史上第一位脱离了美国教育背景的外籍状元秀。

在姚明加盟火箭队半年后，退役的前NBA巨星巴克利在TNT的一档名为“NBA内幕”的脱口秀栏目中宣布，如果姚明能在本赛季的一场比赛中拿下19分，他将亲吻他的评论搭档肯尼·史密斯的屁股。2002年11月22日，火箭队对小牛队，姚明独得30分16个篮板。不愿暴露私处的史密斯牵来了一头驴子作为自己的替身。结果巴克利就在TNT电视台千万观众眼前吻了驴子的屁股。“这真是体育转播历史上最激动人心的一刻。”TNT解说火箭队对小牛队的解说员艾伯特在现场解说。

全世界关注姚明的球迷在开怀大笑后开始意识到，这一幕只会成为这个大个子在今后创造的众多“激动人心”的时刻之一。2003年，姚明首次参选就在所有全明星球员票选中以1286324票位居第四，以绝对优势成为NBA全明星赛西部先发中锋。在这之后，姚明连续7年当选了全明星赛西部首发中锋。他率领的中国国家篮球队，连续两次在奥运会中打进了八强。

除了精湛的球技，姚明在国际赛场上传递得更多的，是令人印象深刻的新一代中国人优秀品质。他用实际行动向美国公众证明了中国人的诸多优点：友好、善良、谦虚、礼貌……姚明不仅仅是当地华人的骄傲，也是其他族裔球迷的偶像，更是休斯敦这座全美第四大都市的“城市英雄”和“品牌人物”，因为喜爱姚明，很多美国人对汉语和中国文化产生了浓厚的兴趣。

同样把姚明当作“城市使者”的当然还有他的老家上海队。就在不久前，被聘为世博形象大使的姚明拄着拐杖参加了“明星带你看世博”活动发布会。由于之前受伤，姚明缺席了一系列上海世博会倒计时300天的活动，这次回国，姚明说一定会全力履行好世博形象大使的职责。

8年间姚明一直积极投身公益事业。举世震惊的汶川大地震发生后，低调的姚明产生了成立基金会、号召全世界的人们持续救助灾区同胞的想法。他希望建立基金会，为灾区人民提供相对更为长远的帮助和安慰。姚明基金会在6月11日正式成立。从成立的当天起，姚明基金会便成为了一个汇聚和储存世界各地爱心人士温情和关爱的临时驻点。然后，由姚明这个“感情搬运工”亲自负责，分批给灾区同胞递上这些爱心人士奉上的温暖。

公益大使、球队老板甚至最近风传的创业板股神，姚明的身份和头衔从来没有减少的迹象。或许不久之后，姚明名字前面还要加上某个知名大学毕业生的前缀。“姚明是个很有想法的球员，”NBA大中华区总裁陈永正最近接受《南方日报》采访时说，“我曾经问他退役之后打算干什么，姚明跟我说想去大学里念书，因为球员时代没有上大学留下了遗憾。”

刘翔和丁俊晖：“与时俱进”的超级巨星

2007年8月的一个晚上，北京奥林匹克中心灯火通明。刘翔和新婚刚一天的姚明在这里同时出现，为一个大型跨国企业的北京奥运会开幕倒数一周年活动“暖场”。两个年轻的上海人先撞肩致意，然后再拿着汽水瓶相碰之后对饮了一口。当时许多人已经注意到了，这不仅是两个上海老乡的巧遇，而且是国内少有的具有国际影响力的“80后”青年运动员的一次联袂亮相。当时本报记者在现场向姚明和刘翔发问，为什么你们会出现在这个活动现场而不是训练场上？刘翔回答说：“运动员并不是不食人间烟火，我们都要与时俱进。”

刘翔向观众展示奖牌。他实力出众，同时风趣、幽默，又略带张狂，成为“80后”的代表人物。

面对记者提问回答滴水不漏的刘翔，其实是个喜欢跑步的大男孩。2004年雅典奥运会上，刘翔以12秒91的平世界纪录成绩摘得男子110米栏的金牌，自此改写了黄种人无缘奥运短跑项目金牌的历史。他自由、快乐，在赛场上飞翔过后，爱对着摄像机镜头做出各种各样的俏皮的表情。此外，赛后向观众席抛掷比赛服装和鞋子，也是刘翔和现场观众进行良好互动的重要环节之一。有外国媒体评论说，刘翔是继姚明后，国际化程度相当高的一名中国运动员。刘翔的意义自然远不止于一名出色的110米栏运动员。在2008年北京奥运会赛场上刘翔意外因伤退赛以后，舆论和公众几乎一边倒地选择了支持刘翔，宽容、理解的论调占据了绝对主流的位置。与李宁当年赛场失金“不慎”露出笑脸、结果导致被激烈批驳相比，刘翔开创的新局面的历史意义绝对不亚于姚明之于中国篮球。

靠“野路子”跻身世界顶级行列的丁俊晖，为中国体坛开辟了“新思维”。

和刘翔同样被当作一种“现象”来解读的还有丁俊晖。2005年，在丁俊晖赢得了中国斯诺克公开赛冠军后，《南方周末》当时评论说，丁的成功源于“市场化改革为人的发展插上翅膀”。的确，丁俊晖的经历并不足以印证传统语境中有关“成功”的描述。为了能让他更好地训练，父母主张让小丁辍学，然后把家里的房子卖掉，筹集资金让小丁出国学习。这种“背水一战”的做法，并不是每个家庭都有勇气和毅力去体验。然而恰恰是这种貌似“不按常理出牌”的、脱离惯常思维方式的做法，在新时代背景下造就出了更多的偏才、怪才。

昔日中国体育曾引以为豪的“三从一大”的准军事训练思维定式，造就了女排、国乒等强大队伍。但丁俊晖们的“野路子”，对传统体制的冲击和刷新，象征意义已经溢出事件本身。这些人和事折射出的不仅仅是一种训练体制的改变，或者竞体思维的分歧，而是从过去走向未来，从落后迈向先进、从计划转向市场的标志。

郎朗和李云迪：中国琴坛“一时瑜亮”

2009年12月10日，在挪威首都奥斯陆举行的2009年诺贝尔和平奖颁奖仪式上，一位27岁的中国年轻钢琴家，为获奖者——美国总统奥巴马演奏了肖邦的《E大调练习曲——离别》和李斯特的《爱之梦》，用乐音传递出中国年轻一代对和平和美好的向往。奥巴马在颁奖典礼结束后，握着他的手说：“今天所有人都被你的音乐打动了。”

他就是中国家喻户晓的钢琴王子郎朗。自从13岁在第二届柴可夫斯基国际青年音乐家比赛上一战成名以来，郎朗在东西方世界的眼里，都是当之无愧的“传奇人物”：他是第一位与柏林、维也纳等所有一流乐团长期合作，在全世界所有顶级音乐厅举办个人专场独奏会的中国钢琴家；第一位在美国白宫举办独奏会和获邀参加英国皇家音乐会的中国钢琴家；2006年世界杯开幕音乐会、2007年香港回归十周年庆典晚会、2008年格莱美颁奖仪式、北京奥运会开幕式，处处都留下他意气风发的身影和激情飞扬的音符。年仅27岁的他，被誉为“当今世界最年轻的钢琴大师”、“改变世界的年轻人”、“古典音乐界中最闪亮的明星”、“中国腾飞的符号”。在征战世界乐坛十年之后，郎朗从一位才华横溢的青年艺术才俊，成长为“继霍洛维兹和鲁宾斯坦之后世界钢琴界的又一位领军人物”。

“当我需要台阶的时候它来了，而更重要的是，我走上去了！”郎朗将他的成功，归结为天才、勤奋和机遇的完美配合，这个成功的公式在另一位中国钢琴奇才身上同样得到了印证。2000年，18岁的李云迪打破了华沙肖邦钢琴大赛金奖连续空缺两届、长达15年的沉寂，一举夺魁，并成为开赛73年来最年轻的头奖得主，震惊整个琴坛。随后，他选择了和郎朗同样的道路，赴国外著名音乐学府进修，签约全球最具影响的唱片公司，陆续推出多张既卖座又叫好的古典音乐专辑，最终被封为“浪漫派钢琴大师的接班人”。

郎朗热心公益事业，他将一次音乐会门票收入全部捐助台湾“莫拉克”风灾灾后重建工作。

郎朗和李云迪开创的“一时瑜亮”、“双星争辉”的局面，在中国掀起新一波“钢琴狂潮”，同时关于两者之间的比较，也一直是舆论界津津乐道的话题。显然，郎朗奔放猛烈得“像砸钢琴”的弹姿，与李云迪敏感纤巧得像“蝴蝶展翅”的触键大相径庭，两人演奏风格的差异也被一些乐迷形容为“豪放派”和“婉约派”的对垒。然而，谁都无法否认的是，他们通过各自的琴音，向世界证明：中国人对融入西方人血液里的古典音乐艺术，同样可以理解得鞭辟入里、演绎得出神入化！他们的奋斗历程，也一点一滴地改变了许多人对流行与经典、艺术与商业不可兼容的陈见。更重要的是，他们以偶像效应的巨大感召力，实实在在地促进了高雅音乐在中国年轻一代中的普及，并鼓励着怀揣梦想的同龄人，像他们那样跃上世界舞台，勇敢追求卓越的人生。

今年9月27日，李云迪在北京大学演奏。他不仅演奏了肖邦、李斯特的著名钢琴曲目，还现场指导观众弹钢琴。

（郭珊　李文龙　邓植）